拉美研究译丛·左翼领袖系列

劳尔·卡斯特罗

革命生涯

〔俄罗斯〕尼古拉·S. 列昂诺夫（Nikolai S. Leonov） 著

魏然 范蕾 李菡 译

徐世澄 校译

中国社会科学出版社

图字:01 - 2016 - 1271

图书在版编目(CIP)数据

劳尔·卡斯特罗:革命生涯/(俄)尼古拉·S.列昂诺夫(Nikolai S. Leonov)著;魏然等译.——北京:中国社会科学出版社,2016.8

ISBN 978 - 7 - 5161 - 8902 - 3

Ⅰ.①劳… Ⅱ.①尼…②魏… Ⅲ.①卡斯特罗·鲁斯(Castro Ruz, Raul)—传记 Ⅳ. K837.517 = 6

中国版本图书馆 CIP 数据核字(2016)第 217279 号

原书名:Raúl Castro:Un Hombre en Revolución

出 版 人　赵剑英
责任编辑　张　林
特约编辑　席建海
责任校对　王　斐
责任印制　戴　宽

出　　版　中国社会科学出版社
社　　址　北京鼓楼西大街甲 158 号
邮　　编　100720
网　　址　http://www.csspw.cn
发 行 部　010 - 84083685
门 市 部　010 - 84029450
经　　销　新华书店及其他书店

印　　刷　北京明恒达印务有限公司
装　　订　廊坊市广阳区广增装订厂
版　　次　2016 年 8 月第 1 版
印　　次　2016 年 8 月第 1 次印刷

开　　本　710×1000　1/16
印　　张　18
字　　数　238 千字
定　　价　76.00 元

Es para mí un privilegio que, además de un extraordinario cuadro revolucionario, sea un hermano.

Fidel

Lina Ruz y don Ángel Castro en 1925.

劳尔不仅是一位出色的革命干部，还是我的兄弟，这对我而言，真是一件光荣的事。——菲德尔

莉娜·鲁斯和堂安赫尔·卡斯特罗，1925年。

堂安赫尔·卡斯特罗修建了家乡的房子。

堂娜莉娜·鲁斯，摄于 1930 或 1931 年。

劳尔两岁时。

据劳尔回忆，他父母从来不放假和休息。

卡斯特罗兄弟就读于拉萨列神学院时的合影。从左至右，依次是拉蒙、克里斯托瓦尔·鲍里斯（一个朋友）和菲德尔。坐在前面的是当时还不到5岁的劳尔。

劳尔未满5岁时，曾就读于拉萨列神学院。照片中，劳尔坐在中间，他身后站着菲德尔，左侧是拉蒙。

作为比兰第一军民联合学校学生的劳尔。

1938年，劳尔作为军民学校的学生代表访问哈瓦那。富尔亨西奥·巴蒂斯塔将小劳尔抱起，他们面前站着费德里科·拉雷多·布鲁，此人是独裁者指派的多位共和国总统当中的一位。

De izquierda a derecha, Fidel, Raúl y Ramón en el colegio Dolores,
Santiago de Cuba. Curso 1940-1941.

卡斯特罗兄弟在古巴圣地亚哥的多洛雷斯学校，摄于
1940—1941 学年。从左到右，依次为菲德尔、劳尔
和拉蒙。

就读于多洛雷斯学校期间，摄于 1939 年。

在比兰，劳尔身旁是他的爱犬。

1952 年年末，劳尔在菲德尔寓所的屋顶平台上。

1976 年之前的古巴行政区划地图。

塞·马蒂墓园朝圣，此活动是宪法宣誓运动的部分。摄于古巴圣地亚哥的圣伊菲赫涅娅陵园，年6月。

劳尔和菲德尔（举起手臂者）在集会当中，摄于1952年。

在象征性埋葬宪法的仪式上，劳尔担任擎起国旗的旗手。摄于哈瓦那，1952年4月6日。

在"安德列娅·格里蒂号"的甲板上,劳尔(右)与作者
(中)及危地马拉友人里卡尔多·拉米雷斯。

劳尔·卡斯特罗和作者在"安德列娅·格里蒂号"的小泳
池里。

劳尔在两位危地马拉朋友里卡尔多·
拉米雷斯(右)和贝纳尔多·莱姆斯
中间。

Detienen y golpean al estudiante Raúl Castro

Junto a dos jóvenes guatemaltecos. En el Príncipe

En el momento en que desembarcaba en el Puerto de La Habana, procedente de Viena, a donde había ido a participar en una Conferencia Internacional Por los Derechos de la Juventud, el joven Raúl Castro fue detenido por miembros del Buró de Investigaciones.

Una vez detenido, el joven Castro, estudiante de Derecho de la Universidad de La Habana, fue conducido a las oficinas del citado cuerpo represivo, donde se efectuó un minucioso registro, despojándosele de todas sus pertenencias.

Posteriormente, y con la misma antidemocrática arbitrariedad con que se realizó su detención, el líder juvenil fué llevado al Castillo

《今日报》上有关劳尔被捕消息的报道。

在哈瓦那郊外练习射击的间歇。中间席地而坐的是菲德尔。他身后，站在劳尔身旁的是加利斯托·加西亚、尼科·洛佩斯、何塞·路易斯·塔森德和阿韦尔·圣玛丽亚。

劳尔就读于哈瓦那大学期间，摄于 1952 年。

攻打蒙卡达兵营失败后，摄于古巴圣地亚哥的监狱，1953 年 8 月。

何塞·路易斯·塔森德，负责进攻蒙卡达兵营第三小队的战士之一，在兵营里作战时受伤。这帧照片拍摄于他遇害之前。

攻打蒙卡达兵营的战士们，在松树岛监狱合影。此时菲德尔被单独关押在一间牢房里。

劳尔与尼科·洛佩斯、胡里托·迪亚斯、拉米罗·巴尔德斯及其他古巴革命者和墨西哥合作者。摄于墨西哥城玛丽亚·安东尼娅·冈萨雷斯的寓所，1956年9月。

离开墨西哥一周前，劳尔与同志、好友安东尼奥（尼科）·洛佩斯合影，远征队在古巴登陆后，尼科旋即遇害。

射击练习。摄于墨西哥城外的郊野洛斯·加米托斯，1956年。

劳尔、阿尔梅达、菲德尔、拉米罗·巴尔德斯和西罗·雷东多，摄于马埃斯特腊山，1957年。

1957年在马埃斯特腊山，与劳尔·佩罗索在一起。佩罗索是"七二六"运动派来的第一批增援队员之一，1958年11月，他牺牲于"弗兰克·派斯"东方第二战线。

劳尔与切·格瓦拉，摄于马埃斯特腊山，1957年4月。

1957年4月23日，劳尔与菲德尔站在图尔基诺峰的峰顶上，头戴缴获自敌军的钢盔。

与塞莉亚·桑切斯、艾德·圣玛丽亚及其他战士们在一起。

与"弗兰克·派斯"第二战线第六纵队的军官们在一起，此时与1958年3月11日第二战线创建时隔不久。

接待美国派驻古巴圣地亚哥的副领事，摄于"反空袭行动"
期间，1958年7月2日。

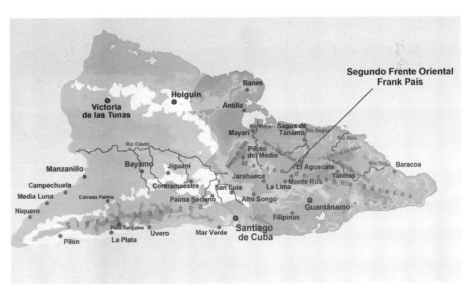

"弗兰克·派斯"东方第二战线，囊括了当时奥连特省的重要地区，1976年，奥连特省
又分出5个新省份。

在第一届农民武装代表会议上，劳尔作为起义领袖讲话，摄于马亚里的索莱达，1958 年 9 月 21 日。

战争期间，劳尔也找到了个人幸福：他与比尔玛·埃斯平相恋了。

La noche del 9 de diciembre de 1958, en la recién liberada ciudad de San Luis, cuyo suministro de electricidad quedó cortado, Raúl se dirige al pueblo a viva voz desde un yipi. A su lado, Vilma.

1958 年 12 月 9 日晚，在新近解放的圣路易斯市，由于该市电力供应被切断，劳尔站在一辆吉普车上直接向民众演讲，比尔玛站在他身旁。

埃斯坎德尔，1959 年 1 月 1 日，摄于古巴圣地亚哥解放前不久。

1959 年 1 月 1 日，在蒙卡达兵营内，敦促政府军军官放下武器。

El 26 de Enero de 1959, en esta
cara me puse un nuevo uniforme
de guerrillera y me fui a la boda
con Vilma... lo mejor y más lindo
que hice en toda mi vida. 24 Nov 2010

Castro Rua

革命胜利后的最初几天。

不只是玩笑，更是象征符号：劳尔戴着
卡米洛的宽檐帽，而后者头顶劳尔的贝
雷帽。

公共仪式上，劳尔坐在比尔玛与切中间。

携带着自身无尽的能量，比尔玛为妇女解放而奋斗。

劳尔和作者（在劳尔左侧），摄于布拉格，1960年6月。

与赫鲁晓夫和米高扬在一起，摄于莫斯科，1960年6月。

1961年与苏联军事顾问们一道巡视。

尤里·加加林访问古巴，1961年7月。

与赫鲁晓夫会谈，1962年6月。

"弗洛拉"飓风过境后，到古巴奥连特省探望受伤群众，
1963年10月。

与比尔玛一起，在 1964 年 7 月 19 日举行的拉蒙·洛佩斯·佩尼亚的葬礼上。

在 1966 年 5 月 21 日举行的路易斯·拉米雷斯·洛佩斯的葬礼上。

1964 年"五一游行"。

1966 年在奥连特省。

在高级学术课程班学习期间，1967 年。

在"一千万吨糖大收割运动"期间，参加甘蔗收割义务劳动，1970 年。

参观某坦克营，20世纪70年代。

在古巴共产党第一次代表大会召开前的一次预备会议上，1975年。

会见阿戈斯蒂纽·内图总统，摄于罗安达，1976年。

与两位宇航员阿纳尔多·塔马约和尤里·罗曼年科合影。
摄于拜科努尔太空中心，1980年9月18日。

与尤里·安德罗波夫的戏剧性会面，摄于莫斯科，1982年
12月29日。

菲德尔和劳尔于1986年12
月18日在普里阿尔德比卡
纳举行活动，纪念起义军
在阿莱格里亚德皮奥分散
后，两人在当地会师。

菲德尔和劳尔经常出席迎接国际主义战士回国的欢迎仪式。

古巴革命武装力量部每年向作家、艺术家、记者和文化机构颁发年度奖，照片中是劳尔向创作型歌手希尔维奥·罗德里格斯颁奖。

与 1976 年担任苏联军事顾问的谢尔盖·G.克里沃普利亚索夫中将合影,他们身后的照片是历届担负军事顾问的苏联军官。摄于劳尔在革命武装力量部的办公室内,1995 年 9 月 22 日。

在特殊时期,劳尔多次考察粮食生产。

就任古巴国务委员会主席和部长会议主席,2008 年 2 月 24 日。

与时任俄罗斯总统梅德韦杰夫一起，参观东正教喀山圣母大教堂，2008 年 11 月 27 日。

劳尔始终保持着家族传统，每逢生日总要栽下一株雪松。

查韦斯，古巴革命最好的朋友。

劳尔是体育爱好者，年轻时就曾练习多种体育项目。

劳尔始终保持着行军的老习惯。图中1966年这次行军，是从马埃斯特腊山行进到东方第二战线，出现在他身后的是比尔玛和何塞·路易斯·塔森德的女儿特米斯。

劳尔与比尔玛和他们的四个子女在一起。

劳尔与比尔玛和他们的四个子女在一起。

现今，劳尔已有 9 个孙子、孙女和 1 个重孙女。

在纪念攻打蒙卡达兵营60周年的活动中，众多拉美及加勒比国家与政府的领导人出席仪式，摄于古巴圣地亚哥，2013年7月26日。

永远和劳动人民在一起。

在哈瓦那召开的具有历史意义的第二届拉美与加勒比共同体首脑会议上。

与古巴五英雄在一起，在赫拉尔多、拉蒙和安东尼奥返回
祖国的那一天。摄于革命武装力量部，2014 年 12 月 17 日。

卡斯特罗兄弟是思想与革
命斗争中的兄弟，菲德尔
对劳尔来说仍是政治与精
神上的有力支持。

古巴目前分为 15 个省和青年岛特区。

本书作者在古巴，与劳尔及其家人合影，摄于 1998 年 7 月。

作者与劳尔在莫斯科，摄于 2009 年 1 月。

序　言

  "拉美研究译丛·左翼领袖系列"为中国社会科学院拉丁美洲研究所主持的翻译项目，以逐批翻译和出版拉美左翼代表人物的传记、著作或言论集等形式，向中国读者展现带有拉丁美洲独特魅力的左翼领袖风采，生动而直观地了解和认识拉美当代社会主义思潮，并且顺应中拉关系迅速发展的实际需求，介绍拉美相关国家的政策导向与近期发展前景。这个翻译项目，是在中国社会科学院"马工程"的框架下完成的，同时，也是目前正在实施的创新工程的重要内容之一。

  在世界范围内，拉丁美洲是马克思主义思想传播最早的地区之一，而拉美左翼则是世界社会主义运动的重要组成部分。20世纪早期，拉美主要国家就出现了十分活跃的社会主义和共产主义思想和活动。二战结束以后，拉美左翼力量更向世人呈现了丰富而多样的理论和实践，菲德尔·卡斯特罗领导的古巴革命、萨尔瓦多·阿连德领导的智利改革运动以及桑地诺民族解放阵线领导的尼加拉瓜革命成为这一时期拉美政治发展史上的重要里程碑，在整个拉美地区甚至世界范围内产生了深远的影响。

  冷战结束以后，拉美一批中左翼力量积极把握时代机遇，开始打出"推动社会公平和公正"的政治口号，通过选举等民主政治方式来实现政治诉求，主张经济和社会政策向中低收入阶层民众倾斜。拉美左翼党派、组织和运动包括委内瑞拉第五共和国运动以及在此基础上组建的委内瑞拉统一社会主义党、玻利维亚争取社会主义运动、巴西劳工党、阿根廷胜利阵线、乌拉圭广泛阵线、厄瓜多尔祖国主权联盟运动、尼加拉瓜桑地诺民族解放阵线、萨尔瓦多法拉本多·马蒂民族解放阵线、巴拉圭变革爱国联盟、秘鲁民族主义党，等等。拉美地区这一政治版图的变化趋势引起了全世界的广泛关注。

尤为值得一提的是，在崛起的拉美左派阵营中，一批极具传奇色彩的左翼领袖脱颖而出，他们多以选举中的绝对优势赢得执政地位，通过修改宪法或其他立法形式推动制度变革，提出了"二十一世纪社会主义""社群社会主义""劳工社会主义"等代表性思想，更是推出了资源国有化等新政策，深刻地塑造着当代拉美的政治、经济和社会生活，并对世界经济和政治发展产生着深远影响。这些代表人物表现出各具特色的执政理念、领导能力和个人风格，在其国内和世界舞台上均拥有众多的拥戴者和反对派，他们不仅是影响和决定国家发展方向的重要力量，也不仅是学术研究领域中常见常新的重要课题，而且成为大众文化和媒体传播中的一道亮丽风景。

我们相信，拉美所特设的"左翼领袖系列"翻译项目，将向国人提供一个了解上述动态的独特角度。

拉丁美洲研究所所长　吴白乙

2015 年 12 月 8 日

致　谢

　　我要向以下五位人士表达最诚挚的谢意，不管是在革命战争年代，还是在其后的古巴社会经济新模式的建设当中，他们都陪伴在劳尔身旁。这几位朋友不吝惜时间，满怀耐心地与我分享了他们关于本书所讲述的这段历史的知识。他们分别是何塞·拉蒙·马查多·本图拉，两位上将阿韦拉多·科洛梅·伊瓦拉和阿尔瓦罗·洛佩斯·米耶拉，还有中将何塞·拉蒙·费尔南德斯·阿尔瓦雷斯、阿塞拉·德洛斯桑托斯·塔马约。上述诸位及马里诺·穆里略·豪尔赫为了在这个自由岛国上建设社会主义，为了建设繁荣可持续的社会主义，贡献了自己的力量。

　　我要全心全意地向我的古巴同事致谢，他们提出的意见与建议，对撰写本书的工作助益良多。为此，我向以下各位鞠躬致谢：玛尔塔·维罗妮卡·阿尔瓦雷斯·莫拉、特米斯·塔森德·杜波依斯、图瓦尔·派斯·埃尔南德斯，特别是豪尔赫·马丁·布兰迪诺。我同样要感谢记者朋友对我的帮助，他们是亚伊玛·普伊格·梅内塞斯和莱蒂西亚·马丁内斯·埃尔南德斯。

　　此外，我还要向古巴共产党中央委员会档案馆的合作团队表示感谢，在本书撰写过程中，我常常为我关注的问题向他们发出搜寻有关资料的请求，而他们总能迅速又颇为专业地做出回复。他们是真正的"看不见的战线"上的战士：埃尔莎·佩尼亚·洛佩斯、纳依达·马丁内斯·里奥斯、萨夫里娜·加西亚·克拉维霍、埃莱纳·马里查·托伊拉克·佩雷斯、阿列尔·博德斯·巴斯、马里奥·波帕·布里苏埃拉、马克西莫·比德阿乌斯·拉莫特以及赫奥瓦尼·费尔南德斯·内沃特。

最后，我还要向本书西文版的翻译致谢，他们是玛尔塔·佩雷斯·萨尔瓦特、安帕罗·佩娜·奥提埃、阿卡蒂奥·阿吉雷·阿莫罗夫、佩德罗·佩雷斯·西尔韦里奥，我特别要向何塞·路易斯·贝穆德斯·鲁伊斯表达谢忱。

目　　录

第一章　一段友谊的历史

时值 1953 年。20 世纪最伟大的政治领袖之一，约瑟夫·斯大林在当年 3 月逝世。新任的苏联领导人怀着"冷战"破冰的期待，同时也希望能拓展与西方世界的接触。

为了保证将来与这些国家领导人的接触，就需要合格的翻译。因此，依据政府的决定，从莫斯科的国立国际关系学院的毕业生里，遴选出一批人，让他们学习五种常用外语：英语、法语、德语、汉语和西班牙语。每种语言各选 3 人，总共 15 人，准备派他们去相应国家的大学去留学。我自己就是其中的"幸运儿"之一，被派往墨西哥，那是少数几个与苏联保持外交关系的西语国家之一。

斯大林的特点之一，是讨厌乘坐飞机，只有在极端需要的情况下，他才会乘坐飞机。譬如 1943 年他出席德黑兰会议的那一次，但即便在那一次出国期间，他也仅仅是从巴库飞往伊朗首都。在当时，人们习惯于向领袖的行动看齐，因此，国家公务员出差一般都使用陆上和海上交通工具。

1953 年春天，我接受指派乘坐火车前往意大利，5 月 5 日在热那亚乘船前往维拉克鲁斯，再从那里乘火车到达墨西哥城。旅途差不多走了一个半月。这条路线很荒诞，但后来的结果说明，这其实是命运赠送给我的一件具有特殊意义的礼物。

几乎同时，在欧洲停留 3 个月之后，3 位拉丁美洲代表正在向哈瓦那前行。他们已经参加了民主青年组织的多场国际活动，特别是在布加勒斯特举行的国际青年权利大会和世界青年与学生联欢节的筹备会。这三位代表是古巴青年代表劳尔·卡斯特罗（Raúl Castro）以及危地马拉学联委派的贝纳尔多·莱姆斯·门多萨（Bernardo Lemus Mendoza）和里卡尔多·拉米雷斯·德莱昂（Ricardo Ramírez de León）。当时在危地马拉执政的是一个进步政府，总统是民主选举出来的哈科沃·阿本斯（Jacobo Arbenz）。

这三位青年人想乘坐"法兰西岛号"轮船开始他们的跨大西洋之旅，前往拉丁美洲，但由于码头工人罢工，港口的工作全部停滞，他们不得不寻求另一条路线。其中最便捷的一条路线是前往热那亚，再从那里于 1953 年 5 月 5 日乘坐"安德列娅·格里蒂号"（Andrea Gritti）游轮。正是由于这个原因，出于偶然性，我就成了欢乐、喧闹、快活的三位拉美小伙子所住客舱的邻居。

在开始这次漫长的旅途之前，外交部干部局的工作人员对我进行了训导，他们过分强调了一些危险，例如擅自和外国人接触，这让我感到有些恐惧；然而，他们只是提出原则性的建议，苏联公民在陌生环境中应该具有怎样的举止和遵守怎样的伦理规范，但他们并没给出具体的指示。

我的服装包括一套深蓝色羊毛厚西装，尽管我的目的地是亚热带和热带地区。为了在甲板上休息，我还领了一套条纹丝质睡衣，全世界只在卧室里使用的那种。在西装的袖口里，秘密缝着 1000 美元，以备发生"意外情况"时使用。政府严禁外派人员酗酒、与外国人拍照，也不准承认自己是共产党员或共青团员。

禁止条例比《圣经》十诫更为繁杂。然而，他们忘记了给我注射一剂常见的天花疫苗，也没给我提供相应的免疫证书，也没有向我解释美元和意大利里拉的实际价值，以及其他许多普通的苏联公民不了解的问题。

我面临漫漫长途，根据行程，轮船将在西班牙、葡萄牙和拉美国家的港口停靠；但那些与苏联没有外交关系的国家，我是不被准许踏上其领土的。

对于一个刚从国际关系学院毕业的 24 岁男孩，正所谓"翅膀还没长硬"，等待他的寂寞和孤单难免让他害怕。生活的常理和人类对于沟通的简单需求，让我不得不注意那些让人亲近的拉丁美洲伙伴。他们与我年龄相仿，他们侃侃而谈的西班牙语，我已经学习五年了，他们之间的关系以及他们与周围人群的关系都很单纯。

他们当中的一位以一种特别的方式吸引了我：当其他两位在船上的小游泳池里玩耍的时候，他却饶有兴味地读着一本书。我趁着那个年轻人把书放在小桌上的时候，瞟了一眼，惊讶地发现那是一册西班牙文版的《教育诗》，作者是安东·马卡连柯（Anton Makarenko）。"天啊！现在这位伙伴和我之间，可以说是心灵相通了！"我在心里欢快地叫了起来。

于是我将所有的禁忌和怀疑都放在一边，决定引用这本我早已烂熟于胸的著作作为话题来开始谈话，还上前做了一番自我介绍。那位青年回话说："我是劳尔·卡斯特罗，哈瓦那大学法律系二年级的学生。"

他是我与之坦诚交谈的第一位外国人。他的行动举止相当诚挚、热情，我不可能不与他交往。因此，当他的旅伴走过来时，我们正在热烈地谈论我们两国的故事、全世界青年所面临的问题、工作、学习以及其他很多事情。我们发现，我俩在很多问题上观点相投，但当他突然问我是不是共产党员时，由于受外事纪律的限制，我只能做出否定的回答。不过，这也是个真假参半的回答，因为我当时仅是列宁主义共产主义青年团的团员。

一个小时之后，我们已经相当熟悉了；过了一天之后，我们已经成了好朋友，在这段漫漫旅途当中没有分开过。四人组合变得十分亲密，因为这个团体在观点、目标和计划上都相当统一，对于这些观点、目标和计划，四人组合终其一生都没有改变过。

我们四人当中最早去世的，却是最年轻的一个——贝纳尔多·莱姆斯。他后来成了危地马拉有名的经济学家，曾经勇敢地捍卫工人和农民的利益。他的文章引发了对他的暴力仇恨，因为他在报刊上猛烈抨击美国的政策以及美国在危地马拉寡头和军事精英圈子里的走狗们，他们勾结起来在这个中美洲国家施行了血腥的独裁统治。1981 年 1 月 29 日，贝纳尔多被为政府效力的准军事组织"白手集团"（Mano Blanca）的凶手在街头暗杀。

另一位难分难舍的朋友，里卡尔多·拉米雷斯，他创建并领导了"穷人游击队"，这支队伍发展成联合起义军的骨干。起义军最终迫使政府接受和平谈话，为导致危地马拉内战的种种问题谋求解决方案。1996 年，他代表危地马拉全国革命联盟，与政府签署了永久和牢固的和平协议。

危地马拉所有的游击队组织和地下组织都获得了合法化及发展其党派政治生命的权利。里卡尔多·拉米雷斯在危地马拉游击队中化名"罗兰多司令"，他后来当了新成立的左翼政党的总书记；但他在 1998 年去世了，享年 69 岁。

直到近期，我与劳尔·卡斯特罗一直都保持着密切的关系，并经常访问古巴。我们和拉米雷斯三个人曾在哈瓦那巧遇，在一起聚谈感兴趣的话题。

但是在 1953 年，我们都无法想象我们的未来是怎样的，只是单纯地因生活而快乐，相信事情会变得更好。在意大利港口利沃诺，一批装满大理石雕像的货箱被装载上船，那是人们买来装点拉美富人的庄园的。劳尔和他的同伴下船去参观城市了。我决定不下船，因为我又想起了旅途开始时，作为告别的那些没完没了的"不准许"。

到了那不勒斯，上来许多准备前往委内瑞拉的意大利移民。战后欧洲的日子并不好过，人们穿越大西洋到彼岸寻找更好的生活。亲人们正在道别，这次告别或许就是永诀，他们的呼声在那不勒斯湾的夜色中，不间断地此起彼伏。对于我们来说，这不仅仅是认识资本主义世界的一课。不管何时何地，对谁来说，这样的情景都不会甘之如饴。

"安德列娅·格里蒂号"是一艘专门从事货运和客运的普通轮船。移民被安置在船上的货仓里，那里环境阴暗、令人窒息，还有一种不堪承受的潮热；因此大部分时间，移民都待在甲板上。故国已然抛在身后，为了排解思乡之苦，他们很快就组织了小型乐队，时不时演奏那不勒斯民乐以自娱自乐。在我的印象中，乐声还引来一群群海豚，在船舷两侧巡游。甲板上甚至还经营起了一家理发铺，只消花几角钱，一位古怪的理发师就可以给任何感兴趣的人理发、剃须。

劳尔和他的伙伴们时常从我们可怜的"一等舱"钻下去，长时间地跟那些意大利人聊天，那些人可是被禁止"越界"，无法到一等舱来的。

想掩盖我们的社会热情是不可能的。我们申请去参观机器操作间，于是四人组就挤进了机械室。我们聆听着马达发出的嘈杂声响，甚至能闻到机油灼烧的气味。海员的身影穿梭往来，时隐时现，他们身上带着油渍；我们正是为他们工作，因为他们是我们的阶级兄弟。船长以及那个为乘客服务的副手，在我们看来，就是意大利法西斯活生生的残余势力，因为他们在墨索里尼时代就在商船上供职。

至于他们和一等舱里的乘客，我们在他们眼中就是一伙冒失的烧炭党人①和破坏安宁的捣乱分子。这样想也并非没有道理：我们四人

---

①　烧炭党人是意大利秘密组织烧炭党（Carbonería）成员的称谓。烧炭党是拿破仑占领意大利期间，19世纪初在那不勒斯王国成立的秘密组织，其基础是民族主义和自由主义价值。烧炭党的组织模式、秘密谋划和起义的方式，转变成一种模式，这种模式扩展到整个意大利，甚至影响到其他国家，特别是西南欧国家（本书注释，除特别指明外，均为作者所加——编辑注）。

组喜欢在泳池里把水拨拉得"哗哗"作响，当移民的歌声从甲板传来，我们还会聒噪地大声喝彩，打乒乓球时，我们还会不停地喧哗。

每到夜晚，我和劳尔就会下国际象棋。为了不打扰邻座，我俩会在过道间安顿下来，因此一等舱的其他旅客就得迈过我们的双腿出出进进。船长的助手计划组织一场"白方"和"红方"之间的象棋挑战赛，比赛计划在船上的餐厅举行。我们"红方"以三比一的成绩，给挑战者带来了沉痛打击，这叫我们的敌手更加愤怒。

然而，身份卑微的旅客显然被我的拉丁美洲朋友所吸引。里卡尔多·拉米雷斯跟一位西班牙姑娘聊起天来，她获得了一份教职，正准备前往加纳利亚群岛。贝纳尔多·莱姆斯和其他几个人试着让一位意大利姑娘平复下来，她与一位在委内瑞拉工作的同胞通信恋爱，最近刚缔结婚约，即将与陌生的恋人相见，这让她焦心不已。

劳尔·卡斯特罗是唯一拥有照相机的人，他饶有兴味地为旅途中的重要时刻留下图像证据。他不愿错过船上的任何一道楼梯，也不忘记带领他的同伴下船拜访沿途碰到的国家和岛屿。由于我自己被禁止下船，因此只能央求他带些"纪念品"回来，好对那些我此前从未见过的地方留个念想。

"安德列娅·格里蒂号"不紧不慢地向前航行。这艘船的航线与1492年克里斯托弗·哥伦布前往美洲的路线是相当接近的。离开那不勒斯之后，我们途经西班牙海港加的斯，接着驶向里斯本，而后从那里前往马德拉群岛，此后，我们在加纳利亚群岛的特纳立夫的圣克鲁斯稍作停靠。这里一直是前往拉丁美洲之路的中继站，这一地区较少遭遇风暴。

我从船舷上望着码头上的那组人，他们坐在码头上吃着有香蕉的早餐。我很想品尝这种热带水果，于是毫无羞怯地央求劳尔帮我买些这种美味水果，为此我递给他10美元的钞票。"干吗拿这么多？"他惊讶地问我。由于我想过要送给这帮伙伴，于是回答说："全都买香蕉吧!"

轮船上的乘客惊讶地看到那几个拉美人从城里返回时,肩膀上都挑着一杆成熟的香蕉,足有几十公斤。在围观者的一片欢呼声中,他们把游猎得来的战利品堆在甲板中央,放在我的脚边上。不少旅客和船员都在"香蕉大餐"中大快朵颐,但说到谁最享受,那无疑是我本人。

我们在一个怡人的季节穿越大西洋。我们慢慢把 5 月甩在身后。轮船下一个停泊港口是库拉索岛的威廉斯塔德港(Willemstad),在那里我们庆祝了劳尔的 22 岁生日,他的生日是 6 月 3 日。在船上的令人焦虑的禁闭之后,到了这里我终于可以下船了,因为库拉索岛是荷兰领地,这个国家与苏联的外交关系虽然不甚热烈,但至少我没有犯错误。我们在这个小巧而可爱的城市里漫步,城里的建筑都是欧洲风格的,是欧洲殖民者建造的。

荷兰人,正如德国人和英国人一样,总是在占领的土地上对当地人实施隔离政策,跨族婚姻也很少见。种族主义潜藏于血液里,西班牙人及葡萄牙人与荷兰人不一样。西班牙、葡萄牙殖民者子孙的血液里已经混合了原住民的血,来自非洲的黑奴的血,他们的后代构成了今天拉美种族的基础。

在威廉斯塔德当地的市场上,我们购买了热带水果,回到"安德列娅·格里蒂号"上我们给劳尔庆祝生日。根据我的回忆,我们请他坐在甲板的一支巨大船锚上,举起双手,手指摆出"V"字,这既象征着胜利,也表示重复的"2"字。通过这个姿势,照片存留了那场庆祝中的影像。我们都祝福劳尔一生里"像雄鹰一样展翅高飞"。

船接着驶向委内瑞拉港口瓜伊拉,意大利移民要在那里登陆,船也要卸载一些货物。按照习惯,劳尔邀请他的拉美朋友们上岸;正如何塞·马蒂(José Martí)所做的那样,此行是为了瞻仰首都加拉加斯的西蒙·玻利瓦尔(Simón Bolívar)塑像,首都距离港口并不远。

在城里，我们感受到一种熟悉的氛围。回程的时候我们心绪激荡，朋友们赠送了我几张委内瑞拉"平原牛仔"的精美印刷品，那些牛仔在玻利瓦尔时代就是善战的勇士，他们震慑了西班牙殖民者的军队。

然而，在第二天，我朋友们的脸庞上浮现了焦虑的阴郁神色。前方的哈瓦那正恭候着我们，那是他们旅途的终点。劳尔把我叫到他的客舱里，征询我如何掩藏他的存货，其中包括明显带有左翼、社会主义内容的书籍、杂志、小册子、照片和电影。这个任务属于难以完成的一类，我们决定全力赌一把。他对我说，假如成功上岸入关，那么次日，他和他的朋友们就在"安德列娅·格里蒂号"起锚时赶来送行，祝愿我的墨西哥之旅愉快。

我们在哈瓦那港口告别时，不免受到不妙预感的影响，预感很快就变成了现实。透过码头的玻璃窗，我看见海关工作人员在检查我朋友们的手提箱，他们打着手势，警察随后赶来，他们把朋友们连同他们的行李扭送到了港口大厅的里间。显然，他们被捕了。

我眼中不可抑制地涌出几滴泪水，对自己说："眼前就是阶级斗争活生生的第一课！"我感到食不下咽。此时，船长的助手走到我身边，幸灾乐祸地在我耳边低声说："你的朋友们因为携带共产党宣传材料被人家带走了。"

那段时间，古巴遭受富尔亨西奥·巴蒂斯塔（Fulgencio Batista）的独裁统治；巴蒂斯塔1952年通过军事政变上台，他的行为违反了宪法，他也断绝了与苏联的外交关系。

那天是1953年6月6日，"安德列娅·格里蒂号"在次日起航前往墨西哥。我努力向码头出口张望，但一个人影也见不到。这种情形印证了最糟糕的判断。几年之后，我才了解到他们抵达哈瓦那时遇到的波折：他们本人被捕，随身物品也被扣押。别人花费了几天时间奔波于司法机构，才把他们从牢狱里解救出来。但他们的大部分行李和所有的胶卷都被没收了。

此时我不得不感谢莫斯科的那些工作人员，他们在送我出发前给我灌输了各种严禁条例。劳尔登上哈瓦那港之前，我坚持要他把所有出现我的照片底片给我。劳尔当时不理解，他说，他把照片冲洗出来后，可寄到苏联驻墨西哥城的大使馆。但在我的坚持下，他肯定说了几句对我不满的话，但终于还是把胶卷剪出来，给了我十二三张底片。我把底片藏在安全的地方，作为最珍贵的纪念。

1960年，当苏联副部长会议副主席、苏共中央政治局委员阿纳斯塔斯·米高扬（Anastas Mikoyan）访问古巴时，我作为翻译陪同前往，并将由这几张底片洗印出来的相册交给了劳尔·卡斯特罗。后来，这几张照片就作为我上述经历的证明，出现在报刊和书籍上。

在冷战的激烈岁月，墨西哥几乎是唯一与苏联保持外交关系的拉美国家政府，因此我们派驻墨西哥城的大使馆就肩负着汇报加勒比、中美洲，包括古巴在内的这片广大区域发生何种情况的任务。我在使馆的任务有两个：一是到当地大学的文哲学系上课，提高西班牙语水平；二是协助收集公开情报，整理记录这一地区所发生大事件的文献。

我申请负责古巴情报的工作。为此，我订阅了古巴最有影响力的报纸和《波西米亚》杂志（Bohemia）。接手这份新工作不久，一个震撼人心的爆炸性消息传来：1953年7月26日发生了攻打蒙卡达兵营的事件，特别是劳尔也参与到这一行动当中，而行动的负责人正是他的兄长菲德尔。

这真是让我难以置信，那位和蔼可亲、性格温良、经济条件宽裕的青年人，跟我告别不到50天，居然就端起武器，挺身攻打军事要塞！对菲德尔和劳尔的重判让我震颤不已，两人分别获罪15年和13年监禁。攻打蒙卡达的战士开始了他们让人忧心的牢狱生涯。

古巴发生的情况震惊了整个拉丁美洲。我尽力在写给莫斯科的报告中突出这一事件的重大意义，但莫斯科那边对这里发生的事情不甚关注，因为受到事件震荡的地区距离苏联太遥远了。苏联大使馆仿佛是躲在贝壳里的一粒珍珠，其主要使命，似乎只是避免苏联与墨西哥的外交关系发生危险；苏联驻墨大使亚历山大·卡普斯京（Alexander Kapustin）毫不怀疑地按这一方针工作，他力图避免采取任何政治行动。显然，当时的条件不可能赞赏我那股青年人的热情冲动。

此外，斯大林逝世之后，在克里姆林宫的政治决策机构之内，正在发生形成新领导核心的激烈斗争。很明显，他们此时"无暇他顾"。因此，菲德尔后来发表的演说是很有道理的：1953年革命胜利的时机还不成熟，行动注定要失败，因为苏联在政治上和物质上都没有准备好向胜利的古巴革命提供援助。

我跟踪关于古巴事件的报道，但没有可能影响事件进程。当我后来得知，迫于社会压力，独裁者富尔亨西奥·巴蒂斯塔不得不赦免参与7月26日行动的囚犯时，我高兴得好像过节一样。而且，我很快得知，首先是劳尔，随后菲德尔也将作为政治流亡者来到墨西哥。

几十年来，墨西哥都是政治流亡者的避难所。1939年西班牙共和国战败之后，数以万计的西班牙共和派人士来到这里，将墨西哥作为他们的第二故乡。在墨西哥还生活过尼加拉瓜的民族英雄奥古斯托·塞萨尔·桑蒂诺（Augusto César Sandino），他在这里成为反对美国的斗士。此外，众多遭受独裁迫害的人士也安身于此。

当1954年危地马拉的哈科沃·阿本斯民主政权溃败之后，有一批移民从危地马拉流亡到墨西哥，其中就包括阿根廷青年埃内斯托·格瓦拉（Ernesto Guevara）。墨西哥城对于所有那些以民主和民族解放为终生目标的人来说，成了某种圣地。

我不可能带着革命激情去见劳尔，因为我受到各种限制，与"身份可疑"的外国人谈话是被严令禁止的。而劳尔，马上就投身于秘密行动，计划参与武装远征，把古巴从巴蒂斯塔的独裁统治下解放出来。当然，命运还在继续为他编织偶然和巧合构成的复杂轨迹。

1956年6月，某个星期六下午，我到市中心采购一些日用物品。

当我在鳞次栉比的店铺间闲逛搜寻商品的时候，我的目光停留在向我这个方向走来的一群青年人身上，他们热烈交谈着。此时此地，他们的身影让我觉得颇不寻常。

他们当中的一位有点像劳尔，但我决定不拦住他们。我和他们擦肩而过，走出20米之后，我转过头，盯住那位我感到熟悉的青年的背影，仔细端详。出乎我意料的是，他也转过头来，朝我的方向看，几乎同时，我们呼喊道："劳尔！""尼古拉斯！"我们各自往回跑，拥抱在一起。

我朋友的走路姿态已经变了，身体也壮硕起来，他的样貌更成熟了，脸庞上的表情生气勃勃。我们没工夫长时间深谈。他的同志们在等他；他们神色惊讶，也带着些许怀疑，注视着我们。我们几乎没来得及约定下一次见面的时间。

劳尔安排我在他暂住的安帕兰街49号公寓里见面。他并没说在什么情况下来访，或者是否需要电话预约。由于我当时天真无知、全无经验，对于古巴流亡者的处境和生活方式，我一点概念也没有。不过，谁又会怀疑一个潜心于语言班学习之中的单纯学员呢？

跟我的古巴朋友意外碰面之后，虽然他现在已经小有名气了，但我在使馆没有声张；准备了几样简单的礼品，我就与劳尔会面去了。门铃按响之后，来开门的是一位中年女士，初瞥之下，她那副面容并不太友好。这位女士指引我走进那套公寓。从第一刻起，我就留下了一种印象，觉得这套公寓里充满了神秘。

走廊里，有个人端坐在打字机前，他显然毫无办公室工作的经验，因为只会用一个手指敲键盘。我侧身挤进房间，房间并不宽敞，随即就看到劳尔躺在那里。他刚患上了感冒，此刻正在发烧。床头边上坐着一位年轻人，他站起身，自我介绍说他叫埃内斯托·格瓦拉，阿根廷人。此时劳尔从床上坐起身，简单地说："埃内斯托是个医生，我的朋友。"

得知我是苏联大使馆的工作人员，格瓦拉立即向我抛出一大堆的问题，涉及苏联生活的方方面面。他对一切都感兴趣，但他的注意力大体集中在如何培养新人上，而这又主要归功于劳尔的那本《教育诗》，这本书在我们的初次相逢时充当了重要角色。

等我们谈到了古巴和拉丁美洲的状况时，谈话内容就更加充实了，我们说到了各种左翼运动的可能性、世界力量的分布以及类似话题。这时候我已经毫不怀疑，我结识的这两位革命者，将坚决地推动武装斗争以推翻巴蒂斯塔的独裁政权以及统治这个大陆的所有独裁者。

时间以超自然的速度，飞快流逝。最后发现，我们有太多的问题和情况需要讨论，一天时间根本不够。劳尔和我约定等他康复之后再见面。

埃内斯托—古巴流亡者们已经把他称作"切"，因为他们里面许多人在危地马拉时就认识他了，在那时，他已然获得了这个绰号——切向我借三本书的西语版：尼古拉·奥斯特洛夫斯基（Nikolai Ostrovski）的《钢铁是怎样炼成的》、德米特里·富尔玛诺夫（Dimi-tri Furmanov）的《恰巴耶夫》（又译《夏伯阳》）、鲍里斯·波列伏依（Boris Polevoi）的《真正的人》。这三部苏联文学作品全是描写从人民当中涌现出来的英雄。

前两部小说的故事，发生在十月革命后的最初几年，两部作品分别写于 1924 年和 1930 年。《钢铁是怎样炼成的》在 1949 年译成西班牙文，而《恰巴耶夫》的西语版是当时刚出版的。《真正的人》讲的是卫国战争中一位苏联空军战斗英雄的故事，书完成时战争才刚刚结束，西语版第一版在 1949 年付梓。

切向我解释说，他知道这些书，是因为有段时间他在墨西哥城当流动书贩，这几本书经过他的手，但由于时间仓促，他并不太了解作品的内容。我向他保证，一定能满足他的请求，因为使馆有些藏书是预备赠送的，我在其中瞥见过这几本书。不过，怎么把书交给他呢？

我不假思索，就把名片递给了格瓦拉，建议他到使馆来找我。他把名片塞进口袋里，答应过三四天就来。我们还约定下次跟劳尔一起碰头，当晚夜很深，三人才依依惜别。

在电车站，因为方才那股革命能量的强烈感染，我还有些恍惚，一个念头在我头脑中打转："这几个人必将成为殉道者或英雄。这是命运所赐，除此之外，不可能有别的方式。"假若我在使馆说起遇到几位伙伴的情况，哪怕是只言片语，他们肯定要禁止我的行动，即便是想一想他们也不允许。

几天之后，我在办公室里接到保安人员的电话，电话那头通知我，有个叫格瓦拉的墨西哥人在外宾接待室等我。我旋即下楼，胳膊底下夹着那三本书；进门我就瞧见切正在翻阅接待室桌上的几本杂志。我们像老朋友那样拥抱，随后我把书递给他。

我提议到街上散散步，喝杯咖啡，他却回答说："多谢赠书，但今天我没时间。书读完了，咱们再聚，我会讲我的评论意见，那时候，咱们再聊全世界的各种问题。"他很快穿过使馆的院门，消失在街头的人流中。在墨西哥，我再没见过他。

劳尔和我在两天后碰头，我们决定找一家咖啡馆坐下来谈，好讨论一些古巴问题的细节。那时候，我已经阅读、听闻了许多关于攻打蒙卡达兵营和创建"七二六运动"的情况。我们并肩走了还不到百米，就迎面碰上了菲德尔，他似乎正朝着我们刚离开的公寓走去。劳尔帮我做了介绍，菲德尔的目光将我从头到脚扫了一遍，从目光中，我能感觉到冷淡和谨慎的意味。

趁此机会，我向他求借《历史将宣判我无罪》的文稿，那是他在审判席上就 1953 年 7 月 26 日的行动所做的辩护词。让我惊喜的是，他竟从皮包里取出了一个袖珍小册子，把它交到我手上。册子外面包着一层书皮，伪装成广告宣传材料。我把这件珍贵的礼物放入口袋，而后我们继续散步。

不久之后，一股"风暴"将"格拉玛号"远征计划置于危险之中。独裁者巴蒂斯塔派遣的密探"充斥"了墨西哥，他们渗透到各个部门当中，意图打探菲德尔及其同志们的计划。他们动用一切渠道向墨西哥政府施加压力，使之不允许古巴流亡者在墨西哥领土上进行任何政治或组织行动。

1956 年 6 月，墨西哥的情报机构同时查抄了"菲德尔派"用来谋划起义的多处公寓，他们进行了搜查，并将缴获的武器全部没收。菲德尔和切，以及其他同志被捕，随即被扭送到移民监狱。搜查切的住所时，他们发现了我的名片，那是我和切第一次见面时交给他的。

不难想象，墨西哥右翼报刊得知这个消息后，表现出怎么样的歇斯底里。他们不仅指责古巴人破坏了流亡者被强制遵守的要求和规定，还声称当中还有"莫斯科在搅局"，虽然除了一张名片，那帮文痞们没有也不可能有其他什么证据。

在大使馆，批评指责如疾风暴雨一样落在我头上，指责我擅自破坏外交人员的行为规范。轻一点的指责是我在政治上太不成熟，在对外接触和冒险行动方面，自我约束力太差。他们不允许我继续在大学上课，这样就不能在没有使馆授权的情况下，通过工作与当地人接触。

向莫斯科汇报之后，他们决定取消我外派墨西哥的资格，在严密监控下遣返回国。由于涉及旅行的老规定，他们要求我乘坐火车到纽约，再转乘轮船前往伦敦，在那里登上一艘苏联的船回到列宁格勒，最后从列宁格勒坐火车回到首都。大使决定说，再等两三个月，他要跟参赞商量我遣返莫斯科的行程，参赞应全程陪同，以免我再做出任何"蠢事"。虽然尚未开始，我的外交生涯就以这种方式终结了。我被认定不适合这项工作。

就在我离职断绝信息的这段时间里，古巴同志们已经获得释放。

墨西哥前总统拉萨罗·卡德纳斯将军（Lázaro Cardenas，1934—1940
年在任）在其中起了关键作用，他是一位爱国者和反帝国主义者，在
当时仍有极大的权威和影响力。此外，古巴人的成功获释也是由于菲
德尔坚强的意志和不懈的活动能力。经过许多努力，他终于补充了必
要的武器装备，购买了"格拉玛号"游艇，并最终选定了远征队成
员。1956 年 11 月末，他们起航驶向古巴海岸，在那里，他们将遭遇
极端的险境，并获得最后的胜利。

在此前一个月，在参赞米哈伊尔·切尔卡索夫（Mijail Cherka-
sov）的严密监控下，我被径直遣返莫斯科，等待党的纪律处分和针
对破坏外事工作纪律的相应惩罚。可实际上，处罚并不算太严重。我
被派遣到不那么有声望的外文出版社，在那里，我仍旧可以挣一份平
常的薪水，担任一份平凡的工作。我于是下定决心：把过去的一切都
放下，选择攻读博士，把毕生的精力都献给拉丁美洲国家历史的研究
工作。

那时苏联的报刊上很少刊登关于古巴的消息，人们被禁止私自使
用短波收音机收听外国电台。大家都生活在信息的真空里。直到 1958
年，菲德尔·卡斯特罗起义军的战绩已赫赫有名，预兆革命胜利的启
明星已悬挂在天际，苏联才开始对古巴产生兴趣。

历史上，克里姆林宫依靠古巴人民社会党（即共产党）来获取当
地信息，通过这些信息与一些人士接触，但这些信息既相互矛盾，又
充满主观意味。那时谁都不认识这个国家新的领导人，而获得关于古
巴革命进程的确切信息变得愈发急迫。

在这种情境下，外交部和苏联国家安全委员会（即克格勃）①想起了 1956 年有个大学生被从墨西哥遣返，他不仅认识菲德尔和切·格瓦拉，而且与劳尔·卡斯特罗相当熟悉。找到我本人并不难，因为当时我担任着出版社共青团组织的团委书记，同时还在苏联科学院的通史研究所攻读博士。于是，他们就安排我到苏联对外情报局工作。

深思熟虑之后，我做出判断，比起科研工作，觉得自己在这个专业领域，能给祖国和古巴做出更大的贡献。我被送到高等教育特别中心，接受为期两年的特训，但我并没来得及完成学业，因为 1959 年起义在古巴全岛获得胜利，现实任务要求我尽快投入工作当中。克里姆林宫极其重视古巴情况的变化，但他们不知道利用什么渠道跟那些坚强不屈的革命者建立联系。

1959 年，苏联建设成果展在墨西哥举行。恰好是阿纳斯塔斯·米高扬受委派出席展览会开幕式，不过他的身份较为奇特，是"苏联大使馆特邀人士"。其实，他的到访，是苏联对地区整体形势的一次试探。墨西哥人以友好和适当的规格接待了米高扬，不过也仅此而已。

更大的突破性成果出现在与古巴关系方面。出人意料地，菲德尔·卡斯特罗的一位私人特使出现在墨西哥城，他传递了总司令的一道口信：恳请米高扬把展会转移到哈瓦那，并出席在那里的开幕式。

这时候，我已经作为译员和顾问被外派到墨西哥，必要时，我还要临时充任米高扬的个人安保人员。在空闲时间里，我就向米高扬介绍古巴的历史、其领导人和革命中涌现的革命浪漫主义精神。他就以

---

① 国家安全委员会（俄文缩写 KGB）是苏联情报与秘密工作部门的称谓，创建于 1954 年 3 月 13 日，终止于 1991 年 11 月 6 日。从俄国革命胜利之初，就有一系列机构承担类似工作，克格勃是其后续机构，此前这一系列机构包括：契卡（Cheka，1917—1922）、国家政治保卫总局（OGPU，1923—1934）、内务人民委员部（NKVD，1934—1941）、国家安全总局（NKGB，1941—1946）、国家安全部（MGB，1946—1953）和内务部（MVD，1953—1954）。这些机构名称的沿革变更并不说明其基本使命和运作方式有所改变。——原书编辑注

这种形式，筹备着他的古巴之行。

此时苏、古双方的兴趣是一致的。米高扬访问古巴的决策，是由政治局做出的。此刻我已经不怀疑，即将见到劳尔了，虽然是在一种完全不同的情况下。我的老朋友劳尔·卡斯特罗，现在或许是全世界所有武装力量中最年轻的统帅了。

1953年，在15名高级翻译当中，我是唯一被选派出来担任预想中的任务，这实在让我高兴极了。其他14位高级翻译，有些被冷战的车轮折磨得体无完肤，有些甚至就连外派对象国的入境签证都无法拿到，或者遭受情报部门领导的怀疑，有几个人是家庭背景问题给他们制造了障碍，还有几个经受不住酒精的诱惑，养成了俄罗斯人有名的酗酒的恶习。

从墨西哥返回莫斯科之后，米高扬开始着手准备访问古巴。显然，米高扬决定即刻验证关于我和古巴领导层当中最重要的几个角色有私人关系这个信息是否真实可靠。某一次，他径直问我，除了剪报之外，我是否还保存接触古巴英雄们的纪念物证明。于是，我就把劳尔在"安德列娅·格里蒂号"上交给我的那几张底片带到了米高扬在克里姆林宫的办公室。七年来，我始终珍藏着这些底片。

我的印象是，米高扬看过照片之后似乎受到了激励。他吩咐拿这些底片冲洗后，制作一本相册，作为送给古巴朋友的礼物。而后他征询我的意见，给菲德尔、劳尔和切带上什么样的礼物为好。我们一致认为，对于经历了战火洗礼的革命者而言，武器是最好的馈赠。于是给每位领导者都挑选了一把带子弹的手枪。为了练习时使用，又添加了一把小口径的竞技射击手枪。

此外，图拉军械厂最优秀的技师们给菲德尔特制了一把双筒猎枪。为了纪念我们在"安德列娅·格里蒂号"上的象棋比赛，我们给劳尔准备了一副象牙棋子的国际象棋。

1960年2月4日至14日，米高扬对古巴的访问，为此后长达30

年的苏古友谊奠定了基石。双方决定恢复外交关系，签署第一项贸易协议，苏联决定向古巴提供 1 亿美元贷款等。

代表团人数并不多，算上医生和安保人员，仅有六七位。菲德尔全程与米高扬会谈，涉及经济问题时，切会加入讨论。只有在礼节性场合，我才能见到劳尔；显然那些日常事务，他需要代替菲德尔处理。

每天我要担任 10—12 个小时的口译工作，会谈之后还要给莫斯科方面撰写报告，给新闻机构写通讯稿，此外还有其他任务。依照米高扬同志的指示，我将作为礼物的武器送给劳尔和切。两人接过礼物，兴奋不已，虽然我们完全没有时间追忆旧时友谊。

革命之后的最初几年，古巴革命进程中采取的措施与社会主义无关。1959 年 5 月的土地改革刚一触动美国公司在古巴的大规模地产，华盛顿就开始在各个方面对古巴实施最残酷的打击，包括国家恐怖主义。

于是，面对北方邻国的公开挑衅，古巴有必要考虑如何加强全岛的防御。出于这个目的，古巴决定向西欧国家采购一定数量的军火。部分军火由法国轮船"拉库布尔号"（La Coubre）运送到古巴。一名罪恶的破坏分子赶在船舰到达目的地之前进行了秘密策划，当船在哈瓦那卸载货物时引爆了两颗炸弹。翌日，即 1960 年 3 月 5 日，在这场悲剧中的死难者的葬礼上，菲德尔提出了"誓死保卫祖国"的口号，这一口号生生不息的力量一直持续到今天。这场骇人的意外事件，决定了古巴必定无法从其他市场购置国防军火。因此，古巴人只能求助于社会主义国家。

1960 年年中，劳尔·卡斯特罗访问捷克斯洛伐克，受邀参加夏季斯巴达克运动会开幕式。得知这个消息之后，苏联领导人决定利用劳尔的这次出访，以非正式形式，邀请他到苏联访问。

当时的苏联共产党总书记赫鲁晓夫，把我叫到他的办公室，开始询问我与年轻的古巴领导人的关系如何，并向我传达了如下任务：前往布拉格，但不要通知苏联大使馆，也不要通知捷克官方，与劳尔直接建立私人联系，向他口头传达访问莫斯科的邀请，等他到达苏联后双方将展开会谈。

显然，赫鲁晓夫有意让这个计划处于绝密状态，而且他并不深信古巴方面会接受邀请。但无论如何，国家领导层发出的命令势必要执行。

我出发前往布拉格，既不知道如何接近劳尔，也不知道如何避开捷克的特工部门。这个时候我基本已经完成了情报学校的学业；但我学到的东西，却不适用于这个场合。

我知道古巴代表团下榻的寓所，于是我就待在那里，研究如何接近劳尔的住处。我已查明，乘坐汽车穿过一条街可以抵达劳尔的住所。但接下来要怎么做？除了待在必经之路上，坐等车队通过，我想不出别的办法。兴许借着一点运气，我们两人能看到对方。我们最近方才在哈瓦那见过，劳尔的视觉记忆很好，而且他还是个渴求新知的人，坐在轿车里的时候，总会兴味盎然地向四处张望。

于是我就坐在距离公路只有几米远的公园长椅上，为了给人留下正在休息放松的假象，我买了一盒熟透的樱桃。我一边兴致勃勃地将一颗颗樱桃核扔到垃圾桶里，一边随时查看来往的车辆。

午饭时间快到了，一盒樱桃也吃完了，但车队还是全然不见踪影。我只得再买一盒樱桃，继续我的游戏，实际上这个游戏我还没有过瘾呢。等盒子里仅剩下几颗樱桃的时候，我特意留下一颗，此时，我像猎犬嗅到了雉鸡的味道似的警觉起来。

瞥见车队出现的时候，我甚至激动地从长椅上跳了起来，但车队径直驶了过去，没有停下。让我又惊又喜的是，领头的轿车开过几米之后突然急刹车。劳尔从车窗探出头来，向我喊道："尼古拉斯，你在这儿做什么？"不等我回答，他就打开车门，挥手示意我上车。捷克的安保人员一惊之下，茫然无措，但劳尔即刻安抚他们，解释说这是一位苏联的老朋友，是绝对可以信任的人。

回到劳尔的住所之后，我们终于摆脱了安保人员的严密监管，此刻我可以告诉他，我现身捷克斯洛伐克的真实目的了。我向他传递了赫鲁晓夫的口信。听到这个消息，劳尔表现得很高兴，但也告诉我，他需要请示菲德尔，这个过程需要几天时间。自那天起，几乎整段时间，我似乎成了代表团的编外成员，陪着最重要的古巴宾客在全国巡游，以便更好地了解捷克这个国家。一切结果都好，唯一的问题是，从此我开始讨厌樱桃的味道，那股味道带给我的再也不是快慰了。

不久，我们接到了菲德尔的同意批示，1960 年 7 月 17 日，我陪同古巴代表团抵达莫斯科。这是劳尔第一次访问苏联，苏联元帅和将军们组团到机场迎接。但我们一起并肩走下舷梯时，我一时间竟然忘记了外交礼仪的规矩；几双粗壮的大手即刻把我拎起，放到飞机机腹底下。有人挨到身前，对我低声质问："你是什么人？"等我回答完这个问题和其他的质询，劳尔早被热情的主人们带走了。

一天傍晚，我在家里接到了一个电话。电话是国防部的同志们打来的，他们告知，在研究安排劳尔访问莫斯科的日程时，劳尔提出要一个下午的空闲时间，与我进行私人会谈。电话那头的人用固执的嗓音要求我，随意找出一个理由来回绝劳尔的请求。我的回答简洁干脆："我不同意。"这样回答，与其说是因为劳尔曾提出请求，不如说是为了我们之间的友谊。

正如俄罗斯人常常说的，"有志者，事竟成"。我们最终找到了一个时段，在没有第三方在场的情况下进行了私人会面，谈了我们想说的事：过去的生活，我们碰到的问题，还有关于未来的畅想。

劳尔的访苏会谈，不管是与赫鲁晓夫的谈话，还是与军方最高领导的谈话，最终都极有成效，这些成果保障了古巴的安全，强化了国

防力量。次年，在应对美国中央情报局策动的雇佣兵团登陆吉隆滩
（Plaza Girón）的战斗中，国防方面取得的成果获得了验证。

抵御侵略者的战斗在艰苦的条件下不间断地进行，因为战斗只能
在被沼泽地夹在中间的两条小路上展开。这种局面相当程度上增加了
伤亡的数量，而最初几个小时缺乏空中力量的保护使情况更加严峻，
因为仅有的几架飞机已用在打击登陆中的船只上。

很明显，只要侵略者牢固占领了这片滩头，他们就会即刻成立
"临时政府"，他们的主要头目已经在佛罗里达的奥帕洛卡军事基地就
位了。这种"联合"的局面还帮助了美洲国家组织，当时这个组织无
条件地听从美国。美国则毫不迟疑地进行武装军事干涉，海军舰队已
经在古巴海岸附近集结，准备行动。然而，这些企图都破灭了，因为
革命政府在 72 小时之内取得了胜利。

与此同时，在这整段时间里，我都是在克格勃主席的办公室里度
过的（当时，外情局还是克格勃的下属机关），克格勃主席要求我每
两小时向他提交一份形势评估报告。在我的建议下，在他办公室的墙
上，挂起了两张大尺寸的古巴地图，在其中一幅地图上，我标注上从
古巴政府和派驻苏联的古巴代表那里得到的情报数据，另一幅地图负
责展示从美国主流媒体上获得的古巴局势信息。根据两方面信息描绘
出来的"形势"，可谓有天壤之别。

在反映华盛顿意愿的那幅地图上，雇佣军已经控制在当时的拉斯
比利亚斯省（Las Villas）的南部，吉隆滩就属于这个省；各地都掀
起了反政府的民众游行，伞兵已经把全岛切割为两半。这是典型的心
理战，而"红色"地图反映的才是真实情况。

吉隆滩胜利之后，我被外派到墨西哥。这样一来，我负责处理
苏、古两国交往相关工作的使命也就告一段落了，而这个时期也是古
巴革命的最初阶段，也是最凶险的阶段。

劳尔和我的友情的人事基础在整个过程中不容低估。或许认清这

个事实的方式之一是为了促成 1963 年菲德尔第一次访问苏联,莫斯科派人来找我,让我担任这位了不起的政治活动家访苏期间,整整两个月内的主要会谈和公开演说的翻译工作。那时候,很多人认为劳尔是"亲苏分子",而我是个根深蒂固的"亲古巴分子"。

在美国人的鼻子底下,我在墨西哥悄无声息而隐蔽地进行着我的工作,直到 1968 年。返回莫斯科后,我对古巴发生的事情并未投入过多的精力,因为有更重要的事情占据着我的注意力,如拉丁美洲革命潮流和民族解放运动的风起云涌等。

我和拉美国家的政府官员一直保持联系,时常带着政治任务到访这些国家。无一例外地,我每次有机会来到哈瓦那,一定会和劳尔会面,交换观点与看法。

1971 年,我暂时中止了前方实践的工作,接受了情报部门领导的指示,转而从事情报分析的任务。我永远记得智叟阿纳斯塔斯·米高扬的一句忠告,他说:信息带来的成果,在价值和性质上永远是令人惊叹的。与物品买卖不同,信息的拥有者不会失去它,与朋友们分享信息之后,他能得到新的信息,这样一来,信息的财富会翻倍。信息交换是一种增长智慧的方式,掌握信息的程度,决定了一个人在社会和任何等级上的地位。

与此同时,我开始撰写我的博士论文,论文题目是关于中美洲历史的,这个题目在当时的苏联绝少有人研究,几乎不被人所知。中美洲曾涌现出了大批英雄人物、丰富的爱国主义实践,这个地区还曾经历过最黑暗的血腥独裁统治,美国曾在这里实施肆无忌惮的侵略暴行。

1973 年,我被苏联外情局委任为情报信息与分析部的部长。在这个新的工作岗位上,我要投入苏联更高层面的问题中去。虽然我的心里始终装着古巴,但在与美国的长期对抗中,其他事务占据着我的思考。与中国和日本的复杂关系,与发展中国家间或出现的冲突,特别是与中东及非洲国家的冲突。

然而，1974 年，在列昂尼德·勃列日涅夫（Leonid Brezhniev）正式访问古巴时，我再一次见到了劳尔，当时我是作为外交部部长安德烈·葛罗米柯（Andrei Gromiko）的翻译与顾问。苏共中央委员会的干部们满怀嫉妒地看着我和古巴领导人的会晤，他们想把我和古巴领导人隔离开来。

我得承认，葛罗米柯从没有对欠发达地区表示出特殊的同情，对于那些地区的问题也没什么兴趣。与西方资本主义国家的关系当中的政治花招，反而引起他的关注，他是拜访资本主义国家的常客。因此，我们驻留古巴期间，比起拉美的问题，他对于我在外星文明这一话题上的知识，关于外星人访问地球、外星人的习性等，葛罗米柯更有兴趣。

与勃列日涅夫的私下会谈中，劳尔简短地向他介绍了我们是如何结识的，但勃列日涅夫对于此事只是左耳进、右耳出。我参加访问团，唯一的好处是帮助古巴人给重要领导人挑选礼物。

很长一段时间，东道主都在冥思苦想，琢磨着给对方国家领导人赠送什么礼物，以感谢他们为古巴所做的事。为此，我征询了勃列日涅夫的私人安保小组的组长，他对我坦诚相告，苏联共产党总书记的秘密梦想是让对方赠送他热带鸟类。当我把这个消息转告给古巴人时，他们似乎如释重负。他们给勃列日涅夫开来了一辆厢式货车，里面满是装着珍稀鸟类的笼子，而勃列日涅夫兴味盎然地端详着，从中挑选了他最喜欢的几只鸟儿。

1975 年被认为是苏联在全世界实力和影响力的顶峰。美国正在经历困难时期：越战的失败、由水门事件引发的国内危机，同时在葡萄牙爆发了康乃馨革命，进而又引起了北约的分裂和非洲最后几个殖民堡垒的垮台。

对苏联来说，外交方面成果丰厚，因此，我决心“潜心研究”古巴历史，写一本关于卡斯特罗的书。但首先，我得获得苏共中央委员会的许可，而后还得征得古巴人的同意，好让他们支持我的计划。红场①的人并不反对。收到我邮寄给哈瓦那的信函之后，劳尔回复说，他将给我提供必要的支持。

为了节省时间，我前往古巴，在那里度过了 1978—1979 年的冬天，他们给我安排了三个月的访问时间，利用这段时间我复制了写作所需的材料。在指派给我的助手们的协助下，我们翻阅了汗牛充栋的出版物和文献，这些构成了《菲德尔·卡斯特罗：一部政治传记》的基础。

进行这项工作时，正好赶上伊朗的霍梅尼革命爆发。这场革命犹如对美国、军方和特工集团联合阵营投出的一柄长矛。在我们的谈话当中，劳尔时常提及中东正在发生的大事件，表示他坚信，这正是变革震荡的开始，而变革不止包含近东地区，而是会扩展到所有的发展中国家。

如果 1979 年苏联不犯下粗暴的政治、军事错误，不派遣军队进入阿富汗的话，或许变革会继续沿着反帝国主义的方向前进。苏联的这一行动完全没有合法性，也没有任何必要。那时，古巴正担任不结盟运动的主席国，而阿富汗是不结盟运动的成员国。菲德尔和劳尔不得不选择支持其中一方，不难想象这一抉择对他们而言是多么的艰难。两方都不值得同情。

俄罗斯人有句谚语，叫"祸不单行"，意思是，不幸的事情总是接踵而至。后来的事情是这样的。所谓社会主义阵营岌岌可危，开始震荡不止，其中最薄弱的一环是波兰。波兰开始以有组织的方式，形成了名为"团结工会"的抵抗运动。

---

① 红场或"老广场"（Plaza Vieja），很多苏联人如此称呼苏共中央委员会，因为委员会坐落在莫斯科的红场上。

勃列日涅夫的健康也在衰退，头脑不再清醒，也缺乏行动的意愿。政治局当中的领导人全都年事已高，他们既不信任自己，也不再相信国家的前途。世界各地的革命新动向，不但不会让克里姆林宫振奋欣喜，还会给他们带来恐惧。国家的经济也开始滑坡。正是在这种情况下，苏联开始疏远古巴。

1982 年那段艰难时刻，劳尔·卡斯特罗在莫斯科，他亲耳从当时的苏联共产党总书记尤里·安德罗波夫（Yuri Andropov）口中听到，假如古巴遭受入侵，苏联不会为了站在古巴一边而卷入战争。之后就出现了麻烦。首先出现的问题是苏联不能兑现在经贸领域承诺的义务，而后，未经知会古巴，苏联就单方撤走了自己的机械化部队，而苏联部队从导弹危机开始就驻扎在古巴，成了双方战斗友谊的保障。这个逐步疏远的过程到了 2002 年还在延续，同样是在没有预先告知古巴的情况下，苏联关闭了设立在哈瓦那周边的由苏联、古巴联合建设的无线电情报站。

然而，这些负面情况丝毫没有影响到我和劳尔·卡斯特罗的私人关系，我们的友谊反而增强了。1991 年的事情促成了苏联解体，我也从克格勃情报分析部的领导岗位上退休，进入了领取退休金的人员之列。但劳尔从未对我个人的情况失去兴趣，反而给我带来了精神上的支持，特别是在那个艰难时刻。

许多年来，一次又一次地，劳尔邀请我访问古巴，他认为这个机会可以让我观察社会主义苏联模式的失败，给世界带来了怎样悲剧性的结果。这一次，由于目睹了 1991 年的事件给我的祖国和远方的古巴造成了怎样的危险和伤害，我深受影响，因此拒绝了他的邀请。于是，我就收到了下面的回信，其中的词语将终生铭刻在我的记忆中："……假如你已经不再相信我们的坚强和反抗的能力，你就不必来古巴，倘若没有，那么我等你……"①

我们两国的关系已经降到一个相当低的水平。然而，几十年里对抗共同敌人的战斗友谊永远留存在两国人民心里。具体而言，一个友谊的象征就是由菲德尔·卡斯特罗和基里尔大主教（Kirill）倡议修建的东正教大教堂，基里尔当时曾任斯摩棱斯克和加里宁格勒的大主教，现在他担任莫斯科和整个俄罗斯的主教。2008年，他访问古巴，为这座教堂祝祷。

当时是重新升温俄罗斯与古巴关系的绝好时机，特别是因为新近当选古巴主席的劳尔·卡斯特罗已经明确将出席这个仪式。此前两年，鉴于他兄长菲德尔的病情，劳尔已经肩负起领导国家与革命前途的重任。

这时候，俄罗斯的领导层又想起了我和劳尔的私人关系从没中断，于是就邀请我参加我国访古的代表团；这个代表团在某种程度上，代表了联系着两国人民的友谊之桥已重新搭建。由于访问是基于如此崇高的目标，为此我总可以找到所需的时间和能量。

我与劳尔第一次见面后，至今已过去了55年；从那时起，世界发生了剧烈的变革。我们两国的关系，就像地球磁极旁边的指南针一样摆荡。我们两人的个人历史也发生了变化：其中一个，一位有影响力的地主的儿子，转变成一位革命者，最终成为国家领导人；另一个，一个俄罗斯农奴的曾孙，成了一个不幸的苏联将军，他拒不接受强加给俄罗斯的新自由主义规则。不过，我们还保持着一份长久而共同的基础，这个基础可以表达成下面几个词语：正义、荣誉和价值。

2013年，我再次接到古巴的邀请，这一次是为了庆祝攻打蒙卡达及卡洛斯·曼努埃尔·德塞斯佩德斯兵营的60周年纪念。考虑到我的年纪和健康状况，我本来已经不适宜再做这样的长途旅行了，但这

---

① 作者个人档案。

件事绝不是无足轻重的。除去其他，这一年还是我和劳尔之间友谊的
60周年纪念，我们初次相聚就发生在攻打蒙卡达兵营的三个月之前。
于是，我下定决心，毫不犹豫地踏上了旅途。

2013年7月26日，跟参加典礼的一万名观众在一起，我坐在蒙
卡达兵营宽阔的练兵场上。中间的场地是预留给拉美国家代表的。在
特邀嘉宾席上，可以看到来自委内瑞拉、玻利维亚、乌拉圭、尼加拉
瓜的总统，还有厄瓜多尔的外长以及加勒比诸多国家政府的领导人。
在那一年，古巴担任着拉丁美洲加勒比共同体（CELAC）的轮值主
席。这又一次显示出美国政策的失败，因为美国试图在这些兄弟国家
中间孤立古巴。

所有参与典礼的代表们都通过演讲表示，他们有必要阐释自己的
观点，其中既包括攻打蒙卡达兵营的历史意义，也包括古巴革命在塑
造拉美大陆命运当中的角色，同样重要的还有赞颂菲德尔应得的荣
耀，他毫无疑问是革命的开创者，此外，还有人阐释了劳尔·卡斯特
罗对于革命的决定性胜利曾做出怎样的重要贡献。

古巴与我脑海中的印象相比，已经相当不同，辨认不出了。在每
个街角，都能找到重生和更新的迹象。于是，我头脑里闪过这样的念
头："所发生的这一切，难道不值得用一本书来记录吗？"听完典礼上
每位演讲者的发言之后，这个念头变得越发坚定了，直至变成了一个
决定：复制尽可能多的关于劳尔生平和现状的资料，以呈献给当代和
将来的读者们，我要展示这个非凡人物的最真实的形象：劳尔始终拥
护菲德尔，对他怀着无限的信任；他知道如何赢得占据压倒性多数的
同胞们的热爱和支持，现今，他正在全权设计古巴经济模式的更新，
而更新的基本纲领在2011年4月的古共六大上获得了通过。

我曾经一直梦想着书写那些拉美伟人的生平，这个梦想部分地转
变成了献给菲德尔·卡斯特罗和奥马尔·托里霍斯将军（Omar Torr-
ijos）的作品。托里霍斯将军是巴拿马的爱国者，他以不流血的方式

从美国人手中收回了巴拿马运河。

我的第一篇学术成果是 1959 年发表在《历史课题》杂志上的一篇文章，文章介绍了尼加拉瓜人民在奥古斯托·塞萨尔·桑地诺（Augusto César Sandino）的领导下反抗美国的英勇斗争。我也曾想写一部关于切·格瓦拉的书，但当切在玻利维亚牺牲时，我接受了任务，被派往墨西哥长期工作，于是，我的同志和朋友约瑟夫·拉弗列茨基（Losif Lavretski）就赶在了我前面。

切本人也曾写过多种关于革命斗争的出色书籍，他知道如何把故事讲得精彩。他曾经对写作古巴革命历史的作者们说过一番话，建议他们应该严格依照真相来写。我将遵从切的建议，因为真实和坦诚是政治过程中最有力量的方面。伦理道德永远不能放松监督，菲德尔·卡斯特罗总是这样强调。

我们知道菲德尔的第二个名字是亚历杭德罗，在战争期间他使用过这个名字。至于劳尔，他降生时，家人给他取名劳尔·莫德斯托①，这个名字就很少有人知道，这一半是出于对宿命的审慎，一半是出于传统。这最后的名字反映了他性格当中的许多特点。

他是个不求出名的人，甚至刻意回避。只有出于政治需要他才接受采访。劳尔也不经常出现在电视上。所以，菲德尔有相当丰富的传记流传于世，而关于劳尔，只有在一些文章、历史研究著作里的部分章节以及他自己的一些出版物中提及。

在某个场合，又一次激发了我撰写本书的动力。那是现任古巴主席劳尔在众多演讲当中的某一次，他说出了意味深长的一句话："我们曾经创造了历史，但至今，我们尚不能书写历史。"②

因此，我便勉力尝试，来填补历史的一段空白。

----

① 莫德斯托（Modesto）在西班牙语中，意即"谦虚、简朴"。——译注
② 《在弗兰克·派斯创建东方第二战线二十周年纪念仪式上的讲话》，1978 年 3 月 11 日，载于《格拉玛报》1978 年 3 月 13 日第 3 版。

第二章 革命者是怎样铸成的

来自加利西亚的父亲和出身农民的母亲；儿童及青年时代；在哈瓦那大学；1952年政变；革命者的诞生；维也纳国际青年大会；"安德列娅·格里蒂号"上的旅程；友谊的开端；拥抱共产主义思想；在哈瓦那被捕；攻打蒙卡达兵营；占领司法大厦；成为领袖。

劳尔·莫德斯托·卡斯特罗·鲁斯生于1931年6月3日，出生地是距离尼佩海滩不远的比兰的自家庄园，当时这里隶属于奥连特省。① 他是家里的第四个孩子，出生在安赫拉、拉蒙和菲德尔之后。在他之后，家里又迎来了三个孩子：胡安娜、爱玛和阿古斯蒂娜。在那个时代，家族里都讲究人丁兴旺，孩子众多被认为是家道繁荣的保证。

堂安赫尔·卡斯特罗·阿希斯，即劳尔的父亲，是西班牙的贫苦农民，出生在加利西亚北部的兰卡拉。长期的贫困生活，还有走出故乡边界、出外远行看一看更广阔世界的冲动，激励他应征入伍，加入了西班牙远征军。根据19世纪末那时的制度，要求在所有适龄的入

---

① 现在比兰属于奥尔金省，1976年奥连特省分割为五个省。其他四个省分别是古巴圣地亚哥、格拉玛、拉斯图纳斯和关塔那摩省。

伍青年中抽签选择,被选出的 1/5 的入伍新兵要被派往西班牙的海外殖民地。

富裕家庭的父母们,假如他们的儿子收到应征入伍的通知,就会花钱找人替代他们的儿子入伍。20 岁的堂安赫尔·卡斯特罗就选择了接受 1000 比塞特,代替这样一位少爷而入伍参军。那是 1895 年的事情。

那时最令西班牙政府头疼的是古巴人民掀起的独立战争。独立战争最初兴起于 1868 年,中间有过几次间断,1895 年在何塞·马蒂的领导下,独立战争又一次打响。西班牙征兵派往古巴,就是为了保持殖民统治,但这一意图注定要失败。堂安赫尔·卡斯特罗就是被派往古巴的士兵之一。

幸运的是,他不必参战。堂安赫尔被派往一条贯穿古巴岛南北的防线上的驻兵哨所当哨兵。这条防线起于胡卡罗港,止于现今属于西埃戈·德阿维拉省的莫隆山,绵延 100 公里,布满了军事防御点。西埃戈·德阿维拉省西部有一条铁路,至今这条铁路仍在使用中。这条防线上开辟出了一条铲除了树丛和灌木的宽阔地带,地面上铺设了铁丝网和其他障碍物,以阻挡解放军战士前进的步伐。当时,那支军队正从岛上的东部向西部挺进。

当时古巴全岛仅有 150 多万居民,西班牙却派驻了 35 万现役军人,此外还有 10 万西班牙人和克里奥尔人组成的民兵,这也就是说,比例达到了每五个居民对一个士兵。这支军队的人数超过了西班牙帝国在历史任何时期,在任何其他殖民地所集结的兵力。即便是英帝国在北美 13 个殖民地也未曾派驻规模如此庞大的军队。这是历史上最大的占领军。

1898 年,当古巴爱国者即将赢得斗争的时候,美国幻想摘取这颗安的列斯群岛的明珠,为此向西班牙宣战,点燃了最初几场帝国主义战争之一的战火。这场战争宣告了西班牙帝国的终结,最终导致美国军队占领古巴岛。

堂安赫尔·卡斯特罗虽然一度返回了西班牙，但他对古巴的喜爱使他又重返这个岛国。他想在古巴碰碰运气，因为在西班牙，等待他的只有贫困。他年轻、有力量、意志力强而且雄心勃勃，这让他走上了"自我成就"的道路。他努力通过自学的方式，掌握了读写技能。他梦想着拥有自己的土地、房子和财产。

当劳尔降生时，这个梦想已然实现了。那时，堂安赫尔已经拥有了900公顷的土地。此外，他还租种着1.1万公顷别人的土地，这些土地的主人不知道是通过什么渠道获得土地的，但不愿自己耕种，因此转租出去。

堂安赫尔·卡斯特罗是个有进取心的人。他主要从事甘蔗种植，并将甘蔗出售给附近的制糖厂。此外，他还组织收购、出售优质木材，开垦了一座大约13公顷的带养蜂场的橘子园，建立了一个牧场及其他产业。别人都说，活计都是经过他的手独自完成的。劳尔回忆说，他父母从来不知假期、不知休息，日出前起床，晚上很早便就寝了。

大体而言，父亲的精神状态随着天气情况而变化。下起瓢泼大雨的时候，父亲最快乐；那时候他几乎永远严肃的脸庞上便露出笑容。空闲时，他喜欢亲自动手植树，特别是雪松。长年累月，他亲手栽植的雪松已经长成参天巨木，这是家族的明确标志。

劳尔的母亲莉娜·鲁斯·冈萨雷斯，和她丈夫一样，是比纳尔德里奥省贫苦农民的女儿。比纳尔德里奥省是岛上最西端的省份，她的家人向古巴东部迁徙，是为了寻找更好的工作、生活条件。成年之后，她才自己扫盲，因为对工作的由衷热爱、良好的性格和明智的判断力，使莉娜与众不同。还不到19岁，她就嫁给了堂安赫尔，而他已经年过40了，但两人之间构成了完美的互补关系。

妻子知道丈夫为人慷慨，无需什么手续，他动不动就免除客户的欠账，要么就出手大方，向那些交好的人赠送厚礼，因此莉娜严格管理着家庭财政，她总是说："要不是因为我，堂安赫尔早就破产了。"可与此同时，她还总是接济那些急需帮忙的人。

人们回忆说，曾有一次，她跟一位工人聊天，发现对方衬衫破烂，几乎衣不蔽体，莉娜琢磨着想改善一下他的生活，就故意用手指勾住衣衫上的一个破洞，几乎把衣服完全扯碎了。那个男子不知道她的本意，急得几乎哭出来。于是她就顺势向他道歉，说"自己太不小心"，领他到商店里，帮他买了一件新衬衫。

这就是她的为人，她的秉性表现在各种情境中，例如她会给女儿就读的学校里的小伙伴们捎去各式礼物。从早到晚，庄园的种种管理工作占据着她的时间，同时还要照顾雇工和家里的各种杂事。当地的老邻居经常说，菲德尔更像是他的父亲，而劳尔更多遗传了他母亲性格当中的许多特征。

堂安赫尔和莉娜非常相爱。他喜欢让莉娜驾车，两人一起出游。他只信任让她一个人剪头发，为此他给家里买了一把理发椅和一柄推子。因此，在1956年堂安赫尔去世之前，就把大部分遗产留给了妻子，而不是根据法律判决的，这一点就没什么令人惊讶的了。

至于莉娜，她活着迎来了古巴革命的胜利，在1963年去世前，亲眼见到菲德尔和劳尔治理国家。莉娜被安葬在马尔卡内的公墓里，那里也是她丈夫的长眠之地。许多年之后，为了向夫妻的忠贞感情和他们对家族、家庭所做的贡献而致敬，夫妻的遗骨由他们的儿女迁往比兰，而这里的故居，多年来已经成了古巴具有博物馆价值而吸引游人参观的地方了。

那是一栋宽敞的房屋，设计合理，建造之时就考虑了要供一大家子人居住。房子修筑在坚固的木桩上，木桩每根约有两米高，依照加利西亚老家的风格建造。房屋下面留出来的空间用来养奶牛，或者其他牧畜，也可以作为停放家里汽车的车库，放置其他一些做家务的必要物品。

在房子主层，或者叫一层，是孩子们居住的四个房间、餐厅和厨房。二层被家里人叫作"瞭望台"，父母和还需要母亲持续照看的新生儿住在这一层。至今在那里还能见到所有孩子都曾用过的摇篮。

不幸的是，房子在 1954 年毁于火灾，父亲把一支点燃的香烟落在了卧室里，直接出门修剪橘树的枝丫去了。1959 年古巴革命胜利之后，在马埃斯特腊山游击战的杰出的女战士、菲德尔·卡斯特罗的亲密战友塞利娅·桑切斯的坚持下，根据照片、家人和比兰居民的回忆，故居被重建起来。

虽然家庭经济状况较为宽裕，但还不能说这家人已经达到了资产阶级或贵族的地位，而且这个家族也没有任何根基与商界精英或政治精英有什么联系。经营获得的利润更倾向于投入善行或者扩大生产上。

孩子们都在本地的农村小学完成了最初几年的学业，他们大多数的童年伙伴都是农场上的工人、甘蔗收割者、短工和放牛人的子弟。在家里，一切都由父母说了算，这一点不容置疑；对于堂安赫尔，孩子们都尊敬他，甚至有点怕他。他总是有点不合群，午饭都要自己一个人吃；然而，他从不拒绝孩子们，尊重他们的意见，也不会将自己的观点强加给他们。这种生活方式，最终形成了这个家庭中政治多元主义的氛围。

例如堂安赫尔，他是弗朗西斯科·佛朗哥将军的铁杆同情者，佛朗哥跟他一样，也是加利西亚人。堂安赫尔认为，只要这个政府还统治着西班牙，西班牙就不会出现共产主义，社会主义意识形态也就不会蔓延到拉丁美洲来。这真是命运带来的巨大讽刺：共产主义理念在古巴转化为现实，正是归功于他的两个儿子。

在比兰的雇员和工人中间，曾经有些人捍卫他们的右翼立场，也有些人坚持左翼观点。他们进行激烈的辩论，特别是在打多米诺牌的时候，但他们从来不会越过谨慎的政治尺度。没有迹象表明，当地存在种族主义，这里也没发生过带有宗教动机的冲突。

比兰既不算村庄，也够不上城镇。起初，只有安赫尔·卡斯特罗家族在那里搭建了房舍；而后，在这栋房子周围，一些在庄园工作的雇工们开始定居下来。再之后是一批工人。工人们当中有来自牙买加的移民，但最多的是海地移民。

这一地区的人口慢慢增长起来，因为堂安赫尔想保持劳动力队伍。在所谓的"死亡阶段"，即在两茬甘蔗收获季节中间的过渡阶段，堂安赫尔都要替砍甘蔗的工人找些活，并给他们贷款，因为他们生活贫困。

后来，当地有了商店，还建了一个带屋顶的斗鸡场；那时候在古巴农村，斗鸡是主要的娱乐形式。此外还开设有一间酒吧和一家台球厅。政府在当地建了一所小学，也修建了邮政所和电报局。于是，全靠着这位精力旺盛和富有进取心的男人的贡献和努力，在这片荒僻的地方出现了一些文明的迹象。

卡斯特罗·鲁斯夫妇的子女，全部出生在房子的一层，没有医生到场助产，只有头生女安赫拉是个例外，因为她重达 14 磅。子女们的教育几乎成了母亲一个人的专门工作，其余的知识则来自所谓的"街边教育"了。

莉娜是个天生的教育家，她把教育当中的要求和领悟两方面结合得很好，跟她一起学习，孩子们愿意与她分享内心的秘密。莉娜还是位很虔诚的女人，她向孩子们教导了《圣经》中的伦理与道德，她自己也是每日躬行实践。她坚持认为，到了规定的年龄，孩子们就应该进入校园学习，最好在基督教会的管教之下学习，但没必要一定是天主教会学校。

很难想象，在革命斗争的岁月里，当她的儿子们命悬一线时，这位勇敢的女性承受了多少痛苦。拯救她的唯有她对全能上帝的虔诚信仰。她一直相信天命将护佑自己。人们都说，当革命胜利时，她的银制念珠已经因为不断揉捏而磨损。现今，比兰的一所半寄宿制学校冠以莉娜的姓名，这是对她作为母亲和教育者的优良品质而予以的表彰。

有关劳尔的幼年，我们可以主要通过他的哥哥姐姐安赫拉、拉蒙和爱玛的回忆而获知。他们都提到，劳尔的童年是在健康的家庭环境中度过的，他与大自然和工人子弟非常亲近。幼年劳尔很喜欢骑自行车。由于房屋的布局，环绕房子外侧的通道构成了一条绝佳的跑道。劳尔很小时就学会了游泳，他经常和其他的男孩一起，在比兰不远处的溪流里连续戏水长达几个钟头。其他的娱乐项目包括徒步或骑上一匹他父亲为他挑选出来的小马，到周边游览；这匹马他饲养了很长时间。

比起其他伙伴，劳尔更经常从同龄人身边跑开，他几乎总是要跑到海地移民的茅屋里去，在那里，他时常忘记了时间。对于他的父母来说，不明白劳尔为什么和他的兄弟们一样，喜欢到海地人的茅屋里去。在家里，孩子们都能获得良好的饮食，但他们更愿意跟好客的贫穷工人们待在一起。工人家里会请他们喝玉米面糊，吃鲥鱼和烤嫩玉米棒子。莉娜准许他们跟穷人家建立联系，但她只要求孩子们注意挑选食物，因为有时候，她不得不处理孩子们的消化不良问题。

安赫拉回忆说，孩子们都会尊敬地聆听妈妈的告诫，但之后依旧我行我素。回忆这段时光，劳尔如此告诉古巴女作家卡蒂乌斯卡·布兰科（Katiuska Blanco）："在那里，我能亲眼见到贫穷这个词的全部含义。初级小学之后，唯一可以继续接受教育的孩子，就是我家里的兄弟姐妹。其他孩子只能上一两年学，或者根本没上过学。"[①]

---

① 与女作家卡蒂乌斯卡·布兰科的谈话，未刊记录稿。古巴共产党中央委员会档案馆。

劳尔只有五岁的时候，曾经跟着妈妈进城，到古巴的圣地亚哥，探望拉蒙和菲德尔，他们当时就读于拉萨列神父开办的天主教学校。那天正好是学校假期，劳尔非常兴奋，要求留下来。莉娜最终同意，而校园主管们也表示许可，他们流露出了想要跟堂安赫尔·卡斯特罗这样一位知名而富裕的地主保持良好关系的意愿；毕竟他曾对学校的改建捐过钱。

鉴于劳尔年纪小，因此并没有入学，而是终日玩耍。有一回，劳尔骑着双轮脚踏车在学校长长的走廊里往前冲，想从一道窄楼梯上骑到下面一层楼，结果撞到了挡在他去路上的三角钢琴上，脑袋被狠狠地撞了一下。

一段日子之后，一位老师呵斥了菲德尔，菲德尔按照他"以眼还眼，以牙还牙"的原则，对这位老师进行了回击。其结果是，学校的主管向堂安赫尔告状，说他的儿子们是"这所学校历史上的所有学生当中，最大的捣乱团伙"。他这样说，其实是把好人错当成恶人惩治了，因为其他几位兄弟没有以任何形式参与捣乱行动。劳尔还不到入学年龄，而拉蒙，按照菲德尔的说法，行事永远是"比小草还谦恭，比水流还沉静"。

听到别人这样告状，父亲大人即刻把三兄弟领回了家。劳尔不愿意离开学校，拉蒙却很高兴。菲德尔跟他们不同，拒不接受自认为不公正的惩罚，要求继续完成他的学业。多年之后，他自己回忆道：他甚至通过母亲，威胁说假如不同意让他继续求学，他就烧掉家里的房子。或许因为他如此坚决，家里才最终把他送到了耶稣会开办的多洛雷斯学校。学校也在古巴的圣地亚哥，不久，拉蒙也在这所学校报到注册了。

到了1937年，父母决定让劳尔到比兰附近的军民联合学校就读。当时这类教育机构在古巴已有好几家，但办学时间都不长。这类机构是在富尔亨西奥·巴蒂斯塔的倡议下建立的。1933年赫拉尔多·马查多的独裁统治被推翻之后，巴蒂斯塔加入了一场名为"少尉革命"的运动。眨眼间，他就从少尉擢升为陆军上校，当时一届届政府如万花筒一般旋生旋灭，而巴蒂斯塔才是在幕后掌握实权的人物。

在这类教育机构之中，巴蒂斯塔安插了不少忠诚于自己的少尉。他有意借筹办教育之名，为自己将来的政治计划培养一批储备干部。这批人当中，不乏来自偏远地区的寒微人家的子弟。

六岁那年，劳尔·卡斯特罗进入这所学校。如带点幽默，可以说古巴革命未来的英雄从这时起便开始了他的军旅生涯。劳尔的姐妹们还记得，别人给他订制了三套带徽章的礼服军装：海军制服、陆军制服和乡村护卫队制服。

上课需要骑马，但由于劳尔身材矮小，很难在马鞍上坐住，为了他的安全，别人就把他牢固地绑在马具上。最后，父母还是接受了阿曼多·努涅斯·卡斯蒂略少尉的意见，努涅斯少尉是学校的负责人，他建议让劳尔一周都待在家里。

1938 年 1 月，富尔亨西奥·巴蒂斯塔已经准备好在下届选举中参选总统，决定将军民联合学校的老师们全都集合到哈瓦那，而这批老师势必会带上他们最优秀的学生。劳尔绝对算不上他所就读学校里的孩子们的代表。然而，或许是精明的努涅斯少尉有所觉察，作为年纪最小的学生，劳尔机灵、可亲，很快成了众人关注的焦点，很可能也会赢得巴蒂斯塔上校的注意。

预计有再一次获得接见的可能，校长决定训练这个男孩，让他帮助自己成就升官之梦。结果一切如他所愿。在第二次接见中，巴蒂斯塔向劳尔做了个手势，让他朝前走来，并朝他弯下身子，跟他交流了几句话，而劳尔一直盯着装饰在少校胸前的勋章。

突然，他回想起校长要求他一定要说的话，便大声道："尊敬的富尔亨西奥·巴蒂斯塔－萨尔迪瓦上校先生：我以比兰第一军民学校全体学生的名义，请求您擢升我们的少尉为中尉军衔！"巴蒂斯塔瞬间惊呆了,他思量片刻,而后从牙缝里挤出一句话:"好吧,我批准!"

这位独裁的上校不可能料想到,多年之后,眼前的这个小男孩将成为推翻他在古巴统治的主要发难者之一。劳尔一生充满了这类奇特罕见的事,而这只是其中一件。

阿曼多·努涅斯升迁之后,就要调到位于马亚里的一所更高级别的学校去。马亚里是同名城市的首府,也属于比兰地区。他当然愿意让劳尔继续在他的掌控之下,并征得劳尔家人同意将他转入新的学校;但上级部门给主管单位打了一份报告,他们禁止把年龄这么小的孩子转学到别处。

在这种情况下,努涅斯相当轻率地把这个男孩子带到了他父亲特奥菲洛的家里。特奥菲洛是独立战争的老兵,曾在战斗中丢掉了一条腿,当时他住在古巴圣地亚哥的洛斯奥约斯地区。那几年的洛斯奥约斯是个非常穷的社区,只有土路。劳尔就在那里的小学入了学,根据他自己的说法,那段日子他无拘无束过得很开心,直到他家里人发现了这个情况后,把他重新带回了比兰。

独裁统治结束后,前少尉和中尉努涅斯曾试图接近劳尔,似乎是谋求获得一笔抚恤金;但他有一段糟糕的历史:劳尔和菲德尔参加攻打蒙卡达兵营的情况曝光之后,他曾给巴蒂斯塔军队的官长写信。在独裁者的档案中找到了这封信函,在信函里,努涅斯自责自己没能完成老师和教育者的责任,居然教出了这样"残忍血腥的野兽"。

此外在信里,他还两次撒谎:说他从未见过菲德尔,还像个鹦鹉学舌似地重复着"攻打兵营的战士如何杀害士兵"的谎言。从1959年年中开始,努涅斯再也没被劳尔接见过,而就在几个月前,劳尔还曾给他签署过一条特许令,允许他在劳尔所在的任何地方获得接见。

劳尔最初就学的经历并不怎么吸引人。他后来转入其他学校之后,遭遇也并非特别愉快。关于这方面,他曾说道:"学校里的寄宿制度，对我来说就像监狱；对菲德尔而言不是这样，可对我来说，却像监禁。"① 在相当程度上，两人差异的根源可以从此前的岁月里找到，那时候劳尔还不到一岁。

那时候，有一个叫作欧弗拉西娅·费利乌的女教师，被分配到比兰的农村小学任教。卡斯特罗·鲁斯一家善意地接待了她，可她却想从这家人身上捞点好处。女教师建议把安赫拉、拉蒙、菲德尔接到她在古巴圣地亚哥的一个亲戚家居住。卡斯特罗·鲁斯一家需要每月为每个孩子支付 40 比索的借宿费，这笔钱在 20 世纪 30 年代中期可不是小数字。那时古巴正在经历着本国历史上最严重的经济危机之一，这也是受到同时期美国经济危机影响的表现。

兄弟姐妹们回忆起那段时间的经历就会簌簌发抖。那段经历留在他们的记忆中是永恒的饥饿感、贫困的氛围和受限制的个人自由。借助"学生们"缴纳的费用，这位精明的女教师用来自己出国旅游，参观了尼亚加拉大瀑布和其他景点。当莉娜探望孩子们的时候，才知道他们生活在什么环境下，所以决定让他们重新回到原先的寄宿制学校就读，因此寄宿制对他们而言是一种解放，这一点对菲德尔来说尤其强烈。

劳尔八岁的时候，父母决定把他送到兄长们就读的学校求学，也就是古巴圣地亚哥的多洛雷斯学校，这所学校的毕业文凭相当于俄罗斯中级教育结束之后获得的证书。卡斯特罗一家兄弟三人就在那里读完了相应的课程，也在那里强化了后来他们终生不渝的相互体恤和包容。

拉蒙记得，菲德尔和劳尔两人总是相互招惹，一个给另一个找麻烦。惯常的情况是，就寝之后，他们开始争论谁去给三人同住的房间

---

① 与女作家卡蒂乌斯卡·布兰科的谈话，未刊记录稿。古巴共产党中央委员会档案馆。

熄灯。兄弟俩先是口角，随后动起手来，互相抛掷枕头和其他物件，最后只能是拉蒙起身去关灯。

根据那段时间认识劳尔的人们记述，劳尔的突出性格是活跃而淘气，他喜欢"嘲弄"严肃的菲德尔，总是跟他开玩笑；而菲德尔，有时候会揪住他的脑袋，敲打一番。于是，拉蒙又得站出来调解，使他们重归于好。他不喜欢寄宿制学校憋闷而严格的生活，但一切抗议都比不上姐姐安赫拉的斡旋，他恳请姐姐跟父母说情，好让他们摆脱寄宿生的处境。

1939 年，第二次世界大战在欧洲爆发，其悲剧后果也影响到了西半球。在古巴，最有影响的事件，是 1942 年两艘轮船在墨西哥湾被德国潜艇击沉。

那些年，这个岛国上的反法西斯民主制度得到巩固。从 1925 年起就开始进行秘密地下活动的古巴共产党，终于在 1938 年获得合法地位。其结果是，从那时起，《今日报》开始公开发行，这份报纸是古巴共产党的党报，此外，共产党还有一座覆盖全国的广播电台。1939 年古巴全国工人联合会（CNOC）成立，总书记是拉萨洛·佩尼亚，他是共产党的杰出领导人之一。

此后，人们就提出重新修订宪法的要求，以期巩固已经获得的民主制度的胜利。1940 年，立宪议会选举产生，在很短的时间内，立宪议会就制定出了当时整个拉美最为民主的一部宪法。

富兰克林·德拉诺·罗斯福此时入主白宫，占据美国总统的宝座，自 1933 年 3 月行使总统权力以来，是他首先提出与古巴谈判废除普拉特修正案。这一修正案是 1901 年美国强加给古巴的，它使这个安的列斯岛国成了美国的新殖民地。这个修正案赋予华盛顿在任何时候都可以干预古巴内政，可在古巴领土上设立军事基地的权力；此外，它还废止古巴对面积达 2419 平方公里的松树岛（今青年岛特区）行使司法权力。

谈判的结果对古巴有利，两国签署了互惠条约，条约中不再包含任何侵犯独立国家地位的荒诞而不合理的表述，但仍保留美国对古巴经济的控制。

毫无疑问，罗斯福推行这一政策，考虑到了当时古巴在民主方面的总体进步，但不应忘记，就是这位总统，没有采取任何措施来消除军事独裁政权给拉美带来的灾难。对在尼加拉瓜施行血腥统治的独裁者安纳塔西奥·索摩查，罗斯福曾说过一句名言："或许索摩查是个狗杂种，但他也是我们豢养下的狗杂种。"

两次世界大战虽然带来了巨大的灾难，但也以某种形式给西半球的一些国家带来了财富，因为在短期内，食品和战略初级产品的需求增加。例如在第一次世界大战期间，堂安赫尔·卡斯特罗就以抬高价格和在国际市场上出售蔗糖，相当可观地扩大了他的资本。第二次世界大战期间也是如此，这一时期无疑是古巴经济繁荣时期。武器的生产需要高品质的钢材，而古巴的镍矿储备居于世界前列。

在某种程度上，美国放松了对其"后院"的监控，美国一直把拉丁美洲视为自己的"后院"，但国际层面的问题和本国参战的问题占据了它的注意力。而古巴政客，包括具有独裁特征的那些政客，也不得不为适应普遍的民主精神做些调整。富尔亨西奥·巴蒂斯塔本人在当选 1940—1944 年任期的总统后，也不得不收起他的魔爪，改换了其威吓的军人面目，换上一副政治煽动家的笑脸。

1945 年劳尔进入贝伦学院学习，这所学校也是耶稣会开办的，坐落在首都哈瓦那。这一年，菲德尔以优异的成绩完成了贝伦学院的学业，考入哈瓦那大学，开始了法律系的课程。根据常规，学习法律也就开启了政治生活的道路。

1946 年年末，堂安赫尔收到了学院教导处的一封信，信上满纸都是对劳尔的责备。信上说劳尔不好好在学校里待着，开始对各项学业"罢课"。信上还明确地说，校方不认为劳尔下一阶段还能继续待在学校里。

父亲把劳尔带回了比兰，让他从事劳动，劳尔没有对这项惩罚做出反抗。劳尔汗流浃背地在田里拾块茎作物；之后他还被派到商店旁边的仓库工作，在那里看管食品、衣服、五金产品和农具。后来，他当了一段时间的商店营业员，最后，堂安赫尔将他升职为庄园办公室的工人，每月工资 60 比索，在当时这是笔不小的数字。从事不同的工作让他更加了解底层人民的生活，让工人们和他的家庭更加贴近了；工人们将他看成是"自己人"，而不是从上面俯视底层的人。

星期天和全国的节假日，狂热的斗鸡爱好者就会聚到斗鸡场里，关注着他们最看好的斗鸡进行战斗，就好像足球迷在体育馆里支持他们各自的球队一样。跟其他许多人一样，劳尔也有自己的斗鸡，而且他的斗鸡不止一次赢得了比赛，为他挣了不少钱；不过他跟他父亲一样，永远不会拜倒在金钱令人窒息的魔下。

堂安赫尔听到了传闻，说他儿子，跟当地工人的交谈中，并不掩饰他对当地社会状况的焦虑，特别不满他们家庄园周围美国公司的贪婪。根据拉蒙回忆，堂安赫尔说："我要打断这小牛犊子的肋骨！我要把他送到哈瓦那，让菲德尔看住他。如他继续待在这里，他会变成共产党！"这下父亲的愿望和菲德尔不谋而合了。菲德尔暑假回老家的时候，坚持让他的小兄弟继续读书，还承诺要以个人之力支持他的学业。

以父亲的视角看来，菲德尔已经成长为一个体面像样的人了，他有眼光，可以把小弟的教育问题托付给他：因为菲德尔是第一个在首都名牌大学读书的家庭成员，当时他已经结婚，而且育有孩子了。"把劳尔培养成人"的责任可以托付给他了。

许多描述过菲德尔和劳尔的作者们，都曾提出过这样的疑问：出身殷实的地主家庭的两个儿子，他们生活幸福，而且在他们面前原本铺设着一条从政或经商的道路，那么，他们为何会成为深刻改变古巴命运的革命者呢？为此，他们甚至献出了自家的财产。还没有人找到满意的答复。在卡斯特罗·鲁斯家中，每个人都坚持着自己的道路，例如胡安娜，她就极为反对自己的兄弟，她移民美国之后未曾停止过对古巴现行体制的批判。

其他的姐妹们也都组建了自己的家庭，过着平静的生活。拉蒙后来显现出他是个天生的管理者。读书时，他就幻想操纵着推土机或拖拉机的手柄。返回比兰之后，他就从事自己最喜爱的工作。他很好地掌握了甘蔗播种和种植的技术，可以操作任何农机设备，他还是畜牧场上合格的专家。

在庄园管理方面，他毫无疑问成了父亲最好的助手。堂安赫尔去世之后，管理庄园的重任就落在了他的肩上。在山区起义斗争的那些年，拉蒙提供了印刷机、燃料、技能、药品以及劳尔指挥下的游击队员们可能需要的其他物品。1959 年以后，他很长一段时间在农业部工作，领导一座饲养奶牛的试验农场。

1950 年，劳尔前往哈瓦那。菲德尔帮他在一个中学注册，继续学业，以准备大学的入学考试。在 1950—1951 学年，劳尔注册成为法律系管理专业的学生。他住在兄长的公寓里，菲德尔当时已经是一位从业律师了，并且计划到法国去，在巴黎的索邦大学继续深造。同时，劳尔继续着菲德尔走过的路，逐渐成为学生运动的积极分子。

20 世纪 40 年代末到 50 年代初，世界政治形势发生了急剧变化。经历了第二次世界大战，战胜法西斯主义之后，对和平与民主的热切期待被残酷的冷战所替代。所有的左翼思想和对民主的呼唤，都被视为"支持共产主义"，因此，被美国视为敌对势力和反美主义。古巴卡洛斯·普利奥·索卡拉斯政府（1948—1952）深陷腐败之中，在他的统治下滋生出来的"强盗行为"（gangsterismo），犹如一支丑恶之花，许多左翼工会领导人和学运领导人成为受害者。

所有的希望都寄托在古巴人民党（正统党）身上，该党于1947年由诚实的政治家爱德华多·奇瓦斯（Eduardo Chibás）创立。奇瓦斯猛烈而持续地抨击政府的高压统治和政策，特别是在他的电台广播节目中。1951年奇瓦斯在他的广播节目里对某位部长的腐败行为进行了激烈抨击，但由于他拿不出这位部长参与腐败的文件证据，而后，他在麦克风前举枪自杀身亡。尽管人民党的领袖已经死去，但所有人都预计该党仍将在1952年的大选中获胜。

劳尔如饥似渴、全神贯注地观察着周围发生的一切，积极地参与反对独裁的集会和大学生游行。他接触了不少左翼青年人，如佩德罗·米雷特（Pedro Miret），米雷特后来成为1953年7月26日起义参与者的主要射击教练。

但劳尔最重要的政治导师始终是菲德尔。当时，菲德尔正在准备竞选正统党提名的候补议员。菲德尔指定劳尔阅读的书籍是弗里德里希·恩格斯的《家庭、私有制和国家的起源》；之后，菲德尔又给了他别的一些书，并给劳尔讲解他不能领会的地方。

通过他的兄长，劳尔又接触到了阿尔弗雷多·格瓦拉、劳尔·巴尔德斯·比沃和利昂内尔·索托，还有其他社会主义青年团（共青团）的成员。在大学里，团员不到20人，但由于他们积极行动、组织性强而显得突出。在与这些人的交流当中，劳尔认识到了涉及社会的最深刻、最宽广的观点，也通晓了马克思主义的其他著作。

1952年3月10日，是古巴历史上黑暗的一天。这一天距离总统大选还有80天，富尔亨西奥·巴蒂斯塔，这位没有任何希望赢得大选的候选人，利用他1933年到1944年在军队遗留下的影响力，发动了军事政变，并建立了独裁政权。作为宪法的替代，他提出了"宪法条例"（*Estatutos Constitucionales*），赋予自己绝对的权力，他还中断了与苏联的外交关系。这些违反宪法的行为遭到全国的抗议。

在古巴，通常都是大学生带头举行抗议活动。劳尔从第一时间起就参加了抗议活动。受大学自治权的庇护，从独裁政权一开始建立，哈瓦那大学成为反对派进行密谋活动的中心。4月6日，劳尔参与了象征性埋葬宪法的仪式。宪法条例被装在一具棺材里，由学生们抬着，从大学旁边的街道，一直运到"马蒂炼狱"（Fragua Martiana），那里是何塞·马蒂被判处17年徒刑后服劳役的地方。

在古巴革命者面前，呈现出两条道路。共产党选择巩固政党，扩大党在工人运动、工会和广大的人民大众中的影响力。这意味着需要很长一段时间才能创造政权更替的基础。

另一条道路在人类历史上多次被证明可行，那就是武装起义。武装起义在短时间内砸碎现存的不公正社会的基础和上层建筑，条件是这个国家已经选择激进变革的道路，创造了允许武装起义的条件。

为了确认哪一条道路是正确和现实可行的，可以找到不少的例子；为了反驳另一种可能性，也不难找到不同的论据。因此道路选择问题，往往成为左翼力量争论、分化的原因。

从一开始，劳尔就认同了菲德尔的观点，即武装斗争是应对军事政变后形成的局面的唯一出路。劳尔加入了菲德尔创建的运动，同时也不放弃参加其他方面的活动。

为了努力搜寻武器，劳尔回忆，在比兰，能够搜寻到一批温彻斯特步枪，这些枪可以在战斗当中使用。以修理的名义，劝说门卫提供给他两支枪，这对劳尔来说并不困难，因为这些步枪已经好久都没有使用过了。门卫将枪和一批弹药给他们送到了哈瓦那。

1953年1月10日，劳尔和其他学生一起，参加了一次反对独裁者巴蒂斯塔的冒险行动：在哈瓦那大学的露天台阶下，他们为胡里奥·安东尼奥·梅利亚（Julio Antonio Mella）的第一座塑像揭幕。梅利亚是一位杰出的政治人物，他创建了大学生联合会（FEU）和古巴第一个共产党组织，1929 年他被古巴秘密警察暗杀于墨西哥，当时他正在该国流亡。

五天之后，梅利亚的塑像被亵渎，学生们愤怒地反对破坏行为。对峙演变为肢体冲突，警察致使一名学生重伤死亡。这位学生的葬礼成为反独裁抗议活动中声势最浩大的一次。

就在同一个月，劳尔加入了这个组织，并参加了古巴全国保卫青年权利马蒂主义会议的筹备工作。这次会议是何塞·马蒂百年诞辰纪念活动之一，是由反对独裁统治的阶层组织的，用来反对独裁者。在 1 月 26 日的开幕式上，劳尔当选为新成立的常委会负责宣传的秘书。

次日即马蒂诞辰的前夜，大学生联合会举行火把列队游行，游行开始前，号召民众加入游行队伍里。当晚 11 点 30 分，人群开始从哈瓦那大学开拔，前往"马蒂炼狱"。人群当中包括劳尔，他是菲德尔领导的地下运动的 300 名成员之一，他们都被动员起来，高举火把，队列整齐地向前进，高喊着"革命！"的口号。

2 月，多个青年组织推选劳尔作为古巴代表团团长，前往维也纳参加国际青年权利大会。当时，奥地利首都还在盟军占领之下，国际集会都在市中的一个中立区域举行，与此同时，代表们住在苏军占领区的几所半损毁的饭店里。

得知小儿子的计划之后，堂安赫尔深为不安："我不会给你一分钱，资助你到铁幕那边去！"等这位父亲心情平静下来后，他才让拉蒙给劳尔送去 500 美金。1953 年 2 月 24 日，劳尔登上了英国轮船"太平洋女王号"。在百慕大群岛和西班牙拉科鲁尼亚短暂靠岸停留之后，轮船驶向了法国港口勒阿弗尔。从那里，劳尔换乘前往巴黎的火车，几天后，他再从那里出发前往奥地利。他之所以选择这条路线和这些交通工具是为了省钱。

在维也纳，新的地平线在这位青年人眼前展开，他的政治视野也得到了扩展。最初，他的世界局限在比兰及其周边，后来在求学时，他了解了古巴的圣地亚哥和哈瓦那城。在奥地利首都，来自世界各地的各个种族的青年人聚集在一起，他们代表不同阶层的民众。

在劳尔最先结识的青年人里，有智利人、人数众多的中国代表团以及苏联代表团。苏联代表团成员之一，鲍里斯·柯斯特里金（Boris Kostritsin）掌握西班牙语，在莫斯科外文出版社工作。就是他将《教育诗》送给了劳尔，为几个月之后我和劳尔建立友谊提供了便利。不幸的是，鲍里斯不久之后在一次汽车事故中身亡，也就不可能留下关于这次见面的回忆了。

劳尔与拉美其他国家代表团的成员建立起亲密的关系，将他们联系在一起的，除去语言，还有这个大陆青年人共同的关注。在那里，他结识了危地马拉人里卡尔多·拉米雷斯和贝纳尔多·莱姆斯，他们两人给劳尔详细地介绍了危地马拉民主进程里的成就和困难。

在全体会议上，劳尔代表古巴青年发言，介绍了他们面临的问题，也讲到了这个岛国所处的混乱局面和所面临的经济危机，以及在外国势力扶持下在古巴建立起了独裁政权。发言结束后，他向大会主席团提交了在哈瓦那举行的古巴全国保卫青年权利马蒂主义会议所审议通过的总结性文件。

劳尔积极参与大会工作，这一点引起了第四届青年与学生联欢节组织者的注意。青年联欢节即将在布加勒斯特举行，于是大会就邀请劳尔参加联欢节国际筹备委员会的工作。在当时的社会主义国家罗马尼亚的首都，劳尔把主要时间都投入组织工作当中，但他还是抽出时间参观了普洛耶什蒂石油基地。第二次世界大战期间，在相当长的时间里，这里是德国法西斯军队唯一的石油供应地。

他也拜访了黑海的重要港口康斯坦萨。在任何地方他都与青年们在一起，他们的工作业绩和学术成就，让劳尔颇感兴趣。在欧洲时，劳尔也和其他古巴青年代表做了沟通，特别是豪尔赫·里斯克特（Jorge Risquet），当时他是世界民主青年联合会的代表，联合会设立在匈牙利首都。

在那些年，直到欧洲社会主义运动失败，罗马尼亚一直是社会主义阵营里发展滞后的国家。这个民族在公共记忆里留下了一些荒唐古怪的历史印记。其中之一是米哈伊一世大公，他曾经与法西斯德国联合，但是当1944年8月苏联军队进入罗马尼亚领土时，他又转变立场，成了反希特勒联盟的积极参与者。直到1947年，他是社会主义国家里唯一的君主。人们开玩笑时，称他是"共青团国王"。

后来，米哈伊一世获得了苏联表彰军事成就的胜利勋章，只有五位外国领袖获得过这一勋章，其他四位分别是：美国的艾森豪威尔将军；英国陆军元帅蒙哥马利；南斯拉夫游击队领袖约瑟普·布罗兹·铁托以及在苏联创建的波兰人民军统帅罗利亚－日梅尔斯基；都是因为他们参与了打败希特勒德国的战斗。在苏联，共制作了20枚胜利勋章。勋章由黄金与铂金制成，上面镶嵌着大颗钻石，其历史价值难以估量。

这些勋章全都保存在博物馆里，除了米哈伊一世的那一枚。那枚勋章在一次拍卖会上由一位不知名的买家购得。拍卖者本人也是匿名的；或许就是米哈伊一世自己，他在国外生活时曾经济拮据。拍卖者也可能是尼古拉·齐奥塞斯库家族的某个成员。齐奥塞斯库是罗马尼亚最后的共产党领袖，在罗马尼亚社会主义制度发生剧变时，他们把胜利勋章从国家宝库里取出来变卖。

上述评论不过是一段插曲，因为我们的主人公是劳尔·卡斯特罗。参观完匈牙利和捷克斯洛伐克之后，劳尔准备返回自己的国家。他在匈牙利和捷克斯洛伐克停留的时间很短。1953年4月中旬，他跟两位危地马拉朋友一道前往巴黎。在法国港口勒阿弗尔，他们原本计划在开始的一段旅程，乘坐法国轮船"法兰西岛号"。未曾料到，他们在那里遭遇了难以预料的变故：码头工人大罢工让法国所有港口全部瘫痪。他们觉得罢工不会持续太久，因此决定等等看。

5月1日，他们参加了国际劳动节的游行，巴黎工人阶级游行的庞大规模和组织程度给他们留下了深刻印象；特别是游行队伍中还有大量的阿尔及利亚人，他们呼吁国家独立。节日过后，他们开始琢磨，怎样改换另一条路线回国。

最后，他们决定前往意大利，乘坐货客两用的意大利轮船"安德列娅·格里蒂号"。这艘船将在1953年5月5日从热那亚起锚，前往古巴，而后到墨西哥。出发前，劳尔从拉蒙汇给的钱里面拿出一部分，将返程票钱退还给了国际大会组委会。

旅途很平静，充满了新鲜而丰富的体验，这些我在前面已讲过了。相反，在哈瓦那靠岸时的遭遇，就像蜜水桶里落入了一滴胆汁。三个青年与野蛮警察当面发生冲突。其实劳尔·卡斯特罗已经率先通过了海关，他走到街上，准备打出租车。劳尔仪表堂堂，衣装得体，脖子上挂着相机，使人毫不怀疑他是一位寻常的游客，刚刚从欧洲归来。

他已经走出了控制区，但当他回头一望，发现两位危地马拉朋友正遭到猛力的"推搡"。危地马拉当时是美国的眼中钉，危地马拉人被视为敌人。劳尔返回去帮助他们，但他因此被认定是同谋，并一起遭到逮捕。他们扣下了他的行李，包括书籍、旅行笔记、照相机和胶卷。三人被遣送到调查局，在那里他们受到详细的盘问、羞辱和威胁；之后，三人被押解到王子城堡监狱。

劳尔和刑事犯关押在一起，这些犯人肯定是受到监狱当局的挑唆、煽动，他们喝令劳尔把钱拿出来，交给他们。年轻的劳尔让他们离远一些；作为报复，那些挑衅者开始用短鞭抽打他。劳尔张开手掌护住脸庞，并奋力夺过一根鞭子，随即拿着它跟挑衅者打起来。狱卒听到争吵声，赶来阻止，颇费了一些气力才控制了局面。

在监狱里，消息传播得很快。很多囚犯都是因为政治原因被捕，其中包括哈瓦那有轨电车工会的领导人，他们将情况汇报给了人民社会党。于是，1953 年 6 月 9 日的《今日报》登载了劳尔被捕和在狱中受到虐待的消息。人民社会党青年团的总书记弗拉维奥·布拉沃到狱中探视劳尔。

此时，菲德尔已经得知劳尔的遭遇，并启动了法律程序，谋求让他的弟弟获释。至于两位危地马拉人，已由驻哈瓦那的危地马拉使馆设法营救。四天之后，劳尔重获自由。又经历了许多道手续，部分被查收的书籍和文件被退回，交给了人民社会党。此时，距离攻打蒙卡达兵营只剩下不到一个半月了。

劳尔·卡斯特罗马上全身心地投入政治斗争中去。他加入了人民社会党青年团，介绍人是知名的共产党领袖弗拉维奥·布拉沃、劳尔·巴尔德斯·比沃。研究这段历史的历史学家非常感兴趣，想知道劳尔的兄长菲德尔是否知道劳尔的这段经历以及对此作何感想。关于这个"微妙的问题"，其答案出现在那本有名的书《菲德尔 100 小时访谈录》①，这部访谈录由法国作家伊格纳西奥·拉莫内撰写，出版于 2006 年。

回忆起攻打蒙卡达兵营之前的那段日子，这位古巴的最高统帅说："劳尔那时的思想已经相当'左倾'，向他介绍马克思列宁主义思想的人就是我……劳尔始终坚持他对理论经典的阐释，因此他加入了共产党的青年团。"而后伊格纳西奥·拉莫内提问："他自己决定加入共青团？"菲德尔回答："*是的，他始终坚持自己的准则。*"②

然而，劳尔双重成员的身份，只有三个人知道：菲德尔、何塞·路易斯·塔森德（José Luis Tasende）——塔森德是劳尔的亲密伙伴，也是劳尔所参与的政治运动同一支部的成员——以及佩德罗·

---

① 中文译本名为《卡斯特罗访谈传记：我的一生》，中国社会科学出版社 2008 年版。——译注

② 参见［法］伊格纳西奥·拉莫内《菲德尔 100 小时访谈录》，（哈瓦那）国务院出版事务办公室 2006 年版，第 153 页。（斜体为本书作者添加）

米雷特，后者既是战友，也是劳尔同借住一个房间的室友。

攻打蒙卡达兵营之前五天，即 1953 年 7 月 21 日，劳尔·卡斯特罗接受了《今日报》一次采访，日报提供了一篇详细的访谈，其中向古巴青年讲述了他的欧洲之旅。他讲到，维也纳大会的与会者，包括 71 个国家的 479 名代表，其中 108 人是学生。他们代表着各种政治思想与思潮，但是学生运动的共同目标将他们团结在一起，那就是为了有尊严的生活而斗争，为了劳动、教育、身体与道德的健康等目标而斗争。

他介绍说，代表们支持国际争取和平运动，要求所有外国军队撤出他国领土。青年工人的代表要求同工同酬，每年要实行带薪休假并提高工人待遇。农民代表们要求实行土地改革，政府应对农牧业生产者提供贷款，改善农村生活条件，禁止将土地用于建设军事基地。学生代表们要求增设大学，并保证奖学金、保障学成后有就业机会。所有代表们都一致要求缩减军费开支，增加对教育部门的拨款。这一呼吁，从来自美国、法国和英国的代表们口中发出，是特别有意义的。

劳尔在访谈结束时说，大会在热烈的气氛中结束，代表们鼓掌通过大会决议，掌声几乎长达 50 分钟，这也是对会议组织者表示感谢。大家还齐唱那些世界知名的进行曲和歌曲。

从欧洲返回到攻打蒙卡达这个短暂的时段里，劳尔筹备着反对巴蒂斯塔的武装行动。菲德尔没有告诉他行动的全部细节，因为任务完全是分头执行的。只有到行动开始前的几个小时，到了希波内小庄园（Granjita Siboney），劳尔才得知自己要和其他五个人一起夺下司法大厦。这栋建筑位于兵营侧面，从这里的屋顶平台，可以给菲德尔指挥的主要小队的进攻提供火力上的支援。①

————————

① 2013 年攻打蒙卡达兵营 60 周年的纪念活动上，我曾参观过这栋建筑。为了追忆当年的革命行动，建筑也在纪念活动中被使用，正在修缮以呈现历史原貌。一块无言的铭牌提示我们，当年曾发生在这里的大事件。

另一支小队由 20 人构成，由运动的第二指挥官阿韦尔·圣玛丽亚指挥。他们的任务是占领医院，医院与兵营的屋顶平台紧邻，他们要阻止这个部分驻军的任何行动。

劳尔和他的同志们完成第一个任务要相对容易些。他们首先逮捕的人是从法院跟前通过的一个班长，之后，他们又抓住了来给他们开门的法院里的巡逻人；巡逻人向他们透露了在哪儿能找到看守法院的守军。劳尔和他的战友将守军控制住，连同此前抓捕的两个人，将他们关押在一个房间里。

和其他战士们一起，劳尔登上了平台，从那里可以清楚地观察到蒙卡达兵营。战斗已经大约在清晨 5 点 15 分打响了。兵营里传来警报的尖啸声。可以听到机关枪连发的声响。遗憾的是，机关枪安放的位置，超出了武器从司法大厦屋顶平台上所能企及的射程范围。

小队向兵营开火，目标是压制守军的行动。劳尔举起斯普林菲尔德步枪射击，这把枪刚才还属于某一个士兵。劳尔在比兰时，跟农村警备队学习过步枪的用法。[①] 众所周知，攻打兵营的战斗仅持续了 15 分钟。由于出其不意的因素没有成功，60 个武器装备不佳的人，想要夺取由正规军整整一个团的兵力把守的要塞，这是不可能的。菲德尔下达了撤退命令，这一切，劳尔和他的战友们从平台上看得一清二楚。

劳尔也下达了撤退命令，但他又在平台上坚持了几分钟，以观察兵营里的动静。乘坐楼里的电梯下楼时，他注意到一支军队的巡逻队正准备抓捕他的战友们。劳尔猛地扑到指挥抓捕的少尉身上，夺下他的手枪，命令敌军的士兵和他们的队长趴到地上。对方无法反抗，服从了他的命令。

---

① 农村警备队是一种国家性质的负责维持古巴农村地区治安的武装警察。一般情况下，警备队成员给美国公司和开饲养场的大庄园主们服务。

就是那个时刻，决定了一个人和他的同志们的命运；那些时刻，就像苏联电视剧《春天的17个瞬间》当中的同名歌曲所唱的："那些瞬间在面前呼啸而来，使一些人感到耻辱，给另一些人带来不朽荣光。"劳尔在战斗小组指挥不在现场的情况下，从一开始就下达了恰当的指令，又在正确的时机命令撤退。因此，他才能从队伍中战士的角色成长为领袖。

几秒钟时间，进攻者就变成了阶下囚。那个倒霉的少尉和身边的士兵被扭送到关押着其他人员的房间里。劳尔命令他们坐下，在接到新的指令前不许出声。

劳尔命令战友们夺下这队士兵到来时乘坐的汽车，他们发动汽车，而后等待并搜寻小队的队长。在确实找不到这位队长的踪影之后，他下令全速撤退。[①] 迂回了几个圈子后，他们到达了圣地亚哥的海岸地区休达马尔（Ciudamar）一带。在那里，他们看到一家人的后院里晾着衣服。所有参与"七二六行动"的进攻者都穿着统一的制服，他们不得不取走这些衣服，将制服换了下来。

随即返回市中心，他们到了塞斯佩德斯广场（Parque Céspedes），其中一个人去了米凯拉·科明切斯（Micaela Cominches）的家，这是位熟人，他们确信可以在他家受到保护。劳尔也和许多人一样，决定找他父亲的朋友寻求帮助。

劳尔所带领的队伍里，没有人在战斗中牺牲，也没有人在施行恐怖的血腥镇压的前四天里，死于巴蒂斯塔军队的魔爪。在前四天，所有被怀疑参加了攻打蒙卡达兵营的人都遭受了最惨无人道的折磨和屠杀。

巴蒂斯塔已经下令，要枪毙10个"匪徒"给每个死去的士兵偿

---

① 最初被菲德尔指派负责夺取法院的同志，当时表现出一定的犹豫不决，但随着斗争的进行，其人又呈现了值得尊敬的品格，1958年他还加入了劳尔领导的游击战线，参与了多场战斗。

命。参加攻占医院的那个小队的成员，只有三个人幸免于难，他们是：艾德·圣玛丽亚、梅尔瓦·埃尔南德斯、拉蒙·佩斯·费罗；其他人全部遇害。跟随菲德尔战斗和攻打巴亚莫兵营的队员，也有一些人遭到同样的厄运。

劳尔前往投靠的那一家人接纳了他，但态度冷淡，因为他们已经起疑心了。次日，劳尔决定离开，计划返回比兰地区，虽然那里所有的联络通道都在军队和警察的严密监控之下。有好几次，他避开了包围圈；耐心和坚韧不拔的精神激励他拖动疲惫的身躯，忍受着饥饿和干渴前进。28 日他在圣路易斯乔装成农民时被捕。由于没有任何证件证明自己的身份，他被押送到了当地兵营。

不久，一个经常到比兰做生意的流动商人认出他来了，因此劳尔立刻被严密看押起来，随即被押解到蒙卡达兵营。当他在当地警察和军人手里时，由于这些人平日里经常得到堂安赫尔的帮助，因此对待劳尔还算尊重；但一到蒙卡达兵营，情况就完全不同了。士兵把他押上兵营的屋顶平台，在那里他见到了两个战友，他们正等待着军方的处置决定。

其中一人，赫苏斯·蒙塔内（Jesús Montané）后来成为古巴共产党的杰出领导人；此刻，他已在炽烈的骄阳下暴晒了整整三天，忍耐着焦渴，精疲力竭。当劳尔要求看守的士兵给自己的战友拿一点水来，换来的只是一顿辱骂和威胁："喝尿去吧！"他们朝他呵斥道。战士们也没有幻想什么美好的结局。赫苏斯几乎没法翕动干渴的嘴唇，他对劳尔说："劳尔好兄弟，他们枪毙我们时，咱们一起唱国歌！""我们一起唱！"劳尔回答说。①

清晨过后，上午时分又出现了几个士兵，他们命令劳尔等三人下去，三人沉默着往下走，士兵用枪托在背后推搡着他们，命令他们上

---

① 引自与卡蒂乌斯卡·布兰科的谈话。

了一辆囚车。汽车随即开动。从这辆囚车上了铁栅栏的小窗里，他们很难看清此刻驶向哪里。可能是开往郊区的某处断崖沟壑，准备枪毙他们。最后，当圣地亚哥市警察局的大门出现在眼前时，他们才长吁了一口气。起码要过一段时日，他们才会面见死神。那天是8月1日。

在监狱里，劳尔看见了攻打兵营的其他一些参与者，他们也逃脱了事件之后几天内的残酷屠杀。他们被送到这里比菲德尔晚几个小时。菲德尔是在周围山区被意外逮捕的，他当时因为疲惫和饥饿而睡着了。他一现身，就激励了战友们的豪情和乐观精神。不久，攻打蒙卡达兵营的勇士们被转移到波尼亚托监狱。

当圣地亚哥发生攻打蒙卡达兵营的消息传到堂安赫尔一家时，引起了一片焦虑。前三四天，得不到任何一点关于菲德尔和劳尔的消息。根据爱玛回忆，她父亲得知蒙卡达事件后，高呼："真是灾难啊！本想着把我的小儿子托付给他（菲德尔），好把他培养成人。你看，竟出了这样的事，把他带到死路上去了！"说这番话的时候，这位强悍的加利西亚人眼里噙满了泪水。

圣地亚哥的一个老熟人给他们传话说，政府镇压机构的一个成员能帮忙把劳尔救出来，只要家里人肯给他两万比索。父亲几乎就要交钱了，但莉娜怀疑，这不过是对方想要诈骗他们而编造的恶劣谎言。

家里决定派安赫拉到圣地亚哥去走一趟。到了城里，安赫拉四处打听他们的消息，但一无所获。打探消息时，安赫拉原本能指望一些人的帮助，但许多人的冷漠态度让她处处碰壁。返回比兰时，她只带回了一个可靠的消息，那就是遇难者当中没有她的两个兄弟。只能等待。到了八月的最初几天，事情终于明朗了。兄弟两人全都活着，毫发无伤，只是被关押在狱中，等候审判。

第三章　革命

政治犯；流亡墨西哥；与本书作者重逢；对苏联文学感兴趣的阿根廷青年；"格拉玛号"游艇的远征；触礁登陆点；在阿莱格里亚的悲伤；"五棵棕榈"的拥抱；马埃斯特腊山的战斗；"弗兰克·派斯"东部第二战线；反空袭行动；一生之爱；重返蒙卡达；武装起义的胜利。

攻打蒙卡达兵营，成了划分古巴过去与未来的历史分界线。在这个国家，新的英雄诞生了。起义战斗从此打响，之后坚持了五年五个月零五天，直至获得最终胜利。

针对 1953 年 7 月 26 日事件被告人的司法程序，始于同年 9 月 21 日，止于这一年的 10 月 2 日，审判地点正是在劳尔经历战火洗礼的司法大厦里举行。

在审判过程中，劳尔始终坚定站立。在 29 日，他表达了自己的政治观点，这番演讲与菲德尔后来在自我辩护词《历史将宣判我无罪》里阐述的基本要点一致，菲德尔在几天之后宣讲了这篇自我辩护词。劳尔分门别类地驳斥了谴责攻打蒙卡达兵营的战士们残酷杀害巴蒂斯塔军队士兵的谎言。

他反复强调，在事件行动过程中，他所羁押的九名军人没有受到任何伤害，他们只是被隔离在一个房间里，审判当中这些人可以证明。他不仅反驳了独裁政府散布的歪曲事实的谎言，凭借从狱中战友那里收集来的情况，他还描述了被关押的战士们所遭受的野蛮暴行，以及他们当中的许多人已然被杀害的事实。

在最近被杀害的战士当中包括何塞·路易斯·塔森德，他是劳尔的好友，也是运动的指导老师。他的名字出现在 8 月 3 日官方公布的在战斗中阵亡的政府军死者名单上。登载在官方阵亡者名单的那段文字下面有一张伤员的照片，这个伤员就是塔森德。因为他当时穿着政府军少尉军衔的军装，摄影师才犯了错，误以为他是政府军的军官。革命胜利之后这张照片被曝光，成了那些兵痞们所犯罪行的无可辩驳的罪证。

旧军队犯下的罪行与古巴革命当中最重要也是最独特的一些特征构成了鲜明对比。古巴革命的特征，在很大程度上解释了革命为什么会取得这些成就，为什么革命军队能够顽强抵抗以及为什么革命具备这样的活力，那就是严格维护独立战争中的从解放军传承下来的伦理道德标准，这些道德标准经过菲德尔·卡斯特罗而发扬光大，成了有力量的精神武器。革命队伍面对问题时的诚挚、坦率和勇敢，比起世界上绝大多数政府的媒体对雇用人员良心产生的影响，要有力量得多。

在 1953 年 10 月 6 日，政府公布了对蒙卡达起义的主要成员所做出的判决。劳尔和其他三位蒙卡达事件的参与者被判处 13 年监禁。菲德尔被单独审判，地点是"萨图尼诺·洛拉"市医院的一间小病房里。这座医院也就是攻打兵营当天，阿韦尔·圣玛丽亚指挥攻占的同一座建筑。菲德尔正是在那里进行了自我辩护，发表了那篇著名的辩护词，最后听到了剥夺他 15 年自由的判决。

法院判决规定，被判刑的攻打蒙卡达兵营的被告将在位于首都的拉卡瓦尼亚要塞的军事监狱服刑；然而，他们却被移交到距离古巴本岛南部 94 公里的松树岛服刑。这样的例子历来在各国屡见不鲜，政府总是把政敌遣送到遥远的地方，尽量远离国家的政治中心。

松树岛曾是加勒比海盗建设的基地，也曾是何塞·马蒂 1870 年离开监牢之后的流放地。到了 20 世纪，松树岛因是按照美国的设计方案建成的所谓"模范监狱"，从而恶名远扬。这座监狱后来改名叫作"国家男子监狱"。蒙卡达起义的参与者们，就被押解到这里。

蒙卡达起义的参与者们组织起了他们自己的意识形态学院，并把它叫作"阿韦尔·圣玛丽亚学院"。水平较高或已开始这方面学习的战士成为教师。至于劳尔，虽然他已是大学生，但在学院里，还仍旧做学生。此外，劳尔还获得了时间，阅读家人和朋友邮寄来的或是家人、朋友前来探望被关押者时送来的书籍。

劳尔的一个显著特征是，他十分注重与家庭保持紧密联系。在狱中，他给母亲和姐妹们写信；也给他几位侄子写信，这几位侄子坚持学习，在家里和学校里表现都很好。

过了四个月，到了 1954 年 2 月，监狱里散布着一个传闻，说富尔亨西奥·巴蒂斯塔将参观监狱。不称职的政客往往利用最微不足道的机会想方设法来抬升自己的形象。这次，巴蒂斯塔准备参加监狱里新建成的发电站的开工典礼；同时，他或许也想了解一下自己的死敌们的行为举止。

攻打蒙卡达的勇士们决定以自己的方式迎接独裁者。当他们看到独裁者的走狗们总是围拢在主子的身旁，于是他们就齐声朗诵了一首《7 月 26 日进行曲》，这首诗是"七二六运动"的参与者阿古斯丁·迪亚斯·卡尔塔亚（Agustín Díaz Cartaya）撰写的。这首诗的第一节写道："我们朝着一个理想进军/胜利必定属于我们/为了和平，为了繁荣/也为了自由，我们一起斗争。"

巴蒂斯塔听到朗诵后勃然大怒，斥责了监狱的负责人；几天后，参与此事的几个主要"带头人"就被关进禁闭室。很自然地，菲德尔首当其冲,他与《7月26日进行曲》的作者以及其他四位同志都被关了禁闭。

在监狱外,重新组织抵抗的进程正在加速发展。菲德尔在审判中发表的辩护词已经变成了政治纲领,被复制印发,广为散播。有几位同志在这项工作中担任了主要角色,其中包括艾德·圣玛丽亚(Haydée Santamaría)和梅尔瓦·埃尔南德斯(Melba Hernández),这两位女战士是作为护士参加攻打蒙卡达兵营的行动的。她们服刑六个月出狱之后,主要肩负起宣传的工作。

审判过后22个月,新一届总统大选将近,巴蒂斯塔为了给他的政权提供一些合法性,颁布了特赦政治犯的法案,但是把"七二六事件"的在押政治犯排除在外。然而,政府注意到古巴社会对这批政治犯越发同情,因此独裁者本人又在演讲中暗示,如果他们能宣布放弃武装斗争,就可以将其纳入特赦的行列。

但从监狱传来了斩钉截铁的答复:"我们不会以牺牲荣誉的代价换取赦免。"①菲德尔通过他在《波西米亚》杂志(Bohemia)上发表的一篇文章进行了这样的回答(《波西米亚》是古巴发行量最大的杂志)。于是,此时只能等待谁能获胜:究竟是顽固的独裁政府,还是影响力日渐增强的古巴社会。最后,巴蒂斯塔权衡利弊之后,只好决定释放他们,而后迫使他们流亡,离开这个国家。

1955年5月15日,攻打蒙卡达的勇士们获得释放,而后乘坐"松木工人号"轮船离开了监狱岛。正是在渡船之旅上,大家商议决定以"七二六运动"命名他们的组织。众多的同情者、朋友和家人带着巨大的热情前来迎接,把他们视为真正的英雄。

不受欢迎的政府永远要利用那些维护其利益的法律,这些法律的

---

① 〔古〕菲德尔·卡斯特罗·鲁斯:《关于特赦的信件》,《波西米亚》1955年3月27日。

用途如此广泛，能够以任何目的运用到任何人身上。"密谋罪"就是这类可以随意运用的借口之一。

九天之后，警察局就以"从事颠覆活动"为借口向菲德尔提出控告。6月15日，在首都的托斯卡电影院发生了自制炸弹爆炸事件，菲德尔被指控参与了这起事件。官方的挑衅使人不容怀疑，到底什么才是政府的最终目的；为此，菲德尔只能向墨西哥大使馆申请政治避难并计划前往该国。在当时，只有这个办法才能保证他的人身安全。

1955年6月24日，劳尔成了蒙卡达参与者获释之后第一个抵达墨西哥的人。7月，菲德尔也来到墨西哥。离开古巴之后，菲德尔公开发表言论说：在古巴，常规的政治斗争道路全部都已被堵塞了，除了重走1868年和1895年爱国者武装斗争的道路，别无选择。他的这些言论是向富尔亨西奥·巴蒂斯塔独裁政府的公开宣战。

在墨西哥，劳尔与一位古巴女士玛丽亚·安东尼娅·冈萨雷斯（María Antonia González）建立了联系。这位女士当时住在安帕兰街49号的公寓里，后来这套公寓就成了所有古巴流亡者的接头地点。菲德尔到达墨西哥后，劳尔就长期住在这套公寓里，因为他把此前在起义者大街上租住的房子让给了菲德尔居住。

安东尼奥·洛佩斯（Antonio López，即尼科）是"七二六运动"的参与者之一，此前他曾在危地马拉和墨西哥流亡，在获得大赦之后返回古巴。正是他在哈瓦那时建议劳尔，到了墨西哥首都之后与玛丽亚·安东尼娅和一位阿根廷医生埃内斯托·格瓦拉联络，古巴人都把格瓦拉称作"切"。劳尔和格瓦拉结识之后，很快成了朋友，相互之间言语不多，却能理解对方。

菲德尔抵达墨西哥后不久，就和他们两人会面；会面时，跟他们分析了武装远征古巴这一计划的主要方面。切同意作为医生加入远征军，但他也声明，一旦古巴革命取得胜利，应允许他返回自己的祖国进行解放斗争。

不久，他们就开始挑选未来的远征军战士，安排人员训练的组织工作，购买武器弹药以及其他许多为远征而做的准备活动。

未来的远征军战士们生活的许多细节出现在西班牙人拉蒙·贝雷斯（Ramón Vélez）的一篇访谈里。此人是"安的列斯"食品店的店主，这家食品店就开设在劳尔·卡斯特罗所居住的安帕兰街街角的那栋楼里。贝雷斯先生介绍说，劳尔是唯一住在那条街上的古巴人。其他人只是频繁到访，他们包括菲德尔、切·格瓦拉、胡安·阿尔梅达（Juan Almeida）和尼科·洛佩斯。有时，这栋房子里会聚集15—20个人。

这套公寓很小，装修简单，墙上没有装饰，家具也很陈旧，说得好听一点是陈设朴素。食物和其他日用品都从贝雷斯的商店里购买，他们总是从那儿买大米、菜豆、最便宜的香肠，当然还有面包。有时候他们似乎不得不赊账，实际上他们总有赊账的需求。因为他们对贝雷斯有好感，贝雷斯也从不拒绝他们的请求；远征军在前往古巴之前，还清了所有欠他的钱。

据拉蒙·贝雷斯说，这些古巴人过着非常健康的生活。他们早晨在房子里聚会，之后分头到体育馆或开阔地锻炼身体，下午返回时，各个筋疲力尽，但胃口都很好。食物全都是他们自己的"女主人"玛丽亚·安东尼娅亲自烹饪的；她是个高尚的女人，性格倔强，言语尖刻，她知道如何"管束"她的客人们，强迫他们服从她的命令。

这群年轻人只在自己人当中讨论事情，一旦有陌生人在场，他们就缄默不语。从来没听他们争吵过；他们很守纪律，行动有条不紊。

贝雷斯讲起这些事情来很有激情。那是在1959年2月，古巴革命胜利之后，他在返回西班牙的途中在哈瓦那做了短暂的访问。劳尔·卡斯特罗热情地接待了他，在他访问古巴的四五天里，派了一辆带司机的汽车供他使用。总结起那些"格拉玛号"上的远征军队员们，这位西班牙贵宾肯定地说："他们是一群朴素、高贵的小伙子。"

1956 年 6 月 21 日，墨西哥警察突击检查流亡者的住所，安帕兰街上的公寓是遭受查抄的最初居所之一。警方的这些行动，首先是回应来自哈瓦那的古巴政府方面的压力，其次是因为巴蒂斯塔给墨西哥警方的贿赂发挥了作用。未来远征队的大部分成员都被捕了，他们已购买的相当一部分武器被没收。

菲德尔和他的几位战友被押解到移民监狱。这座监狱主要关押非法入境的外国人或破坏了行为法规的移民。古巴革命的命运岌岌可危。幸运的是，大多数墨西哥人都同情古巴革命者，墨西哥前总统拉萨罗·卡德纳斯将军也怀有这种同情心，而且他的言论颇有影响力。是他出手相助，让这些古巴人获释。

菲德尔 6 月 21 日被捕，7 月 24 日获释，一个月的时间被耽误了。在很短的时间内，尽最大的努力，他重新购置了武器和被警察查抄的装备，并购买了游艇"格拉玛号"（所谓 Granma 就是英文"祖母"的尾音缩写形式）。菲德尔已经公开声明，这一年年底之前就登陆古巴，因此他必须抓紧时间。

8 月间，菲德尔·卡斯特罗·鲁斯以"七二六运动"的名义，同大学生联合会主席何塞·安东尼奥·埃切维利亚（José Antonio Echeverría）签署了一份文件，历史上将其称作"墨西哥来信"。在其中，他们表示，将联合双方组织的力量，共同推翻暴政，推进革命。

1956 年 11 月 25 日深夜，"格拉玛号"游艇从墨西哥港口图克斯潘（Tuxpan）起锚，驶向古巴。天气并不适合航行，因为当时已是墨西哥湾的深秋时节，航船往往会遭受风暴的打击。乘船人员本来只能容纳 10 到 12 个人，但最终登船者达 82 人；此外，船上还运载着供 100 个战斗员使用的武器、设备和食物。巨大的载重量造成游艇不能全速行驶。而且这艘船过去曾沉没过，这一切都给远征蒙上了不祥的预兆。

多年之后，劳尔回忆起远征队经历的艰难时刻，他借用革命军少校之一胡安·阿尔梅达·博斯克的话，远征军乘坐的"格拉玛号"几乎是个胡桃壳。

海上掀起了三四级的浪，加上酷热和强烈的汽油味，造成了大部分人员的不适、晕船和食欲不振的症状，他们几乎总是几个人摔倒在另外几个人身上。"我们用手总也抓不牢，大家都不行了，人人在呕吐，有人接连吐了七天。"①

11月26日他们遭遇了大麻烦。此时他们距离尤卡坦半岛已有60海里，而船开始进水。由于载重量过大，造成水线达到了游艇的吃水线之上，而那里的木材十分脆弱。从木板接合处开始渗水，似乎船身到处都出现了险情。

菲德尔拿着细绳丈量——劳尔解释说——在某一时刻他开始估算，而后说："要是按照这样的速度进水，我们到不了海岸。""假如我们返航，在墨西哥被捕那将是一场悲剧……与其如此，我们还不如沉没在加勒比海上！"②

抽水机不起作用，因此只能用木桶排水。他们当中五六个身体状况最好的人组成一道链条，其中就包括劳尔，他们奋力投入让"格拉玛号"继续航行的令人绝望的任务中。

遭遇海难的风险似乎越发迫在眼前，他们只有一艘救生筏子可以指望，但这支筏子勉强能坐下四个人。劳尔问起救生圈的情况。回答让他印象深刻。根据他本人的说法："我们仅有船尾的一只舢板，我们只能勉强达到古巴科罗拉多斯（又译红滩），或沉没海底，什么也

---

① 关于鲁阿尔·特洛斯卡（这是劳尔的化名——译者）的纪录片《劳尔·卡斯特罗与奥斯瓦尔多·瓜亚萨明谈话》，1986年11月25日。瓜亚萨明基金会。

② 同上。

不能剩下。"

这成了涌入的海水和排水者之间的一场无休止的战斗。他们坚持到木头浸湿后接缝处胶合在一起，这场灾难才宣告结束。

12月10日，菲德尔公布了远征军登陆之后的军事组织形式。劳尔被擢升为上尉，被指定为三个排之一的指挥。这个排的任务是保卫未来起义军后卫的安全，免遭敌人袭击。

航行期间，没有哪一天风平浪静。据说有一天晚上，游艇已经靠近古巴海岸，一股猛烈的海浪把船头的观测员打入水中，这个观测员的任务本来是辨别海岸灯塔的光线。菲德尔坚守着遇到灾难绝不抛弃战友的原则，于是下令停止航行。由于发电机里的汽油已经耗尽了，他们只能在手电筒的照亮下，在浪涛翻滚的海上搜索落水的战友，长达半个多小时，最终把他救上了甲板。

旅途当中的种种麻烦造成"格拉玛号"几乎航行了一个星期，而不是预先估计的四到五天。其后果十分严重。一方面，登陆本来应该和"七二六运动"组织的古巴圣地亚哥的武装起义相互配合。但起义按照航行预计的日期，在11月30日举行，但游艇直到12月2日才靠岸。城市的武装起义引起了官方的警觉，于是政府开始向奥连特省转移部队。

另一方面，接近古巴海岸时燃料几乎耗光了，时近次日凌晨，这也便于敌军搜索游艇的登陆地点。菲德尔下令径直向海岸航行，登陆地点是一片长着红树林的滩涂地。切·格瓦拉在他的记述中讲道，与其说这是一次登陆，不如说是船舶遇难。而劳尔·卡斯特罗讲述，很难辨别海岸的轮廓线，因此很可能碰上这一区域某一片覆盖着红树林的暗礁，这个想法始终困扰着他们。

远征军队员们不得不跳入海中，在齐胸深的海中，双脚陷在泥浆里，穿过浓密的海岸植被，涉水朝岸边前进。这样就不可能将他们带来的物资全部带到岸上。

当透过薄雾看到了一排排的棕榈树，他们终于如释重负，因为那标志着陆地已近在眼前了。失去的时间已经不可挽回。当他们靠近海岸时，首先听到了海岸警卫艇的声音，而后是飞机朝"格拉玛号"射击的声音，他们已经被军队发现了。

现在，古巴在每年的 12 月 2 日庆祝革命武装力量日，这一节庆始于 1968 年；然而，在 1956 年的当天，人们实在没有心思来庆祝。

"七二六运动"通过塞利娅·桑切斯（Celia Sánchez）的努力，已经形成一个地下秘密战士与合作者构成的网络，他们原本负责迎候远征军，包括提供运送他们的卡车和熟悉当地的向导。鉴于登陆地点离接头区域太远，到达日期又晚于预先约定的时间，这样一来，未来的游击队员也就无法获得援助，只能独自前往山区了。

劳尔和他指挥的排负责断后。在三天时间里，队员们向着马埃斯特腊山区进发，同时，政府正在向这一地区调拨越来越多的军队，侦察机不断从他们头顶上掠过。

有一天，菲德尔听到后卫排破坏了保持绝对肃静的命令，他便下令让劳尔将小队的指挥权交给第二指挥拉米罗·巴尔德斯（Ramiro Valdés）。实际上，问题出现在阿尔梅达的支队里。阿尔梅达得知这一处罚后，当着菲德尔的面做了解释，请求恢复劳尔在他分队当中的指挥权，菲德尔遵从了他的请求。这则轶事只是许多故事中的一则，表明了菲德尔对他兄弟，从不考虑什么特权与私情。

遭遇海难的队员们饥饿难耐、精疲力竭，就像后来有一次劳尔对我说的：队伍在转移时留下了痕迹，敌军就循着痕迹追踪前来。1956年 12 月 5 日，当他们穿过一片叫作阿莱格里亚德皮奥（Alegría de Pío）的甘蔗种植园时，鉴于队员们已经极端疲惫，菲德尔决定在这里稍事休息，虽然这里并不是理想地点，因为树林面积太小，也不够浓密。更糟的情况是，警备队的哨所就坐落在距离纵队核心成员只有100米到150米远的地方。

正是在这里发生了一场悲剧，这场战斗被认为是古巴革命武装力量遭受的第一次也是最严重的一次失败。一股军队出人意料地闯入这一区域，向正在休息的战士们扫射。

劳尔指挥的后卫排像通常那样负责后戍，他们正在靠近甘蔗林的小树丛里休息。战斗开始后，一些支队成员试图朝马埃斯特腊山的方向转移，好进入更大的一片树林。劳尔和五个战士成功突围，没有丢失武器和弹药。与此同时，远征军其他成员们或者试图保护自己，或者努力从原地突围。

机关枪扫射的"噼啪"声和从战场上空掠过的飞机发出的轰响声，造成任何以口令指挥部队的尝试都失效了。没人能听到菲德尔传达的撤退命令。此时，菲德尔和两个战士刚从陷阱中脱身。实际上，远征军的其他幸存者也陆续转移，不过大家只能分散行动。

当晚和接下来的几天，劳尔、埃菲赫尼奥·阿梅赫拉斯（Efigenio Ameijeiras）、西罗·雷东多（Ciro Redondo）、雷内·罗德里格斯（René Rodríguez）、塞萨尔·戈麦斯（César Gómez）、阿尔曼多·罗德里格斯（Armando Rodríguez）一直谛听四周传来的子弹射击声、各个战斗小组转移的嘈杂声、头顶飞机的轰鸣声、炸弹的爆炸声和机关枪扫射的震响。他们心里明白，这是一场针对幸存者的有组织的猎杀。

阿莱格里亚德皮奥所有的公路和小径都被巡逻队封死了。士兵们沿着甘蔗林一遍遍地搜寻，朝农田里开枪，因为他们料想那是远征军成员的藏身之地。

劳尔选择的战术是正确的，他坚持一直躲藏在树林灌木丛中，忍耐着饥饿和干渴、蚊子和螃蟹的骚扰，直到敌军的包围圈慢慢散去。

等候五天之后，他决定继续朝马埃斯特腊山区前进，虽然这时还望不见群山的踪影。他们避开大路，在犬吠声的引导下穿过农田。他们围着一座茅屋绕了个圈子，但这个茅屋已经被政府军占领了，他们的意图是占据唯一的水源，因此这个不好客的地区没有河流，也没有泉水。

他们当中的一位战士塞萨尔·戈麦斯，陷入了绝望。他的身体机能和神经系统都应付不了如此沉重的压力了，他决定向当局投降。任何劝说他打消投降念头的努力都毫无用处。于是劳尔请求他，以过去和未来的名义，叫他在 24 小时内不得投降，好让支队剩下的人有时间撤退，这样一来，他在被审问的时候也可以自称是独自被落在后面的。

劳尔收回了他的武器，队伍继续前进。怀着良心的谴责，塞萨尔·戈麦斯在第二天早晨向政府军投降；审问他的时候，他如约做了答复。他被监禁，直到革命胜利。

12 月 12 日对于劳尔和他的支队来说是快乐的一天。这一天，他们到达了马埃斯特腊山西麓最初的几座山丘跟前，此外，他们还碰到了其他的远征军伤员，并跟当地农民进行了接触。这些农民热情地接待了刚刚到达的战士们，这几位战士至今还会满怀感激地回忆起，农民们为他们端上来的鸡汤和刚出炉的烤面包。此前一周只能嚼甘蔗、吃野菜，因为劳尔不太信任当地人，避免与当地人接触，所以这是他们一周以来的第一餐。

那天得到的消息比饭食本身更有价值。农民们告诉他们，绝大多数远征军成员都牺牲了；有些牺牲者的照片被刊登在报纸上，通过对牺牲者的描述，劳尔明白自己再也不能拥抱他的战友尼科·洛佩斯了。

但同样是根据农民提供的信息，起义军最早的合作者证实，菲德尔·卡斯特罗并不在死者之列，而是朝向山区进发了。劳尔的小队趁此机会，在登陆之后头一次清洗了武器，并给枪支上油。

第二天，尚未出发时，天空中出现了一架散发传单的飞机。战士们捡起一张传单，上面印有写给远征军战士的信，奉劝他们尽早投降，并保证他们可以活命。这是另一个清楚的信号，证明远征军没有全军覆没。

几天之后，他们来到另一个小村庄，那里有一家小商店，供应的货物很少。劳尔请求店主让他们赊账购买一些食物，因为此时他们身上一点钱也没有。店主一言不发，径直给他们提供了够吃一顿午餐的食品。于是，劳尔给他留下了如下的字据：

> 路易斯·塞德尼奥先生，于1956年12月15日星期六，向"七二六运动"的多名成员提供了口粮和其他食物。由于我们现在无法付款，为将来计，特写下这一字据以兹证明，塞德尼奥先生在眼下的艰难时刻给我们的帮助；假如我们在战斗中牺牲，塞德尼奥先生可以向未来革命政府里的任何部门出示这一证明。
>
> 劳尔·卡斯特罗·鲁斯上尉[1]

经过两天筋疲力尽的行军之后，他们再次感到饥饿。他们接触到的当地人，既热情又充满同情心，这让劳尔深受鼓舞，更愿意寻求当地人的帮助。在下面这张奇特的字条上，劳尔签署了他在战争期间使用的化名，这个名字不过是把他原名的字母按顺序掉转过来：

> 12月17日星期一，我们来到农民圣地亚哥·格拉家里，又饥饿又疲惫，圣地亚哥给我们提供了很好的伙食，竭尽全力帮助我们，让我们能重新上路。"七二六"五名成员为感谢他的帮助，特此留下字据。假如我们牺牲，他可以在将来出示这一证明。
>
> 上尉：鲁阿尔·特洛斯卡（Luar Trosca），1956年。[2]

---

[1] 《劳尔·卡斯特罗行军日记》，古巴共产党中央委员会档案馆。
[2] 同上。

在其后所有的活动之中，不管是军事的还是政治的，劳尔总是注意绝不能使用暴力或用武器剥夺民众的任何东西。诚实而公正成了革命武装部队的行动规范，这一点是菲德尔从起义斗争的最初时刻起，就树立起来的。

圣地亚哥·格拉本人坚持向劳尔自荐，他想引导小队前往普里阿尔德比卡纳（Purial de Vicana），那里住着他的几位亲戚，可以给小队提供帮助，他本人愿意带路。这位农民并不知道菲德尔当时正在那个地方，不过或许他也隐约猜想那里可能隐藏着几位远征军幸存者。

次日，劳尔和他的同志们前往格拉指点的这个地方。在漫长的相互确认是否可信的过程后，在当地农民的帮助下，1956 年 12 月 18 日，他们终于和菲德尔及其身边的两个战士见了面。正是在那次见面时，紧密拥抱之后，双方说出了那段值得回味的对话："你带来了多少支枪？"菲德尔问道。"五支"，劳尔回答。"加上我的两支，就是七支枪！现在我们肯定能打赢这场战争！"菲德尔坚决地说。

不止一次，劳尔开玩笑似的回忆说：当时兄长说出这句豪言壮语的时候，他开始想，菲德尔是不是疯了。然而，菲德尔终究是菲德尔。比起别人，他眼中的目标更加清晰、更加接近真相，他总能找到抵达目标的最便捷、最简单的路。

回到古巴故土最初几周的战况让人揪心。远征军 82 名成员中，21 名死亡；除了 3 人，他们全都是被政府军杀害的，21 人被俘。在 40 名幸存下来又没有被俘虏的人员当中，又有 21 人在 1956 年 12 月 18 日到 27 日之间，重新加入起义军的行列；其余 6 人在 1957 年归队。剩下的 13 人命运各不相同。属于远征军参谋部的 16 个人，只有 3 人达到山区，其中包括菲德尔；三位排长只有两个幸存下来；九位班长只有两人后来继续在起义军里战斗。

可以断言，凡是抵达了山区的战士，在当时及后来，都成了信仰最坚定的革命者，有能力超越难以想象的艰难困苦。菲德尔在和伊格纳西奥·拉莫特的访谈中，曾对他说："劳尔和我永远观点一致，我们一起到达山区，一起并肩作战。"① 在普里阿尔德比卡纳，其他那些团结在他们身边的战友们，也和他们的决定保持一致。

由农民吉列尔莫·加西亚带路，12 月 21 日，胡安·阿尔梅达带领的队伍也赶到了，小队有六个人，其中包括切·格瓦拉、卡米洛·西恩富戈斯（Camilo Cienfuegos）和拉米罗·巴尔德斯（Ramiro Valdés）。在同一个地方，支队和曼萨尼约（Manzanillo）的地下运动建立了联系，地下组织给他们送来了第一批子弹、雷管和炸药。

几乎在整个一周，未来起义军的核心小组都待在普里阿尔德比卡纳，在外号叫"曼戈"（Mango）的农民拉蒙·佩雷斯（Ramón Pérez）的庄园里，他们欢度了平安夜；主人宰了一头猪，给起义军准备了一顿晚餐。

第二天即 12 月 25 日，部队开进山区。出发之前，15 个人在一份文件上签字。文件对"在革命最艰难的日子"给起义军提供帮助的农民们表示谢意，此外，文件还特别对拉蒙·佩雷斯将远征军战士在他的庄园落脚一事告诉了曼萨尼约市的地下运动组织表示感谢。第一个在文件上签字的是菲德尔；最后签字的是切·格瓦拉和劳尔·卡斯特罗。

此后就开始了切称之为"游击队的游牧阶段"的时期，这一阶段起义军没有长期驻守的根据地，他们不断地从马埃斯特腊山的一个地方转移到另一个地方。

古巴的民众和奥连特省的地下革命组织都不知道有关远征军命运的确切消息。官方和媒体都宣传说起义军已经被"围歼"，菲德尔已

---

① 参见［法］伊格纳西奥·拉莫内《菲德尔 100 小时访谈录》，（哈瓦那）国务院出版事务办公室 2006 年版，第 210 页。

经死亡。他们甚至还提出了所谓"目击者"，证明有人见过起义军领袖的尸体。

虽然常言说"谣言腿短"，但在短时间内还是挫伤了公众舆论的情绪。因此，不管付出什么样的代价，都要向古巴人民和世界显示真相：政府在散布谎言，而在马埃斯特腊山，菲德尔正站在前线，开启了游击战争。

在那些天，菲德尔、劳尔和一名加入游击队的农民克雷森西奥·佩雷斯（Crescencio Pérez）正在谋划出其不意地袭击驻扎在巴蒂斯塔政府的一座牧场六名政府军士兵。这个计划后来被否决，因为考虑到没有充足的弹药，而且即便行动取得胜利，弹药也无法得到补给。

需要指出的是，山区革命斗争期间，起义者一直缺少弹药。在部队作坊里，不能制造子弹，从大城市供应弹药又极端危险，因此，他们补充弹药的主要方法是从对方的警察和军队手中缴获战利品。

通过农民提供的信息，菲德尔得知在拉普拉塔河的河口，有一座海军的站点，有13名士兵驻守在那里。于是菲德尔决定进攻这一站点。在战斗开始之前，一些装扮成士兵的革命者抓捕了奇乔·奥索里奥（Chicho Osorio）。此人是因欺压农民而恶名昭彰的一个工头，这时他喝得酩酊大醉，骑着驴往自家走去。

为了向抓捕他的战士们表功，他提供了敌军位置的大量信息；他说假如让他碰到菲德尔——此时他正在跟菲德尔本人讲话——一定像杀死一条狗那样宰了他。奥索里奥还自夸说，自己参加过屠杀远征军的恶行。没想到，这最后几句话就等于签署了他自己的死亡判决书。结果战斗开始的第一枪就结果了他的性命。这场战斗开始于1957年1月17日的清晨。

起义军一方有22人参加战斗。出其不备的时机和密集的战火阻止了守军的抵抗，七人死伤之后（其中两人死亡，五人受伤），他们就放弃了抵抗；一名军人逃走，其余投降。菲德尔的队伍毫发无损。

这场战斗取得了完全的胜利。游击队员们消耗了500发子弹，但初次战斗缴获的战利品实在引人注目：一挺汤普森机关枪、八支冲锋枪和1000枚子弹，落入他们手中。

切·格瓦拉对受伤的士兵进行了治疗，俘虏们经过审讯之后旋即被释放。撤退前，起义军烧毁了兵营。关于这场火，劳尔在他的《行军日记》中是这样记录的："从远处望去，可以看见作为镇压机器的兵营着起大火。这是自由的火焰。在不远的将来，在这方灰烬之上我们要建起学校。"①

虽然当局竭尽所能想要掩盖事实，但拉普拉塔大捷的消息，还是在政府军当中，在马埃斯特腊山区，像一道闪电似的飞速传播。

或许对某些读者来说，起义军和独裁者之间的几场战斗，就其战果和单纯的军事特征来说，似乎微不足道。但倘若稍加留意，我们将注意到，起义军几场胜利的政治效果比起其物质结果，要重要千百倍。类似事件在世界历史的不同阶段都曾出现过，在俄国历史上也不乏类似情况。

例如，罗曼诺夫王朝在刚庆祝自己家族统治俄罗斯三个世纪之后不到四年，在1917年就以不流血的方式被推翻了。同年10月，同样是以几乎兵不血刃的方式，彼得堡的冬宫就被攻占，这一事件标志着社会主义革命的胜利。这两次事件的政治结果都是非同寻常的，以同样的视角来看，古巴革命者在马埃斯特腊山的最初几场胜利也应该受到重视。

拉普拉塔战役之后第五天，一个伞兵营的前锋追踪着游击队员故意留下的痕迹，落入了后者的埋伏圈；埋伏地点被称为亚诺斯·德尔因菲耶诺（Llanos del Infierno）。起义军又给政府沉重的打击，而此时政府还拒不承认菲德尔·卡斯特罗领导的游击战运动的存在。

---

① 参见［法］伊格纳西奥·拉莫内《菲德尔100小时访谈录》，（哈瓦那）国务院出版事务办公室2006年版，第210页。

尽管已取得了多场胜利，但前途仍不明朗。菲德尔的队伍规模小，武器有限。在马埃斯特腊山区，还没有可靠的落脚点。混入纵队核心圈子的一个农民叛变了，几乎让起义军成员在加拉加斯（Caracas）的山冈上遭到空袭而全军覆没，这件事发生在1月30日，而仅仅10天之后又发生了埃斯皮诺萨高地（Altos de Espinosa）的战斗。

在这样的局势下，劳尔·卡斯特罗签署了一份遗嘱，他指定亡友何塞·路易斯·塔森德的女儿特米斯（Temis）为分给他的那份遗产的唯一继承人，遗嘱中还指出，假如他获知了他所能得到的那份家族遗产的总数，那么他将拿出一部分，给亡友尼科·洛佩斯的母亲和姐妹建造一栋房子。

依据革命领袖的决策，起义军在马埃斯特腊山山脚下，同时进行着两件重要的行动：其一是召开地下运动领导人和起义军领袖的第一次会议；其二是邀请有影响力的美国《纽约时报》社论版主任赫伯特·马修斯（Herbert Matthews）对菲德尔进行采访，目的是向全世界公众阐明古巴局势的真相。

选择马修斯并非出于偶然。马修斯是报业中的资深老手，有35年的媒体工作经验，他采访过的名人当中不乏斯大林、罗斯福和丘吉尔那样的大人物。西班牙内战期间，他也曾亲赴战场报道，面对法西斯主义和所有的独裁统治，马修斯的批判立场十分突出。

"七二六运动"的地下组织给马修斯的马埃斯特腊山之行提供了技术保障。为了迎接他，在农民埃皮法尼奥·迪亚斯（Epifanio Díaz）的农场上特意建造了一间小屋。几乎所有的游击队员都聚集在这间屋子里了，但菲德尔向这位大记者介绍的时候，却告诉他这只是参谋部。劳尔是迎接客人的第一个人，在《行军日记》中劳尔是这样描述这一时刻的："我向那位记者伸出手去，想起了我在学校里学的初级英语，就对他说：How are you? 他回答了什么我就听不懂了；而后菲德尔来了，两人寒暄之后，菲德尔就在小茅屋里、记者身边坐下来，开始接受新闻采访。"

采访是在 1957 年 2 月 17 日进行的，总共长达三个小时。访谈作为三篇加长报道，刊发于《纽约时报》，第一篇报道在 2 月 24 日面世后即刻成了轰动一时的事件，这一天的报纸马上销售一空。独裁者巴蒂斯塔和他手下的官员们震惊不已，矢口否认报道的真实性。当马修斯发表了一张他与菲德尔的合影时，官方的处境就变得十分尴尬。

在《纽约时报》这样的重要报纸上露面，使得菲德尔为世人熟知，但首先是让古巴人民得知，革命武装力量在国内发展的境况、革命的目标和使命，同时揭露了政府的谎言和虚伪。

直到 1977 年赫伯特·马修斯去世，美国的右翼势力还是不肯原谅他在马埃斯特腊山的那次令人印象深刻的采访以及事后发表的著名报道。同样为《纽约时报》工作的一位记者安东尼·德帕尔马（Anthony de Palma）心怀嫉妒，甚至写了一本书，名为《发明菲德尔的人》。但正如常言说的，"木已成舟"，该发生的早已发生了。

就在 2 月 17 日当天，还发生了另一件大事，那就是"七二六运动"全国领导人会议；这次会议做出了重要决议。会议通过了《告古巴人民书》这份宣言，这份文件后来成了全国运动的指导。它明确宣告马埃斯特腊山是反独裁武装斗争的中心。马埃斯特腊山这一中心要求其他城市地下组织为起义军培训、输送新战士，为山区提供武器、弹药，谋划进行政治斗争和骚扰敌人的行动。会议结束时，游击队员再次整装返回山区。

接下来一个时期，即当年二三月份，情况很糟糕。因为古巴是个热带国家，马埃斯特腊山在冬季几个月寒冷刺骨、大雨滂沱，没有地方可以躲避。劳尔在他的日记中是如此描述 2 月 25 日的情况的："……下雨的时候我站着避雨，有一段时间竟站着睡着了，险些栽进身旁那条灌满雨水的水沟里。我用一块尼龙布罩住脸，可身上的其余部分全都湿透了，就这样，我一直睡到了天亮。"①

1957年3月末，地下运动组织输送的第一批援兵上山来了，一共50名武装战士。现在他们的人数已经达到了"格拉玛号"登陆时的水平，可以考虑开展较大规模的军事行动了。纵队分成了三个排，分别由三名上尉指挥，即劳尔·卡斯特罗、胡安·阿尔梅达和豪尔赫·索图斯（Jorge Sotús）。

为了确保未来的胜利，他们特别重视组织建设，重视遴选合作的农民，建设情报网络和传达指挥部指令的通信网络系统。在隐蔽的地方，他们还储备了应对特殊情况的食品和物资。

通过长途行军的磨炼，新加入者已经准备好并习惯于游击斗争的条件，并且熟悉了将要作战的区域。几个月内，部队已经获得强化，并准备好了接受战斗任务。

从广播里听到消息，一支反独裁的部队在奥连特省的北部登陆，菲德尔为了分散敌军的注意力，给新加入起义的军队减轻压力，决定进攻乌韦罗兵营，兵营位于马埃斯特腊山南麓的海边，那里驻扎着一支战斗力很强的守军。

1957年5月28日，起义军对乌韦罗兵营发起了攻击。切评价说，这场战斗"标志着起义军队已成长起来"。起义军缴获了50挺以上的机关枪、数千发子弹，但也遭到了沉重的损失——伤亡人数达16名——虽然敌人的损失两倍于这个数字，但菲德尔还是在事后说，进攻防守坚固的要塞并不是最适宜的战斗方式。

起义者开始更加频繁地使用骚扰守军据点的方式，来牵制对方的军事力量；起义军在更加有利的地形，预先设置埋伏圈，专门打击转

---

① 参见［法］伊格纳西奥·拉莫内《菲德尔100小时访谈录》，（哈瓦那）国务院出版事务办公室2006年版，第210页。

移过程中的敌军。这一战术相当有效，直到最后的山区军事行动，都在使用这一战术。

1957年12月初，由菲德尔起草，他们向"七二六运动"全国领导发去了一份报告，劳尔在报告上签字，他"从马埃斯特腊山"提议组织具体行动，通过焚烧田地阻止收割甘蔗，通过破坏道路，阻止将甘蔗运往榨糖厂。为了实现这个目标，劳尔本人率领一支游击队小组于圣诞夜，在曼萨尼约周边的卡里西托（Calicito）开展了一次行动。

在那一时期，古巴蔗糖出口的主要对象是美国，美国甚至以高于国际市场的价格收购蔗糖。很长时间以来，华盛顿早已使用商业杠杆作为政治工具，为实现其目的服务。

在奥连特省游击斗争开展的同时，全国其他地区也掀起了其他形式的革命斗争。

1957年3月13日，大学生联合会的武装臂膀革命指导委员会的武装司令部攻入了位于哈瓦那的总统府，当时独裁者巴蒂斯塔正在总统府内。几乎是凭借奇迹，巴蒂斯塔成功逃脱，逃过了因其罪行被处决的一劫。这次行动最终失败，大多数战士在行动中牺牲或随后惨遭独裁政府杀害。

正如刚才已经说过的，当年5月底的时候，有一支从美国出发的远征部队在奥连特省北方海岸登陆，这支军队是由抵抗力量"真正组织"（Organización Auténtica）筹建的。政府军在岸上埋伏，将他们几乎全部屠杀。

几个月后，9月5日，"七二六运动"和反对巴蒂斯塔的现役军人在西恩富戈斯市（Cienfuegos）举行了一场武装起义，他们攻占了海军在西恩富戈斯的海军基地。当地大部分民众都参与到这场行动之中，夺取了城市中心的重要建筑。这场起义被一支数量庞大的陆军镇压了。

11月，位于古巴岛中部的埃斯坎布拉伊（Escambray）的群山当中，"三一三革命指导委员会"（Directorio Revolucionario 13 de Marzo）的游击队举行了一场武装起义。

总之，古巴目前已经成了一潭沸水，行动一个接一个，不过政府将这些行动纷纷镇压下去，只有马埃斯特腊山成了敌人攻克不了的堡垒。

1958 年年初，菲德尔开始计划扩展起义军控制的区域。甚至在此之前，他已经和劳尔在谈话中分析过这个想法。劳尔表示，他愿意把菲德尔的安排付诸实践。

革命领袖决定成立新的纵队，新纵队是指在委派的区域，能够以独立方式进行活动的队伍。到此前，只有两个纵队，分别由菲德尔和切领导。切是在 1957 年 7 月被任命为纵队指挥的，同时他被擢升为"少校"（Comandante），这是古巴起义军里的最高军衔。

1958 年 2 月 27 日，又有两位同志被擢升为"少校"和纵队负责人，他们是：劳尔·卡斯特罗，他肩负着在奥连特省的东北部开创"弗兰克·派斯"东方第二战线的使命；另一个是胡安·阿尔梅达，他肩负着在古巴圣地亚哥西部创建"马里奥·穆尼奥斯"（Mario Muñoz）第三战线的任务。

为了完成这一使命，劳尔要穿过克里斯塔尔山（Sierra del Cristal），在一片广袤而居民稠密的地区建立革命政权，那里分布着金属镍的处理加工厂，隶属于美国公司的大庄园、榨糖厂，在南部，则是关塔那摩海军基地。

这一过程在他的《行军日记》中有所反映："跟菲德尔在一户（农民）人家院子里散步，他告知我，可以挑选武装完备的 50 名战士，来完成此前向他请求的任务。听到他这样说，我大喜若狂，即刻着手准备我的队伍……"① 挑选战士的标准非常简单：遵守纪律、道

---

① 参见〔法〕伊格纳西奥·拉莫内《菲德尔 100 小时访谈录》，（哈瓦那）国务院出版事务办公室 2006 年版，第 210 页。

德水平高、身体素质强。最终，劳尔挑选了 67 个人，虽然他只能给其中 50 人提供齐整的武器装备。

出发之前，劳尔最后一次接受菲德尔的指示和意见，还听取了切·格瓦拉给他的建议。劳尔现在被派出执行"独自巡游"的任务，也拥有创建新的纵队和授予军衔的职能，甚至是"少校"军衔。根据纵队第二领导人埃菲赫尼奥·阿梅赫拉斯的证言，劳尔当时曾表示："……我仿佛觉得自己是辞别了父亲的孩子，现在要自己闯荡了。"①

在开展军事行动的新舞台，呈现出很多农民支持拥护起义者的证明，因为这个区域有很强的爱国主义传统。古巴独立战争里的许多场战役就是在这片区域进行的；谋求社会公正，特别是土地产权的斗争中，不少重要的抗争事件都发生在这里。

名为"弗兰克·派斯"纵队的第六纵队由劳尔负责；纵队在 1958 年 3 月 1 日离开了帕塔·德拉梅萨（Pata de la Mesa）的切·格瓦拉的营地，前往马埃斯特腊山的图尔基诺峰（Turquino）的东部。经过 11 天的行军，大约走了 200 公里，越过了全国最重要的干道——中央公路；中央公路上总有敌军的装甲车和巡逻队通行。而后，劳尔的纵队进入山区和密林之中，那里将是未来开展军事行动的核心地区。这次行军转移堪称典范。

筹备工作起到了极好的效果。起义军战士给当地群众留下了好印象。农民出身的向导们通常走路都飞快，他们被起义军吃苦耐劳和不甘落后的精神所感动，虽然他们每人都负重 20 公斤，扛着武器、弹药和军粮。

经过一次短暂的野营歇脚之后，纵队举行了一场探索式的行军，以摸清所在地区情况，为开展政治、军事行动而营造必要的基础设

---

① 参见［古巴］玛尔塔·维罗妮卡·阿尔瓦雷斯·莫拉（Martha Verónica álvarez Mola）《自由的史诗》（Epopeya de libertad），（哈瓦那）绿橄榄出版社 2007 年版，第39 页。

施。这次行军历时一个多月，显示了原先对这一区域的革命潜力的估计是多么正确。

这个区域的大部分土地属于美国联合果品糖业公司（United Fruit Sugar Company）、关塔那摩糖业公司（Guantánamo Sugar Company）和其他公司。在这一地区的18座制糖厂里面，9家都属于美国企业。周围农民被迫在工厂里当雇工，要么就是食不果腹地耕种着一小片田地。

代表1957年马亚里（Mayarí）山谷农民生活条件的一个例证是，80％的一岁以下儿童死于肠胃疾病。外国统治全国财富的悲惨现实，加剧了贫困、闭塞，缺乏最基本医疗教育系统的状况。这片土地理应被革命的犁铧耕耘一番。

在第二战线之下，劳尔巩固了此前在"七二六运动"指导下建立起来并在当地展开行动的各个小组。让这些战士融入纵队的各个排之后，劳尔创立了五支分队。

此外，在这一地区，之前还有小股匪帮活动，他们抢劫老百姓，曾对民众犯下暴行。对于这些匪帮，纵队实施战时公开审判的法律。当有证据显示匪徒曾犯下杀人罪时，罪犯就会被枪决。因此在短时间内，这个地区摆脱了企图诋毁革命军队声誉的"污名案件"。

在第二战线控制的区域推行起义军的规矩，一切行为要符合城市、道德的标准，不准随意攫取老百姓的任何财物，购买任何东西都要付现金。此外，革命战士还严禁喝酒。

劳尔·卡斯特罗率领下的起义力量的一系列行动，使得革命武装在奥连特省9个城市的广大地区建立起了革命政权，面积达到1.2平方公里，相当于比利时一半的领土，卢森堡大公国面积的五倍。

第二战线与马埃斯特腊山之间的距离较远以及缺乏快速、可靠的沟通渠道，这些因素都造成了劳尔的司令部自治性的增强。因为他不可能每时每刻都请示起义军总司令部，然后坐等几周静待总司令部的回复。

劳尔·卡斯特罗以无畏的精神肩负起了所有行动的责任，体现着菲德尔设立这一战线的战略意图。第二战线的指挥任务对他而言，无疑成了人生当中的一所真正的大学，在这所大学里他不仅被塑造成为军事领袖，还成了一个成熟的政治家和国务活动家。

与几乎无法攻破的马埃斯特腊山不同，山区丛林覆盖，一座座村庄之间间隔遥远，而第二战线控制的区域人口稠密，路网发达，到处是工业、农业中心。因此在这里工作，就不仅需要战斗经验和知识，还要有指导市民社会的能力。

在军事层面，劳尔·卡斯特罗已经像一位有经验的领袖那样工作了。他控制着主要交通要道，以防敌军进攻解放区。他还建立了情报网络，其职能在于审问犯人和被拘禁者、绘制区域地图以及制作标明那些可能成为起义军攻占对象的军事目标的平面图。情报网应覆盖整个地区，以便适时地向指挥部汇报敌军的动向。

1958年4月9日罢工失败之后，第二战线组织修理武器，手工制作不同类型的战争物资和弹药，包括地雷、手雷，为此他们使用了敌人空袭之后遗留下来的还没爆炸的炸弹和装有火药的子弹，这些实践经验，远在马埃斯特腊山时，他们就已经具备了。

在菲德尔的建议下，为了进行预想当中的阵地战，他们修造了一批具有防御工事的哨所。一旦敌军渗入解放区，他们就不仅能退守后备部队的防御线，还能深入前线，打入敌人的后卫线，缴获敌人原本计划用于提供给养和推进进攻的物资。每个连都应依靠一个灵活机动的战斗后备队，以期在关键时刻进行最有力的打击，而每条战线的领袖都依靠一支纵队来完成这一目标。

第二战线运作时间不长，仅有9个月的时间，劳尔已经创建了六个新的起义纵队，共有15个连，总共有1000多名具有作战能力的军人。

令人惊叹的是，虽然所有行动都发生在战时，但许多文献都保存下来，包括第二战线指挥部发出的各种命令、劳尔的公开演讲、信件、工作谈话纪要和相册。其中有些文件让我们得以了解到一些针对起义军将领的审判会，他们也曾犯下对革命者来说难以接受的过失，从中我们能够清晰地观察到第二战线推动着怎样的司法制度。

当出现了法庭大部分成员都判定为死刑的情况，法庭庭长可根据庭审中出现的减刑情节，而从轻判决。在这些案例中，大多数情况是被告被剥夺军衔，被不光彩地驱逐出起义军队伍，甚至被监禁。

起义者在保存历史文献上的一丝不苟，与独裁政府为了销毁犯罪证据而采取"清理"档案的恶名昭彰的做法，形成了巨大反差。当我撰写中美洲国家历史论文的时候，我发现档案资料存在巨大的"空白"。为此，联合国教科文组织甚至派遣流动工作室到那些国家，给现存的文件摄影，试图用胶卷存档保留。其中一份复制资料被送往泛美地理历史研究所（Instituto Panamericano de Geografía e Historia）。在古巴，从一开始，革命政府就保存文献，这是革命领导人的一项巨大功绩。

第二战线部队所采取的最初的军事行动之一，便是占领莫阿镇（Moa）的一座机场，以接收一架从哥斯达黎加飞来的运送武器的飞机。在击退了守卫机场的驻军之后，他们将机场控制了一天。得知飞机已经在马埃斯特腊山降落之后，他们才撤出。

在那一刻，劳尔的脑海中就孕育出创建自己空军的念头。他选择了一个安全地带，修建了一条降落跑道，并创建了一个小规模的工程团队（工兵和建设兵）负责修缮跑道。不久，起义军的空军部队就诞生了，其中包括俘获的飞机，还有一些是"七二六运动"从外面运送进来的，甚至包括在跑道上迫降的敌机。战争期间，起义军总共动用过13架飞机，为了打击驻守在军事要塞里的驻军的抵抗，曾三次执行轰炸任务。

空军也曾执行海上任务，曾截获了五艘输送食品的船只。但其主要军事行动都是在陆上执行的，参加战斗超过 250 次；这 250 次行动之中，敌军损伤超过 2000 人，包括击毙、打伤和俘虏的敌军。敌人未能深入攻入解放区，这挫败了敌军的士气。

起义军对敌军俘虏的宽大处理，可以从劳尔·卡斯特罗对古巴民众、被俘敌军官兵家属和国际红十字会的公开发言中获知。在这份日期标注为 1958 年 11 月 30 日的文献中，劳尔提出：

> 尊重俘虏的生命，给伤者提供治疗，用人道主义与充满尊重的处理方式，乃至最终通过国际红十字会释放俘虏，这些都是起义军不变的原则。
>
> ……
>
> 古巴最近六年半以来陷入混乱之中，血流遍地，生命被戕害，财产被破坏，重新陷入暴政之中。我们革命者在对民族压迫者施加暴力上绝不会犹豫，但我们绝不是暴力的盲目崇拜者，我们格外珍惜古巴人的生命，不管是我们战士的生命，还是敌人士兵的生命。
>
> ……
>
> 挑起内战，直至把两个集团中的一个消灭殆尽，那是在供养所有子孙后代的土地上播种仇恨和报复的种子。
>
> 对于刽子手和告密者，我们绝不会宽宏大量，但对于受蒙蔽的士兵，我们会以良好态度敦促他们醒悟，我们尊重他们的生命，为的是将来，在那些体现了所有古巴人良好意愿的建设新祖国的不停顿的和丰富多彩的工作中，他们可以成为有用之人。①

在第二战线的历史中，还有一个重要任务，那就是肩负所谓的"反空袭行动"。这项行动是劳尔·卡斯特罗针对战线控制地区的大范

---

① 参见藏于古巴共产党中央委员会档案馆的相关资料。

围轰炸所做的直接命令。飞机在轰炸时使用了凝固汽油弹、小口径子弹和火箭弹，主要的牺牲者是平民。起义者没有抵抗飞机轰炸的有效方法，政府当局估计这项方法可以打压革命军战士和本地居民的士气。

在某种意义上，这种估计有一定道理，确实有些居民抱怨，起义军出现之前，这个地区虽然生活艰辛，但至少没有野蛮的轰炸机，也没有房子被烧毁，老人、孩子死于非命；老人、孩子总是无情轰炸最早的牺牲品。这些议论传到了劳尔的耳朵里，他在灵魂深处深受触动，他决心找出一条方法来克制以轰炸机为代表的这些灾难。

不久，起义队伍的情报机构向战线司令部汇报了一个情报：在关塔那摩海军基地潜伏的消息提供者说，这个海军基地当中的军用飞机正在运输燃料和弹药。报告里还提供了一些照片，海军确实出现在运输过程中。

通过这一证据，表明华盛顿不仅粗暴介入他国内政，而且还破坏了本国国会的决议；美国国会禁止政府向独裁政府提供战争物资，更有甚者，这些物资是用来屠杀没有抵抗能力的平民的。这一事实揭露了美国可以不惜一切代价帮助独裁者，即便面对本国和国际舆论的谴责。此外，即刻制止轰炸行径，是必不可少的。

在司令部分析局势并获得战友们的支持之后，劳尔·卡斯特罗签署了 30 号命令，这道命令引起了很大的反响。命令指出，从 1958 年6 月 27 日起，革命军将抓捕任何出现在秘密行动场合的美国人，除了女人、孩子及相关人员的家庭成员。

被捕人员将被转移到阵线司令部，之后应转移到秘密场所以避免他们遭到受害群众的任何攻击；此外，还应保障他们的人身安全。倘若有美国外交人员或记者的访问，革命军应保持高度的公正和自律，避免发生任何过激或冒犯行为。一切行为应符合革命伦理道德的高度要求。

这道命令被严格执行，没有出现丝毫的偏差。其结果，1名加拿大公民和48名美国人被扣押，其中包括来自关塔那摩海军基地的29名儿童。几乎所有人都是曾在莫阿参与开采镍矿的美国公司的雇员。

在这批人及尼卡罗（Nicaro）的另一批人的居住地，起义军收缴了一台拖拉机、一台推土机和几辆汽车，这些机械或汽车全都开往解放区的工地，支持工程建造和改建的工作。革命军队通知了这些财产的主人，表示革命胜利之后，政府将向他们支付补偿金；但凡提出抗议的人，都获得了补偿。

起义者的这些行动引起了华盛顿和美国驻哈瓦那大使馆的高度警觉。美国大使厄尔·史密斯（Earl Smith）立即指示圣地亚哥的美国领事馆，下令调查被扣押者被关在什么地方，他们遇到了什么情况，以期评估美方应做出何种程度的反应。圣地亚哥的美国领事马上前往起义地区。在路上，正遇到轰炸机入侵，投放火箭弹，并有机关枪向下扫射。这位领事亲眼见到一枚大口径炮弹如何炸毁了一座教堂的一部分，从里面跑出了许多惊慌失措的人，其中有不少儿童。

与此同时，被扣押的美国人由起义军军官领着参观了解放区的一些村落，让他们目睹那些被炸毁的房屋和建筑。此外，军官们还向美国人展示了轰炸中被炸死的平民的照片，教育他们认识轰炸带来的损伤，让他们识别炮弹和火箭弹的残片，上面有美国制造的标志，弹片上生产日期的最后两位数字被刻意抹去，为的是掩盖武器生产于当年这一事实。

对于任何人来说，这些事实都是不容否认的证据。有些被扣押者表达说，他们要给本国大使写信，好让他知道，他们抗议在古巴岛的内部冲突中使用美国生产的武器。

1958年7月2日到3日，劳尔·卡斯特罗与美国驻古巴圣地亚哥的领事和副领事会谈。劳尔在战线其他几位领导人的陪同下参加了会谈，比尔玛·埃斯平（Vilma Espín）也参加了。比尔玛是"七二六运动"在奥连特省的联络员，这次她是以翻译身份参加会谈的。在场的有多位被扣押者，此外，还有一些巴西与美国的杂志和日报的记者。

会谈结束后，领事带走了他的四位同胞和那个加拿大人，他们抱怨被拘押期间感觉不舒服。两天后，他手里拿了一份《纽约时报》回来，报上确认说菲德尔·卡斯特罗已经下令释放被扣押者，而战线司令部已经知晓这一命令并将执行。

劳尔·卡斯特罗草拟并发出了一份名为"致美国政府与人民书"的特别公告，揭露了华盛顿的错误论调；根据美国的这些论调，帮助巴蒂斯塔是为了贯彻所谓的"西半球共同防御协定"。实际上，并不存在任何对西半球安全的威胁，事实只是美国赤裸裸地对一个拉美国家内政的干涉。

劳尔要求美国参议院议员应派一个特别委员会到起义军所在地区，以便向委员会提供一份可信的报告。为了同样的目的，他要求美洲国家组织也应派遣一个委员会。正如预料的那样，接受信函的机构默不作声，美国的宣传媒体向其人民掩盖这封信的存在和它的内容。

菲德尔严厉批评劳尔是有道理的。华盛顿可以用多种方式解释这些事件，美国可凭借任何借口直接进行武装干涉，这不会是第一次。这次美国之所以犹豫不决，是因为巴蒂斯塔政权注定要失败，而在古巴，革命运动的浪潮正在高涨。但事实证明，"反空袭行动"也带来了好处：关塔那摩海军基地不再给巴蒂斯塔提供飞机的援助了。

在这时候，起义军的主要堡垒——马埃斯特腊山——从5月末开始，正在抵御巴蒂斯塔部队的总围剿。为了抵抗敌军，菲德尔不得不集结所有的纵队。唯一的例外是东方第二战线的将士们，因为两地相距实在过于遥远。

同时，在奥连特省的东北部，"起义共和国"的情况正在快速改善。在劳尔写给比尔玛·埃斯平和塞利娅·桑切斯的好几封信里，都肯定地说他已经准备好了长期斗争。

在政治方面，自从东方第二战线开辟以来，司令部就开始负责农民的组织工作，因为农民是当地的主要居民。"七二六运动"创立了一批革命农民委员会；每个委员会都设有一个书记（领导职务）和两个农民代表，一个代表平民，一个代表军人。

这些委员会的主要工作是给战斗员筹集军粮，给情报机构收集、提供信息以及担任农协与起义军部门之间的联络机构。在战争情况下，这个极其简单的方式是十分有效的。

1958年9月21日，在马亚里的索莱达（Soledad）召开了第一届农民武装代表大会，来自解放区的代表们参加了这次会议，200名成员代表84个已经成立的委员会出席会议。代表们在发言中讲述对他们来说最敏感的问题：首先是土地及他们生活的恶劣条件，还有他们的愿望。

劳尔·卡斯特罗出席了这次大会，并发表了一篇充满激情的演讲。他坚定和明确地指出，不可设想，古巴革命委员会会不进行土地改革，长期以来农民被剥夺了选举权，但现在农民已成为一个积极的社会阶级，这次大会和已经创建的地区农民委员会就是证明。他曾在许多场合谈论不可缺少的革命农民组织，他还号召面对任何分裂他们队伍的企图都要提高警惕。

劳尔针对农民给革命军队提供的帮助，特别表达了深厚的谢意，还向大会保证，革命战士们一定永远捍卫受苦的农民阶级的利益，重申了军民之间的团结协作。他号召代表们要紧跟全国形势发展，并提醒他们，存在独裁者玩政治花招以破坏革命、夺取胜利果实的可能性。

劳尔在结束讲话时宣布说，战线司令部已经创立了一个农业局来处理与土地相关的问题，这个机构是地区农民委员会和起义领导层之间联系的纽带，虽然代表们应该知道，大部分请求只有在革命胜利之后才能全部兑现。

1958 年 10 月，劳尔签署了《组织法》（*Ley Orgánica*）。这部法律确立了战线的军事组织形式和管理结构，并将战线的名称正式确定为"弗兰克·派斯东方第二战线"。在司令部内，设立了七个部、两个局。其中两个局，一个是农业局，另一个是工人事务局。

当然，机构里最主要的部门是负责战事的部门，由劳尔·卡斯特罗直接领导。其他部门，都是接受跨部门领导的从属机构，包括：司法部、宣传部、财政部、建设通信部、医疗和教育部。实际上，这些部门的工作此前已经在运作中了，如战线地区内，《犁铧日报》（*Surco*）的编辑和发行和广播电台的播放等工作，是属于宣传部的工作范围。

财政部负责收税、管理开支。战争期间，财政部募集到大约 300 万美金的费用，主要用来购买武器和弹药。建设通信部主要负责铺设道路和飞机跑道，还架设了保证部队间沟通之用的长达 10 万米的电话线。

医疗部主管着 160 名医生和医务工作者，虽然当时缺医少药，还处于战争环境，但他们几乎有能力提供各种医疗服务。他们的工作主要服务于民众。

教育部拥有 400 名教师，还管理着儿童学习和成人教育的学校，学员包括起义纵队里的战斗员。这是扫盲计划中的一部分。还开设了"何塞·马蒂"部队教师学校，学校课程突出政治内容。劳尔·卡斯特罗总是主持开班、毕业典礼，他还在课上传授关于战士的伦理和起义军问题的内容。

多年之后，战线司令员劳尔表示："在民众当中开展医疗和教育工作所带来的声望，能够激发民众坚决地与起义部队合作，能以非常特殊的方式，在群众心目中树立起对革命军队的尊重。"①

---

① 参见［古巴］加西亚·莫雷（Magali García Moré）《我们的梦想都实现了》，《波西米亚》1988 年 3 月 11 日。

很明显的是，没有财政上的保证，在这样一片广阔的土地上，艰辛地组织与发展的工作是难以贯彻的。因此，1958年7月第二战线司令部通过了《税收法》，这并不出乎意料。根据这条法律，任何农业生产、林业和矿业开发，都需缴纳10％的税。需要特别指出的是，与商业有关的税只有销售税。

当阅读这条法律文本时，从司法角度来看，这些法律制定的精确性令人惊叹，同样令人叹服的是，劳尔·卡斯特罗和他的战友们要求第二战线司令部的所有行为都严格遵守相关法律。请记住在阿莱格里亚德皮奥的灾难性失败之后，菲德尔和劳尔给那些曾经帮助他们的农民们留下的那些感人至深的"债务字据"。这就是起义者心中的道德法典。

还有一封信存留下来，那就是劳尔·卡斯特罗于1958年8月30日写给关塔那摩糖业公司董事会主席的一封信。在信中，他通知这位主席，根据革命最高指挥机关的决定，每生产一袋250磅（相关于113.4千克）的糖，就需要缴纳15美分的税；这笔税当中，10美分由糖厂缴纳，5美分由种植、收割甘蔗的佃户缴纳。

文件中精确记录了隶属于这个公司的三个榨糖厂的产量及总税额，总税额达8万比索，还记录缴纳税款的细节，使人无法质疑起义者设立税收的合法性。坐落在第二战线所辖区域内有18座糖厂，每座糖厂的所有者都收到了类似的信函。

1958年秋季，整个古巴的生产情况变得困难而且颇不稳定。全国动荡不定。罢工和破坏运动影响了全岛的经济生活。不只是企业家蒙受损失，工人也同样受到损害，尤其是制糖业的工人。在这种情况下，就需要进行工人阶级代表和第二战线领导者之间的对话。

开始时，劳尔预计这样的对话开半天会就够了；然而，在筹备过程中，发现有必要扩大代表数量、改变会议的日程，于是他决定召开武装工人大会。参加这次大会的代表，包括铁路工人、码头工人、制鞋工人和商业雇员等。

一个 12 人构成的小组撰写了一份文件，他们要求属于人民社会党（共产党）成员的代表退出会议。这是一份明显的分裂主义的文件，等于在反对绝大多数的参会者。冲突以劳尔要求文件起草者退出活动而告终。

一共有 98 位代表参加了在马亚里的索莱达举行的会议，此地也是举办农民大会的地点。会议日程从 1958 年 12 月 8 日延续到 10 日。其中多场会议当中出现了空袭，于是每次代表们都被迫到附近咖啡园的掩体中躲避；空袭警报解除之后，大家再返回继续会议日程。

大会决议对于未来的古巴工人运动有重要影响。人们支持建立全国工人统一阵线（Frente Obrero Nacional Unido）的观点，呼吁让这个新组织替代现存的腐败的、亲独裁政府的工会组织。

会议还通过决议，要给所有解放区制糖厂的工人创造正常的工作条件，工人有权利获得奖金，同时代表们同意，他们将拿出奖金的 20%，用来资助起义军。这又一次明确表示，工人阶级愿意与起义军保持团结一致。

会议还主张各个纵队要在各条战线上胜利进军。切·格瓦拉的部队已经成功地越过了古巴南部海岸的沼泽地带，已经深入古巴岛中央的埃斯坎布拉伊群山之中，准备夺取圣克拉拉（Santa Clara）。同时，富于传奇色彩的西恩富戈斯和他的纵队已经穿过北部海岸的丛林，加紧与切的部队会合；这支部队应该会继续挺进到比纳尔德里奥省，那是全国最西端的省份。

第一、第二、第三纵队的部队在菲德尔的领导下，已经从各个方向包围了属于现今古巴圣地亚哥、关塔那摩两个省的主要城市，并且控制了交通要道。

时近 1958 年圣诞节。这一天，比兰的卡斯特罗·鲁斯一家人个个兴高采烈。拉蒙和菲德尔团聚在父母家里。为此，母亲的欢乐不可言喻。拉蒙从冷库里拿出火鸡，这只火鸡是两年前买的，因为拉蒙当时想在"格拉玛号"登陆之后，宴请他的两个兄弟；他把火鸡冷藏起来，是因为确信革命胜利之后，兄弟将重聚。

古巴革命胜利的关键日子到来了。奥连特省巴蒂斯塔部队的首领欧洛西奥·坎蒂略将军（Eulogio Cantillo）向菲德尔提议，在靠近帕尔马索里亚诺（Palma Soriano）的一座废弃的制糖厂会面。12 月 28 日举行的这场会晤，劳尔·卡斯特罗也参加了。革命领袖提出了终止军事对抗状态的三个条件：不能策划政变，阻止巴蒂斯塔逃往国外，不与任何外国大使馆进行接触。

坎蒂略前往哈瓦那，但他的行动与承诺完全相左。新年前夕他与巴蒂斯塔共进晚餐，而后陪着他前往机场，独裁者从机场径直飞往多米尼加共和国，当时该国仍旧处在残忍的独裁者拉法埃尔·莱奥尼达斯·特鲁希略（Rafael Leónidas Trujillo）的统治下。此外，坎蒂略还参加了政变，甚至指派了一位新的古巴"总统"，而全部行动都是与美国大使馆磋商后完成的。①

面对这一背叛行径，菲德尔的回应是在广播中向起义军各部发表简短的演讲，宣布继续抵抗，并向哈瓦那挺进；他号召人民不要听命于傀儡政府，并且号召举行政治总罢工。全国所有的广播电台和电视台都转播了这次演讲，它们与起义军电台联合在一起。

哈瓦那的密谋者们遭遇了全面的失败。巴蒂斯塔的军队斗志全无，放弃了抵抗，虽然他们还有战斗力。雷戈·鲁维多上校（Rego Rubido）是古巴圣地亚哥武装部队领袖，负责 5000 名现役军人，他

---

① 革命胜利之后，坎蒂略被捕，法庭判处之后将其监禁。他在刑满前获释，不久后离开了古巴。

请求跟菲德尔谈判。

在会谈中，上校表示他愿意投降，但条件是保持他手下大多数军官的地位不受影响；劳尔即刻请缨陪同前往。菲德尔决定受降地点应该设在蒙卡达兵营，目的是劝服驻军，继续支持腐败政府是非常荒诞的。

按照通常的情况，劳尔觉得比尔玛·埃斯平是愿意跟他一同前往的，但这次比尔玛没同意，所以劳尔只和一名随从前往。劳尔走进了蒙卡达兵营的第一道关卡，发现驻军都集中在射击场上。他首先与陆军军官、警察和海军军官会谈，这些人汇集在圣地亚哥海湾旁。劳尔号召他们支持革命。

随后，劳尔从墙上取下一张巴蒂斯塔的肖像，把它扔在地上，同时喊道："革命万岁！"众人一起回应"万岁！"之后，劳尔又取下联席参谋部部长塔韦尼利亚将军（Tabernilla）的肖像，把它递给雷戈·鲁维多，让他也如法炮制扔在地上；上校迟疑了几秒钟，终于还是照做了。

军官们请劳尔给部队讲话。于是劳尔在雷戈和其他军官的簇拥下，往兵营主楼正面的阳台走去。数千名士兵，昨天还准备着向任何一个起义者举枪扫射，但此刻，他们全都站在射击场上等候劳尔讲话。

部队开始大声叫喊，仿佛是一阵呼啸："赫罗兰！赫罗兰！"（这是一种健身糖浆的名字，在当时很有名）起义军领袖询问这个词的意思，其中一个军官向劳尔解释说，士兵们把参加战斗前，除了工资以外的津贴叫作这个名字；目前，士兵们还没得到津贴，因为将领们停发了，此时他们开始向新长官要求补发津贴。

劳尔立刻控制了局面。他向士兵们承诺发放他们称作"赫罗兰"的迟发的津贴，并告诉他们，兄弟之间互相残杀的战争已然终止。而后他邀请刚才与他聚会的主要军事长官们转移至城外的埃斯坎德尔

（Escandel），到了那里，他们将见到起义军总司令菲德尔·卡斯特罗。

最主要的成果已经达成：不开一枪，没有流血，圣地亚哥的驻军，尤其是蒙卡达兵营的部队已经承认了新政府。与此同时，从1月1日起，奥连特全省的起义军各部领袖开始控制兵营和政府军的各个据点。

在埃斯坎德尔，菲德尔向驻军军官们解释了欧洛西奥·坎蒂略将军的背叛行径，并号召他们支持已然胜利的革命。他的讲话迎来了一片掌声。在那里，他任命雷戈·鲁维多上校为起义军军官。

开拔前往哈瓦那之前，菲德尔指派劳尔作为圣地亚哥及奥连特全省的最高长官。奥连特省已经没有大规模武装部队了。原先由埃菲赫尼奥·阿梅赫拉斯指挥的第二战线最优秀的一支纵队，已空运到首都，担负起警察职能，保障首都的革命秩序。其他武装力量集中在菲德尔手中，因为预计哈瓦那将会抵抗。第二阵线其余部队，还留在原地待命。

起义斗争最终以无条件的全面的革命胜利而告终。被菲德尔钢铁般的意志所激励的人民的革命热情和正确的战略是革命胜利的关键要素。

劳尔·卡斯特罗直到2月9日，还留在奥连特省，直到菲德尔召唤他前来担任全国武装力量的第二指挥官。奥连特省还是古巴革命的主要堡垒。在那里的丛林和群山间，保留着游击队斗争期间建造的基础设施，正是在那里，建立起了革命武装力量的基础。

在发生任何危机的时候，当出现外国干预的时候，劳尔永远会出现在这片广大区域的前线。劳尔不止一次地从古巴岛的一端赶往另一端，但直到今天，他还对岛屿东部的这片土地保持着忠贞的情感。

对于任何曾参与战争的人来说，不管他的生活后来变得多么复杂多变或成果累累，他灵魂深处最深刻的记忆，承载着最多情感的记忆，永远联系着战斗生涯里的那些种种考验。因此可以说，正是在死亡的威胁下，才建立起了友谊与沟通最坚固的链条。

许多年过去了，在第二战线的土地上，在上马亚里（Mayarí Ar-riba）还能找到劳尔·卡斯特罗的司令部。在群山环绕的山坳中，一座陵园建立起来，这里安放着战争中阵亡将士的遗骨，还有革命胜利之后的一些逝者，其中既有官员或农民领袖，也有后来取得非凡成就的一些人士。在山坳绝佳的背景下，可以看到 67 棵王棕榈树——这是古巴的国树——它们象征着创建第二战线的 67 名游击队员。

从山顶上，犹如喷泉一般，一道红色植被汇成的河，流淌而下，象征着喷洒的献血；这条"河流"注入守护陵园的永恒的火炬当中。这座陵园里，迄今为止，永眠着 271 名将士和官员。在这座陵园前，新征入伍的士兵宣誓向祖国效忠，加入少年先锋队的小学生也在这里说出他们的誓词。新近结为连理的伉俪们，也来到永恒火炬跟前，传达他们的致意。

在远处背景中，可以看见一方巨石制成的壁龛式墓穴，墓穴的铭牌上写着"比尔玛"和"劳尔"的名字。这里安放着比尔玛·埃斯平·奎约斯的骨灰。比尔玛在 2007 年去世。她曾经以秘密方式给第二战线做出了巨大贡献，其后在 1958 年 7 月加入了战线。在同一个地方，劳尔将她安葬在这里，是为了将来与他的妻子一起，永远长眠在战友们共同创建的战壕中。劳尔曾与他们一道，为了古巴的完全解放与独立，穿越战火和群山间的暴雨。

第四章　为新社会奠基

革命政府；第一部《土地改革法》；美国反对古巴；革命武装力量部部长；与苏联的接近；大型企业国有化；吉隆滩；古巴东部的颠覆阴谋活动；导弹危机；与苏联关系的变化；对一个告密者的审判；捷克斯洛伐克，1968 年；叙利亚、安哥拉和埃塞俄比亚；社会主义宪法；古巴共产党第一次代表大会；苏联的衰落；罗纳德·里根政府；钟表同步。

富尔亨西奥·巴蒂斯塔于 1959 年的第一个清晨出逃，巴蒂斯塔政权垮台，菲德尔和劳尔从未认为这就意味着革命的胜利。独裁政权的终结仅仅意味着武装斗争阶段的结束，而革命最重要的组成部分，即在新的原则基础之上实现社会变革，才刚刚开始。毋庸置疑，实现目标的道路漫长而艰难。

从独裁的"潘多拉之盒"中萌生出许多形形色色的势力。此外，被推翻的巴蒂斯塔势力及其走狗的仇恨触发了勃勃的野心和欲望。

革命的干部储备很少，不可能在短时间内建立起有效的国家机器。总能得到广大人民群众无条件支持的菲德尔·卡斯特罗，只有凭借他的政治天才才能在这种纷繁复杂的政治形势下找到正确的道路。

首要任务是履行对古巴人民的承诺：惩罚独裁政权下残忍的刽子

手。来不及逃亡美国的数百名刽子手被逮捕。人民指认他们以进行革命活动的嫌疑为名，或仅仅因为持反对立场，策划和实施了对成千上万人的谋杀和残酷拷打。

被捕的巴蒂斯塔分子在公共场所被公开审判，公众可自由旁观。审判过程严格遵守内战期间采取的法律规则。这些法律规则为公众舆论所熟知。

因此，人们多次断言古巴对战争罪犯的审判，比对于纳粹分子的审判具备更有力的法律依据。纽伦堡审判的法律依据是根据已犯罪行确立的法律规则，而古巴的审判始终遵循着"如果没有适用的惩罚性法律规则，就不作有罪认定"的原则。

审判过程中，被告们拥有辩护权。只有具备确凿证据证实其所犯罪行应受到死刑惩罚，才会被判决死刑。但是，美国大众传媒对古巴的审判发起了猛烈的反古宣传攻势。当时在古巴，几乎所有报纸仍未易主，轰动效应主导媒体，在很大程度上助长了敌对攻势。

从那时起，革命法庭成为企图诋毁古巴革命的话柄。菲德尔不止一次地被迫重申革命法庭的意义及其立场。他一次又一次地表示，判决是公正的，错误在于过分公开审判过程，有时在体育场馆进行审判，这是不应该的。

当时，劳尔·卡斯特罗在奥连特省任革命民事和军事全权代表，受命就这个敏感的话题发表公开声明。劳尔来到哈瓦那。1959 年 1 月 19 日，与临时总统曼努埃尔·乌鲁蒂亚（Manuel Urrutia）一起在总统府举行记者招待会。

曼努埃尔·乌鲁蒂亚在开场白中提醒媒体关注这样一个事实：在起义斗争期间，革命者向外国媒体和政府提交了关于巴蒂斯塔分子之野蛮和罪行的可靠文献资料，可后者不仅保持缄默，反而针对正常的审判进程大肆喧哗。审判的目的之一是避免人民大众擅行惩罚和实施私刑拷打，若不进行审判，这种情况是无法避免的。

接下来，劳尔解释道：已在军营和警察局发现若干秘密墓穴，埋葬着数百具身份不明的遗体。他举例说明，在某个军营附近"发现30具尸体，包括1名女性，大多数尸体被固定铁轨用的金属钉穿过头骨而死"①，他补充道：最初被枪决的70名被捕巴蒂斯塔分子中，有一人曾杀害了33名爱国者。

劳尔向记者们展示了很多巴蒂斯塔镇压机构的受难者照片。一张照片上是一名臭名昭著的巴蒂斯塔刽子手的10岁儿子，手里拿着两个不知名受害者的头骨。另一张照片是一名被杀害的男童，他和自己的自行车一起被埋葬。劳尔强调说，起义军队或是政府没有一丝一毫的复仇意图；无数的事实证明了可怕的罪行，判决是依据法律做出的。

劳尔还指出，约有50名被指控为凶手的被告因在审判期间没有找到犯罪证据而被赦免或释放。他说，如果说在哈瓦那有95%的民众支持革命法庭的工作，那么在奥连特省就有100%的民众支持惩罚杀人者。

在记者招待会上，劳尔还明确指出，根据国际原则，已在外国使领馆寻求避难者可离开古巴，但在必要时古巴会要求遣返。

劳尔还被问及其他问题，他指出，因战斗被毁的铁路和桥梁的重建工作正在全速展开；已经向糖厂归还战争期间被占领的施工机械和运输工具；奥连特省非常安定，甘蔗收割和榨糖制糖一切如故。

有记者问及政府是否害怕前政权残余势力在山区动用武力，劳尔回答说，如果有这种情况发生，农民会对付他们。他补充道：

> 可能某天他们决定集合起来，开始做我们25个月前所做的事，但我怜悯他们，因为我们所做的是为了正义、为了真理、为了道义。对于不建立在真理和道义的基础上的任何行为，我们由衷地表示怜悯。我对他们躲进山区表示怜悯。②

---

① 《革命报》1959年1月20日。
② 同上。

劳尔·卡斯特罗对这个如此敏感的话题发表看法，突出了他在领导革命中的特殊作用。另一位主要领导人切·格瓦拉坚持在哈瓦那要塞卡瓦纳前线驻防。2月7日，他获得了古巴公民的身份。

1月21日，"七二六运动"在总统府前举行了支持革命的群众集会。菲德尔·卡斯特罗在集会上表示，自己有被刺杀的危险，为了不让革命进程失去领袖，提议选举劳尔为运动领导的替任继承人。人们对这一提议热烈鼓掌表示同意。

两天后，菲德尔将前往委内瑞拉。这是他在革命胜利之后第一次离开古巴。在他不在古巴的短暂期间，国家必须拥有一位值得信任的、可靠的、久经考验的领导人。从那时候起，数十年来，劳尔一直是菲德尔的接任者。

1959年2月2日，部长会议任命劳尔为海陆空军第二长官，等同于总司令的第一替代人选（菲德尔永远是总司令，而劳尔一直保留其大将的军衔）。

当时，革命领导不拥有真正意义上的有组织的武装力量。唯一可靠的部队是经受过战争考验、承担着兵营和警察监管任务的起义军。虽然在一些地方，前政府军队与起义军在新的基础上共同开展工作；但是，原军营的官兵和警察都在被遣散。

例如，在圣地亚哥，暴政被推翻后，人民群众解除了巴蒂斯塔军队士兵的武装。在劳尔的命令下，由起义军和前政府军队组成的混合军承担了守卫蒙卡达兵营的任务。

原第二战线的律师和司令部成员奥古斯托·马丁内斯·桑切斯（Augusto Martínez Sánchez）少校被任命为革命政府的国防部长。

有趣的是，在1959年4月3日，劳尔作为古巴武装力量总司令的第一替补签署了若干对"地方革命力量"高级别领袖的"指示"（还没有称之为命令）。劳尔在"指示"中提到：收到了一些有关革命军队成员保护富人的个别案例的报告。有意思的是，劳尔在通报中使用了"先生"的尊称，并且用"敬上"一词结尾。文件中写道：

> ……革命武装力量的很大一部分来自工人、农民和广大人民，永远不会把武器对准他们。因此，所有人都必须遵守如下原则，即在处理劳动关系等各种冲突和矛盾时要特别谨慎小心。我们用如今的人民军队取代了传统军队，而传统军队的特点是与人民的利益作对、与受苦阶层的利益作对，为富人和有权势的群体服务……①

无论是在世界文学还是在艺术作品中，民族历史的重大变革常常与激烈的自然现象相联系。古巴革命犹如春天来临之际大江大河冰雪融化的场景。一切事物由静转动，厚重的冰层开始四分五裂，迸发出震耳欲聋的"隆隆"声。浮冰滑动，层层相叠；流水奔腾，寻求出路；河岸决堤，分崩离析。原来的雪橇之路在我们眼前消失，而新的桥梁还未搭建好。在革新进程中，这些现象是不可避免的。

1959年4月，菲德尔对美国、加拿大和一些拉美国家进行较长时间的巡访。菲德尔应美国报业协会的邀请访问美国。在德克萨斯州的休斯敦，菲德尔与专门到休斯敦的劳尔·卡斯特罗见面。劳尔在对媒体的简短声明中指出："这是一次的快速访问，我向菲德尔提交了一份有关古巴总形势的报告，我与他交换了意见，并接受了他的最新指示。"②

菲德尔巡访的主要目的之一是阐明古巴革命的性质和计划，同时对这些国家对古巴的立场进行了深入的摸底。菲德尔受到被访国民众的热情欢迎，这与美国政府恪守礼宾规格和拉美国家政府的不信任和

---

① 古巴共产党中央委员会档案馆藏档案。
② 路易斯·巴埃斯：《必须拯救希望》，《格拉玛报》2014年4月17日。

保留态度形成鲜明对照。

劳尔在若干场合中提到，1959年5月17日出台的《土地改革法》是古巴"渡过卢比孔河"①。虽然这是政府首次执行1940年《宪法》中有关禁止大庄园制的规定，《土地改革法》成为以维护自身利益为目的的革命参与者与真正的革命者之间的区分线。

菲德尔决定，《土地改革法》文件的官方签字仪式将在昔日的起义军总指挥部——马埃斯特腊山中心山区举行。与会者在泥泞中徒步跋涉到达会场，桌椅是没有刷洗的木板，公众坐在匆匆忙忙固定的简易长凳上。但是，这份文件的历史意义无比重大。

同时，《土地改革法》意味着与美国的一场极度危险的冲突。古巴主要的大庄园都属于美国公司所有，是他们在20世纪初美军占领古巴期间以极低的价格买下的。

积极参与起草《土地改革法》的切·格瓦拉，可能想起了美国对危地马拉通过的不如古巴深刻的土地改革的残暴的反应。在危地马拉，一支雇佣军因哈科沃·阿本斯上校的民主政府收回联合果品公司的不毛之地而推翻了该政府。

与其他革命者一样，劳尔为捍卫和推行《土地改革法》而积极工作。他召开集会、录制电视节目、组织大规模农民集会。

土改的实质很简单，就是要将公司或私人所有者拥有的、面积超过30卡瓦耶里亚顷（约合402公顷，1卡瓦耶里亚顷相当于13.4公顷）的大庄园的土地国有化。从事精耕细作的大庄园主可享受例外待遇，其拥有的土地面积上限上浮至1340公顷。②

---

① 这是一个典故。这里是指冒着巨大的风险。公元前49年，高卢总督恺撒率大军渡过意大利北部的卢比孔河（Rubicon），向罗马进发。这是一场豪赌，恺撒押上的不只是个人的身家性命，还捎带着共和国的命运。——译注

② 1958年10月20日，在山区斗争期间，菲德尔曾通过一项土地法。根据这项法律，在被解放土地上耕作的农民成为这片土地的所有者，所涉土地面积不得超过5卡瓦耶里亚顷（约合67公顷）。

大多数地主和大庄园主的反应可想而知，不少土地面积超过法律规定的上限数百倍。在古巴，有的土地所有者拥有超过 13 万公顷土地。显然，对于那些曾把革命视为简单的国家领导层更迭的人来说，这样的革命是无法接受的。

资产阶级立即开始大规模逃往美国。他们相信，如此激进的进程最多只能坚持三四个月，就会被美帝国主义粉碎。他们开始在古巴散布谣言，说国家将会剥夺父母对未成年子女的合法支配权，建立起一种子女的"社会化"制度。这种歇斯底里的传言造成将近 1.4 万未成年人被独自送往美国。

政府决定征用对外移民的财产，同时坚持不将国家住房基金国有化的承诺。实际情况与之矛盾：资产阶级家庭离开古巴，把他们的不动产权留给远房亲戚甚至留给其忠实的仆人，为了能在回到古巴时收回这些不动产权。

在对古巴的一次访问中，有人给我看了位于第五大道的一座豪华府第。第五大道是哈瓦那最著名的街道之一。这座府第的主人在离开古巴时将它交给了女管家。古巴政府机构不止一次地建议女管家搬到一个舒适的公寓，但她一直拒绝。

由于缺乏适当的维护，这座府第逐渐损坏。但是，没人能使用武力将这位固执地守护着别人的财产的女管家赶走，这种做法是被禁止的。只有在 50 年后女管家去世之后，这座府第才依据法律成为国家财产。现在，这座府第是现代与当代建筑、城市化和室内设计发展中心所在地。

美国政府拒绝接受革命政府根据《土地改革法》建议的补偿金额和条件，即按照购置财产时的价值给予等值补偿，并以这个价值为税基计算应缴税额。美国的拒绝也说明，他们曾经无耻地将财产价值压至最低，以逃避纳税。

美国立刻采取了专横态度，威胁要使用武力解决问题。美国取消了对古巴的主要出口产品食糖的进口份额，认为这样可以给古巴经济以致命打击。事实上，如果苏联没有立即决定向古巴购买数百万吨食糖，其中 50 万吨从年初开始，这项措施会对古巴产生非常不利的影响。

随着苏联与古巴双边贸易的展开，第一批运载着苏联石油的油轮到达古巴这个加勒比国家。仍归属美国公司的炼油厂以种种借口拒绝提炼来自苏联的原油。为应对这种情况，革命政府宣布没收美国炼油厂。

对美国的每次敌对行为，古巴都予以坚决而有力的回击。1960 年 8 月，这些回击达到了顶点，美国在古巴的所有大型企业都被国有化。来自北方邻国的无休止的侵犯和挑衅由此开始。起初表现为诋毁、诽谤性的宣传攻势，还有经济封锁和恐怖主义行动，甚至宣布与美国组织、训练、运输和护送至古巴沿岸的一支雇佣军发生军事对抗。

这场战争持续至今，其持续时间之长打破国际关系史上的最高纪录。美苏之间的冷战持续了 45 年，从温斯顿·丘吉尔（Winston Churchill）1946 年在密苏里州富尔顿市大学的讲话，到 1991 年苏联解体；而美国针对革命的古巴的多方位战争持续了 56 年。

在社会重组的初期，胜利者也出现了革命的浪漫主义情绪，常常完全不懂得经济问题，希望尽早向民众证明革命成果，这是可以理解的。

1959 年 2 月 16 日，菲德尔出任总理。3 月，在一天之内通过了房屋租赁费减少 50% 和降低药品价格两项提案；后来又通过了降低电费和城市交通费的提案。

对 10 万多名从事卖淫行业的女性的社会工作也开始展开。政府向她们提供医疗、教育和就业机会。巴蒂斯塔独裁统治期间非常猖獗的赌博被定为非法。在新的条件下，来自美国的嫖娼旅游事实上处于停滞状态；赌场即刻关闭，必须为大批相关从业人员寻找新工作。

在这场革命旋风中,与其他主要官员一样,劳尔·卡斯特罗也必须同时处理无数事务,解决各种各样的问题。劳尔在重大群众性政治集会如 1959 年 5 月 1 日的庆祝活动中发表演讲,在这次集会上,人数不多的女民兵代表在市民广场上首次列队游行接受检阅。①

又过了几个月,临时总统曼努埃尔·乌鲁蒂亚对革命进程的阻力越来越大。他之所以能够担任最高职位,得益于革命中存在的悖论:由于革命的主要领袖都非常年轻,没有人认为自己适合担当最高职位。乌鲁蒂亚因而被提名。他曾任圣地亚哥地方法院的法官,曾在对 1956 年 11 月 30 日行动参与者和"格拉玛号"远征者的审判中投无罪票。

任职后,乌鲁蒂亚不仅夸夸其谈、讲究排场,还开始背离政治形势的要求行事,阻碍革命法律的通过。劳尔不止一次地试图使乌鲁蒂亚回归理性,但都徒劳无功。面对乌鲁蒂亚的不妥协立场,菲德尔于 1959 年 7 月宣布辞去总理的职务。

在民众普遍强有力的反应下,倒霉的总统仅几个小时后就宣布辞职。在攻打蒙卡达和卡洛斯·曼努埃尔·德塞斯佩德斯军营六周年纪念活动上,菲德尔应民众的要求重新担任总理的职务。

劳尔负责接待出席纪念活动的首批贵宾,如智利总统候选人萨尔瓦多·阿连德(Salvador Allende)和墨西哥前总统拉萨罗·卡德纳斯将军。像所有官员一样,要安排的事情一桩又一桩,要解决的问题一件又一件,劳尔必须同时身兼数职。

比如说,那几个月,劳尔接连不断地与媒体见面,一方面要澄清所谓古巴干预拉美邻国的流言蜚语,另一方面对所谓的雇佣军登陆古巴岛做出说明。在一次记者招待会上,有人问劳尔是否会参加某个活

---

① 市民广场后更名为革命广场,沿用至今。

动，劳尔回答道："上级命令我去哪里，我就去哪里。"①

5月底，古巴岛南部萨帕塔沼泽区的一则消息震惊整个古巴。消息称，劳尔·卡斯特罗在乘坐小型单引擎飞机参加搜寻一名起义军军官的时候失踪。这名军官的直升机已经损坏。尽管令人不安的搜寻持续了14个小时，但感谢上帝，两架飞机上的人员均没有伤亡。

数月后，卡米洛·西恩富戈斯少校在飞机事故中丧生。10月底，在卡马圭省发生了驻军长官乌贝尔·马托斯（Hubert Matos）少校发起的叛乱。菲德尔·卡斯特罗亲自平定叛乱，此举得到民众支持。卡米洛少校在平息这场反革命叛乱中发挥了决定性作用，兵不血刃地逮捕了叛乱头目。

几天后，在乘机返回哈瓦那途中，卡米洛少校所乘飞机在试图穿越风暴时通信中断。历时15天的海、陆、空搜索之后，飞机仍未找到。10月28日，宣布卡米洛少校死亡的当天，古巴民众将鲜花撒向大海，怀念这位人民最敬爱的英雄之一。失去这位在流亡时期、"格拉玛号"远征和马埃斯特腊山游击斗争时期结交的战友和伙伴，是对劳尔的沉重打击。

1959年10月16日，国防部改组为革命武装力量部。劳尔被任命为这个新机构的部长，而奥古斯托·马丁内斯·桑切斯（Augusto Martínez Sánchez）被任命为劳工部部长。在劳尔接受任命的简短官方仪式上，当时的古巴总统奥斯瓦尔多·多尔蒂科斯（Osvaldo Dorticós）说："事实上，没有必要发表演说，因为这归根结底不过是我们伟大革命进程中的一个手续罢了。我们正在见证革命进程中的一个简单的仪式。劳尔出任政府部长，使政府的革命成分增加。他将出色完成武装力量部的领导工作。毫无疑问，在他的领导下，武装力量

---

① 《革命报》1959年1月20日。

这个新的部将成为我们革命成功的保障。"①

劳尔·卡斯特罗连续担任武装力量部部长职务49年,创造了在应对美国这样强大而具有侵略性的敌人的复杂时期,在如此重要岗位上任职时间最长的纪录。

古巴人民一直寻求从"旧世界"国家采购武器装备的可能性,以保障国家防务的需要。向比利时国营武器厂购买的部分武器装备装运在法国货轮"勒库布尔号"上,从勒阿弗尔港出发,先到达上游的安特卫普(Amberes)港卸货,然后途径不来梅、汉堡和利物浦中转,运往哈瓦那。1960年3月4日,在首都哈瓦那港口卸货时,货轮仓库发生一次爆炸,30分钟后又一次爆炸。

随后的调查证实,这是一起反革命敌人组织的破坏活动。爆炸装置是在货轮停靠某个中转港口时安放的。这场犯罪行为造成上百人死亡,包括6名法国船员;200多人受伤,其中数十人留下终生后遗症;还有不明数量的失踪者。这是美洲大陆20世纪最致命的一次袭击。

显而易见,革命赢得支持的唯一可能是向当时属于社会主义阵营的国家求助。

1960年6月,应苏联共产党第一书记尼基塔·赫鲁晓夫的邀请,劳尔来到布拉格,又从那里前往莫斯科。可以确定的是,这次访问对古巴革命的未来具有举足轻重的重要意义,此次访问开拓了古巴获得革命急需的军备的可能性。

年轻的部长在苏联受到真诚热情的欢迎,对古巴革命抱有真挚好感的赫鲁晓夫也热情地接见了劳尔。1960年2月,安纳斯塔斯·米高扬访问古巴,访问期间与菲德尔和切·格瓦拉会面,因此,当时克里姆林宫对古巴革命进程的深刻性、古巴革命的反帝色彩及其领导人都已经有了更加准确的认识。

---

① 《革命报》1959年10月20日。

米高扬向苏联共产党中央委员会政治局报告，古巴发生了一场深刻的民族解放革命，这场革命具有深刻的社会意义，没有任何的外部参与，更没有其他大陆势力的参与。他建议，无论从何种角度考虑，苏联都应向古巴提供最大程度的支持。

在这种政治背景下，劳尔·卡斯特罗与苏联国防部长罗季翁·马利诺夫斯基（Rodion Malinovski）元帅、总参谋长马特维·扎哈罗夫（Matvei Zajarov）元帅、国家安全委员会主席亚历山大·谢列平（Alexander Sheliepin）等官员会谈。会谈在相互理解的氛围中进行，成效显著。

苏联提出向古巴提供兄弟般的援助，无偿提供古巴所需的技术、军事装备、弹药和设备。双方对地区形势的判断接近，一致认为美国企图以军事手段粉碎古巴革命。苏联人民对古巴人民的态度不仅仅源自简单的好感，而是出于真正的兄弟情谊。劳尔相信这一点。在莫斯科市最有名的工会之家的柱厅举行的仪式上，数千名莫斯科人到场，并向劳尔表达了对"自由之岛"的支持。

那次访问使得新生的包括民兵在内的革命武装力量的装备情况有所改善。仅仅九个月后，发生了吉隆滩雇佣军入侵。那时，虽然革命武装力量仍处于形成阶段，但已经拥有了苏联炮兵装备，甚至拥有大口径火炮、坦克、自动推进配件、迫击炮、防空装备和充足的步兵武器装备。

1961 年 4 月 17—19 日，发生了古巴人乃至全世界熟知的猪湾战斗。吉隆滩战役是帝国主义在美洲的第一次重大挫败。

古巴革命的胜利使得克里姆林宫对拉丁美洲的看法有所转变。过去，拉丁美洲曾被视为美国的后院。从此以后，苏联认识到，拉丁美洲不仅拥有众所周知的丰富的自然资源和庞大的人口，这片广袤的地区还蕴含着革命的潜力。因此，人们开始将拉丁美洲称为"燃烧的大陆"。

在国家机关（如党中央委员会、外交部、国家安全委员会、苏联科学院等）中，成立了有关拉美地区国家的独立部门和处室。成立了拉丁美洲研究所，创办了《拉丁美洲》的社会—政治学杂志。开展了大规模的西班牙语学习。我们很多老人至今仍然会唱当时广为传唱的《七二六进行曲》和由苏联作曲家、词作家谱写的《古巴，我的爱》。当时，在剧院里上演有关古巴这个加勒比岛国的剧目。

安纳斯塔斯·米高扬的儿子塞尔戈（Sergo）在 1960 年跟随父亲第一次访问古巴时，放弃了他先前的学业，把几近完稿的、题为《印度斯坦（Indostán）半岛》的博士论文扔到一边，全身心投入对古巴的研究，成为《拉丁美洲》杂志的主编。

新的政治体制的框架逐渐明晰。古巴政府净化了队伍，将不支持革命激进方向的成员一一清除。成立统一的政党，即古巴共产党的时刻已经到来。

第一步是将"七二六运动""三一三革命指导委员会"和人民社会党合并为古巴革命统一组织。劳尔和切·格瓦拉积极参与了菲德尔领导的这一进程。吉隆滩雇佣军入侵使这一进程加速推进。

中部军在雇佣军登陆前几天已经成立，在胡安·阿尔梅达少校的指挥下负责守卫古巴中部地区。击退入侵者后，决定成立东部军，包括当时的奥连特省，这项任务由革命武装力量部长劳尔直接负责。加利斯托·加西亚（Calixto García）少校被任命为东部军指挥官。不久之后，西部军成立，指挥官是吉列尔莫·加西亚（Guillermo García）少校。

在那以前，军队建制中的最高单位是营。从那时起，最高单位升级为团和师。这在一定程度上归因于从苏联得到的军备数量和质量，还有苏联顾问的建议。他们来到古巴，为培训古巴新的军队提供帮助。一开始到古巴的是西班牙内战结束后移民苏联的西班牙共和国军官；之后是在第二次世界大战中积累了丰富经验的苏联军事专家。

劳尔·卡斯特罗没有参加吉隆滩战斗。正如上文所说的，入侵的危险始终存在，劳尔在菲德尔的直接指示下前往奥连特省，以击退敌人从这个方向的任何登陆的企图。

在入侵前的几天，美国海军战舰在古巴沿海，特别是东北部沿海集结，阴谋筹备登陆。事后看来，可以确定的是，这些行动实际上意在分散注意力，但在观察到革命力量的部署后，美国放弃了计划。

此外，还要说说奥连特省的美国海军基地。基地拥有两个飞机跑道。基地占地面积117平方公里，位于关塔那摩湾最佳位置。1898年打败西班牙后，新兴帝国主义国家（美国）军事占领古巴岛，把普拉特修正案强加给古巴，使之成为古巴1901年宪法的附录。普拉特修正案包括处理美、古两国关系的若干耻辱性条款。

修正案的条款之一规定，古巴有义务向美国出售或租借土地，用于修建储煤站或海军基地。虽然该修正案于1934年被废除，但在同年两国政府签署的协议中保留了这一条款。因此，1903年签订的基地租借协议只有在双方达成共识的情况下才能终止。①

1959年之后，美国把关塔那摩基地变成了挑衅和策划恐怖主义活动的阵地。尽管这些行为从1994年起不再继续，但基地仍是对古巴主权的永久侵犯。

自那时开始的侵略夺去了很多人的生命。第一个牺牲的是名叫鲁文·洛佩斯·萨瓦列戈（Rubén López Sabariego）的古巴工人。他是9个孩子的父亲，在关塔那摩工作了14年。1961年9月15日，他在众目睽睽之下被一名美国海军步兵上尉逮捕。尽管如此，他的妻子还被告知他不在基地里。一个月后，美国人对媒体宣布在基地里发现了鲁文的尸体。尸体解剖证实，他是被杀害的。

---

① 协议规定基地年租金为极低的3400美元，古巴从1959年开始拒收租金。美方违反协议规定，将基地用于收容难民和移民。从2001年入侵阿富汗开始，基地成为被指控为恐怖分子的关押犯的监狱，美国对这些关押犯保留法律权限。

在鲁文·洛佩斯的葬礼上，劳尔·卡斯特罗代表古巴政府讲话。他明确指出，基地已经成为恐怖主义和颠覆活动的中心。劳尔说，事件发生的一个月之前，古巴安全机构曾抓捕了一个从美国基地进入古巴领土的、装备有迫击炮的动乱团伙，意图袭击基地。

这场自我袭击是美国进行军事干涉的借口。劳尔在讲话中没有提到，计划的主要环节是对圣地亚哥的美方人员发动袭击，企图让全世界认为古巴在发动攻击。

之后的几年表明，边境地区发生的大量事件都与美国竞选活动时期相关联。在共和党意图围绕"古巴问题"营造紧张气氛时，事件发生更为频繁。

1964 年，共和党领导人巴里·戈德华特（Barry Goldwater）宣布参加总统选举。边境营士兵拉蒙·洛佩斯·培尼亚（Ramón López Peña）被基地射出的子弹击中身亡。劳尔·卡斯特罗召开外国媒体参加的记者招待会。劳尔指出，这并不是偶发事件，古巴医院里还有此前被基地射伤的两名伤者。[1]

劳尔向记者解释道：边境营战士的选拔原则是优中选优，必须是最忠诚、最严守纪律。他强调，古巴不愿意发起挑衅，也不愿意被挑衅，但会记下美国军人的粗暴攻击和侵犯。

就像对付古巴的一切抗议一样，美国恬不知耻地回应说，古方应为事件负责。劳尔宣布，古巴政府随时准备向公众出示证明文件，证实事实与美国所说的恰好相反。一家不怎么知名的美国报纸《世界焦点》（World Focus）的记者威廉·弗赖伊（William Fry）提了几个吹毛求疵的问题。劳尔建议他去拜访古巴军队的高级军官，但他没有接受建议。

面对这种情况，古巴加强了对基地的限制性措施，如修建工事、

---

① 《革命报》1964 年 7 月 25 日。

加固营地等，还把边境营升级为边境旅。从几年前开始，边境旅就拥有相当数量的女兵，她们一直严格履行职责，成为典范。

革命胜利后的短短几个月，古巴政府就不得不开始对付反革命活动。由于激进的改革损害了某些社会阶层的经济利益，他们之中的部分代表与前巴蒂斯塔分子勾结起来，企图组建针对新政权的武装斗争组织。事实上，他们采取的斗争方法和方式与菲德尔·卡斯特罗采取过的相同。

有的时候，右派势力采取革命者在重构社会的斗争中创造和验证过的方法来实现自己的目标。比方说，企业家罢工是工人阶级争取经济和政治权益的罢工的翻版；资产阶级家庭主妇喧闹而嘈杂的"敲锅游行"，模仿的是不幸的忍饥挨饿者的游行。游击队斗争的方法也被仿效。为此，菲德尔曾讽刺地说："他们不尊重我们的专利！"[①]

古巴的反革命组织和团伙遍及城市和农村。在城市，他们进行破坏活动，如在哈瓦那的大型商店纵火。在农村，他们向当地民众散布恐怖气氛，活动主要集中在埃斯坎布赖山区，其他地方相对少一些。

必须把叛乱分子活动的埃斯坎布赖地区划分为若干山区，在监管下安置民众和住房，由革命武装力量和民兵搭建围墙，仔细地梳理土地。很多时候，这些行动是由勇敢的起义军退伍官兵完成的。所有人都是在菲德尔的指示下自愿参加行动。菲德尔始终坚持，在内战和完成国际主义使命的情况下，人们只能是自愿参与。

4万多人行动起来。行动中，人与人之间相隔10米距离。尽管如此，还是不可能抓捕到所有动乱分子，于是保留了一些堡垒。

遭受吉隆滩失败后，美国加剧了对叛乱分子的支持。他们的双手沾满了农民和青年教师的鲜血。这些青年教师是1961年展开的教授

---

① ［法］伊格纳西奥·拉莫内：《菲德尔100小时访谈录》，（哈瓦那）国务院出版事务办公室2006年版，第300页。

所有古巴人读书写字的全国性扫盲活动的参与者。

对付武装团伙的行动共计造成 549 人死亡，大量人员受伤，其中 200 名落下残疾。[①] 菲德尔公开承认，政府军在这次行动中的损失高于抗击巴蒂斯塔军队时期的损失。

叛乱团伙常常得到美国的特别服务，如利用降落伞空降军备、弹药、通信设备和其他补给物资。此外，在很多时候，叛乱团伙还能从富裕农民或大庄园主的奴仆那里得到支持，特别是在中部地区，在抗击巴蒂斯塔势力的斗争中，革命思想在中部地区没有像在东部山区那么深入人心。

内务部工作人员的情报工作对彻底平乱起到了决定性作用。他们打入叛乱团伙内部，有些人为完成使命而失去了生命。古巴电影《来自迈西尼库的男人》主角的原型就来自其中一位战士。这部电影广受苏联观众欢迎。

美国训练了一些战斗小组，目的是让它们加入叛乱的团伙。为了阻止这种渗透，古巴采取了多次行动，几乎全盘获胜。在 1965 年年初的一次行动中，一支民兵队伍抓捕了一支乘坐摩托艇到达古巴的团伙。一个名叫埃米利奥·佩雷斯（Emilio Pérez）的民兵在歼灭战中表现突出，从劳尔·卡斯特罗那里得到了原属于一个雇佣军头目的金表。

在打击动乱分子的斗争中，古巴政府坚持起义军的传统，区别对待团伙头目和一般成员。一般成员常常是被骗加入的。劳尔·卡斯特罗曾提起受敌对宣传蛊惑而组织武装反革命活动的一个村庄的部分村民。他谈到，逮捕这些村民后，政府没有审判他们，而是把他们送到营地劳动半天并支付报酬，之后让他们接受思想政治教育，他们中的大多数不会读书写字，几个月后，扫盲后的村民回归家园。而对团伙

---

① 参见《古巴人民要求美国政府对人身伤害做出补偿》。

头目，等待他们的是法庭审判。

在 2006 年与伊格纳西奥·拉莫内的一次访谈中，菲德尔解释道：在打击动乱分子的斗争中，始终坚持古巴革命的不变传统，不允许进行身体或心理虐待。他谈道：他在埃斯坎布赖亲自处理了一个未遵守上述传统的行动负责人。

打击叛乱分子的斗争持续了五年，某些时期叛乱团伙遍及全国。但是，古巴平乱的时间比苏联在"二战"后消灭乌克兰西部和波罗的海原加盟共和国的叛乱分子的时间短，后者持续了将近十年。

劳尔·卡斯特罗直接见证了 1962 年古巴导弹危机始末。只有菲德尔和劳尔参加了与苏联使节的前几次会谈。两位苏联使节分别是谢拉夫·拉希多夫（Sharaf Rashidov）和战略火箭部队指挥官谢尔盖·比留佐夫（Serguei Biriuzov）元帅，他们都是苏联共产党中央委员会主席团的后补成员。两位使节谈道：根据苏联情报部门获得的可靠信息，美国在吉隆滩失败后筹划直接入侵古巴，并问道如何才能避免美国的入侵。

菲德尔回答道：苏联只要发表声明，称"入侵古巴即视为入侵苏联"足矣。这实质上将意味着第三次世界大战爆发。于是，拉希多夫和比留佐夫建议在古巴部署中程火箭。在与切和劳尔商量后，菲德尔同意了这项建议。这件事发生在 1962 年 5 月。

6 月 2 日，劳尔访问苏联。在访苏的两周期间，劳尔与苏联官员和武装力量高层官员共同研究相关计划和行动方案，后来行动代号定为"阿纳迪尔"（Anadir）。① 在古巴，劳尔领导了接收、运送和安放导弹的组织工作，还部署了大批部队和苏联军事技术设备。但在美国宣布对古巴进行海上军事封锁之后，劳尔像以往一样遵照菲德尔的指

_____

① 意在让敌人认为，部队将展开的动作只是在向阿纳迪尔河所在的苏联北部运送人员和武器装备的过程中进行战略操练。阿纳迪尔河水汇入白令海。

示立刻动身前往奥连特省。

像其他时候一样,这次劳尔也要面对艰难的局面。10月27日,就在奥连特省,苏联导弹击落了一架美国 U-2 侦察机,危机进入最关键时刻。次日,古方得知赫鲁晓夫在未与菲德尔商量的情况下与肯尼迪达成了协议,以撤回导弹换取美国不动用武力入侵古巴的承诺。

度过了危机中最艰难的时期,劳尔回到哈瓦那,与菲德尔一起参加了与安纳斯塔斯·米高扬的会谈。米高扬的使命是尽可能缓和克里姆林宫的单方面行动给古巴官员和古巴人民形成的负面印象。

数年后,召开了四次古巴、美国和俄罗斯参加的三方研讨会,研究导弹危机及其后果。2002 年在哈瓦那举行最后一次会议,恰逢导弹危机 40 周年。菲德尔·卡斯特罗和肯尼迪政府国防部长罗伯特·麦克纳马拉(Robert McNamara)参加了会议。

与会者承认,承诺的解决方式对冲突各方来说都是最适合的。但是,菲德尔·卡斯特罗有说服力地证明,本可以得到更好的结果,本可能实现他所提出的"五项要求",包括要求美国解除经济封锁、停止针对古巴的颠覆活动和恐怖主义活动、归还非法占领的关塔那摩军事基地。

在哈瓦那,在危机期间一次与苏联外交部第一副部长格奥尔基·科尔尼延科(Gueorgui Kornienko)私下交谈时,麦克纳马拉对科尔尼延科说,很高兴自己属于美国政治和军事高层中占 25% 的反对军事打击古巴的"鸽派",而不属于占 75% 的坚持动用武力的"鹰派"。当麦克纳马拉说这番话的时候,他仍对会上获悉的苏联所拥有的核弹头的真实数量印象深刻。他表示,在那种关键形势下,是否动用核弹头的决定只取决于苏联在古巴岛的军事指挥。

苏联撤走了导弹和核弹头,但给古巴留下了大量各种各样的传统军备。这些军备都是运来保证构造复杂的火箭和核弹头安全的。苏联还建议留下一个机动旅,作为两国武装力量战斗情谊的象征。

这个旅所属基辅军区，驻扎在哈瓦那城外 18 公里处，从某种程度上保证了苏联在捍卫古巴革命方面的承诺。这个旅通过小的战术操练和联合军事演习等方式指导古巴军队，同时负责保卫无线电监测中心的安全。该中心名为卢尔德斯，下文会详细说。

1963 年 4—6 月，菲德尔·卡斯特罗访问苏联。在这次历史性的访问期间，赫鲁晓夫向菲德尔保证，苏联能够保卫古巴，甚至不需要在古巴部署核武器。为了让菲德尔相信这一点，赫鲁晓夫向菲德尔展示了携带核火箭武器的潜水艇和一个战略火箭的地面基地（basificacion）。菲德尔是第一位也是唯一得以亲见这些军备的外国领导人。菲德尔返回哈瓦那乘坐的飞机，是图－114 战略轰炸机改装的客机。

赫鲁晓夫每时每刻都尽心尽力，以补偿自己在导弹危机末期的笨拙行为。在宾桑德会谈中，赫鲁晓夫和菲德尔两人与苏联武装力量总参谋长谢尔盖·比留佐夫（Serguei Biriuzov）元帅一起讨论苏联武器追加供应的问题。当谈及坦克具体数量时，赫鲁晓夫开玩笑说："在清单上再加一辆坦克，算我个人送给卡斯特罗同志的。"赫鲁晓夫在讨论到各种武器时都提到这一点，如炮兵、战车、迫击炮等。

1964 年秋天，赫鲁晓夫被解除政府和党内职务而退休。在很大程度上，克里姆林宫的这次哗变与其感情用事的对外政策及冒险有关，它造成了苏联与中华人民共和国和罗马尼亚的冲突，还在国际共产主义运动中造成明显分裂。而导弹危机是导致赫鲁晓夫在党和国家中的地位削弱的重要因素。

赫鲁晓夫的离职和米高扬影响力的减弱使苏联与古巴的关系开始发生改变。接下来的几代苏联领导人对古巴越来越冷淡。苏联的对外政策思路反映出这一点，这些思路影响着两国关系的基础。

20 世纪 60 年代下半期，两国在很多方面的观点都不吻合。勃列日涅夫（Brezhniev）推行与资本主义世界"和平共处"的政策；而古巴坚持由切·格瓦拉提出的给美国制造"很多越南"的原则。

苏联政党界不能接受雷吉斯·德布雷（Regis Debray）所写的《革命中的革命》一书的观点。书中对"和平共处"政策进行了批评。苏联对切·格瓦拉的英雄业绩保持沉默，甚至媒体上的讣告都是冷漠的，只不过是简单发了条消息。

苏联驻古大使亚历山大·亚历克谢夫（Alexander Alexeiev）对古巴革命有深刻好感。1968年，苏联以大使身患癌症为由将其调离哈瓦那。但之后亚历克谢夫担任了很长时间的苏联驻马达加斯加大使。接任驻古大使的是外交部副部长亚历山大·索尔达托夫（Alexander Soldatov）。索尔达托夫作风僵化，在与革命政府官员的交往中缺乏政治技巧。很快，在哈瓦那的官方招待会上开始出现具有讽刺意味的敬酒词，如"为从来也没当过士兵（西班牙语中为soldado）的索尔达托夫干杯"①。两年后，索尔达托夫就不得不返回苏联。

1967—1968年，劳尔在古巴高级学院进修，进修期间其主要工作暂时搁下，部长会议任命胡安·阿尔梅达司令在这段时期代行革命武装力量部长职责。苏联产生很多猜想，克里姆林宫怀疑阿尔梅达是否会取代劳尔。谣言四起，传言古巴正在将主张与苏联合作的人排除在政界之外。

古巴与苏联关系的恶化甚至导致了一些极端措施。古巴政府决定驱逐苏联使馆二秘和几名记者，指责他们是"不受欢迎的人"。其中一人瓦季姆·利斯托夫（Vadim Listov）只是苏联共产党机关报《真理报》的记者。为了缓和事态，苏联将他调至《消息报》，但也于事无补。同时，参加苏联使馆招待会的古巴官员级别大大降低。

造成古巴驱逐这些记者和使馆官员的起因，是后者常常与因宗派主义表现被解除职务的古巴政党组织前领导人联系。

首先是阿尼瓦尔·埃斯卡兰特（Aníbal Escalante），他是人民社

---

① 索尔达托夫（Soldatov）与西班牙语soldado（士兵）的音相似。——译注

会党的主要领导人和古巴革命统一组织的组织书记。在担任古巴革命统一组织书记期间，埃斯卡兰特推行宗派主义。他偏爱任命人民社会党党员担任各项职务，包括国家一些要职，而将其他久经考验的革命者排除在外，还有其他错误做法。针对这种情况，菲德尔在1962年对他进行了严厉的党内批评，将他开除出革命统一组织领导层。

阿尼瓦尔·埃斯卡兰特离开古巴到了捷克斯洛伐克，三年后返回古巴，成为一家农业企业的普通经理。随着时间的推移，他周围逐渐汇集起一些批评古巴领导的政策的人。这些人甚至试图把批评的声音传到苏联，于是便与苏联媒体记者建立联系。

除了推行宗派主义，埃斯卡兰特一伙还参与了一场阴谋活动，最后参与者被逮捕和被判刑。历史上称这次事件为"微型分裂"，因为只有几十个对党内或对民众没有什么影响力的人参加。

四年后，1964年，马科斯事件将革命力量的团结置于危险之中。可靠证据表明，在起义斗争期间，来自人民社会党的马科斯·罗德里格斯（Marcos Rodríguez）曾告发在哈瓦那一间公寓里藏匿了4名革命指导委员会成员，其中包括组织的总书记和大学学生联合会主席弗鲁克托索·罗德里格斯（Fructuoso Rodríguez）。这四名成员因参加了1957年3月13日攻打总统府的行动而被警察追捕。专制政府的警察在他们居住的公寓里抓捕了这四名成员并将他们杀害。

1959年，在马科斯告发时在场的两名警察因犯罪被捕，从弗鲁克托索·罗德里格斯遗孀向他们展示的照片上被指认出。遗孀正式指控马科斯，但几乎就在指控的同时，其中一名警察证人依据判决被处决，另一名警察证人撤回了他的声明。由于缺乏证据，马科斯·罗德里格斯被释放，去捷克斯洛伐克进修，之后担任古巴驻布拉格使馆文化参赞。1961年年初，捷克斯洛伐克秘密部门怀疑马科斯是美国中央情报局间谍，将他逮捕并遣返古巴。在新的调查中，马科斯坦白曾告发革命者，因此被判处死刑。

借被告马科斯上诉的机会,菲德尔建议重新开庭,并在审判中出示证人的所有证供。此举是为了澄清一些不怀好意的人恶意传播的谣言,涉及起义期间各革命组织,特别是革命指导委员会与人民社会党之间的问题。菲德尔本人亲自出席作证。

所有事情都弄得一清二楚。最重要的是防止那些企图给事件添加政治色彩、借此损害古巴革命者的团结的人。团结是巩固和推进革命的决定性因素。

在古巴共产党第一次代表大会上,菲德尔在讲话中这样追忆那些年代:

> 任何这种类型的联合,其过程都不可能如田园诗般平和发展,矛盾时有发生,但团结精神、历史的责任感和目标的一致性,始终高于宗派主义的态度。宗派主义以这样或那样的方式让我们每个人遭受伤害……如果说 1868 年独立战争中的分裂导致我们失败;而这次,团结使我们赢得了胜利。[①]

在与苏联的党际和国家间关系冷淡时期,劳尔·卡斯特罗在古巴与苏联的政治和军事交流中起到了重要作用。从 1962 年起,古巴革命武装力量部设立部长主要军事顾问职务,由享有威望、具有丰富经验的苏联将军担任。在我们所记述的这段最艰难的时期,伊万·什卡多夫(Ivan Shkadov)和伊万·比琴科(Ivan Bichenko)中将担任了这项职务。他们可以不受外交渠道的紧张状态影响开展工作,甚至在必要时可以绕开外交渠道。

在革命武装力量部部长办公室里,有一幅曾与劳尔·卡斯特罗共事的苏联军事顾问画像廊。劳尔珍藏着对这些人的回忆,对这些人及其对加强古巴防御能力的贡献充满敬意,现在仍然非常尊重他们。这

---

① 《古共一大、二大、三大核心报告》,(哈瓦那)政治出版社 1990 年版,第 42—43 页。

展示出劳尔不仅作为政治家而且作为人的品质。

劳尔懂得如何维持苏联与古巴的关系，这对保证古巴的战斗力和安全至关重要。他了解，在政治中微小的分歧多么容易导致大的矛盾，甚至势如雪崩，无法逆转。

与其他古巴领导人一样，劳尔非常忧虑地关注着苏联和中国关系的破裂。两国冲突始于对共产主义理论的理解分歧和一些难以察觉的问题，直至 1969 年演变为珍宝岛军事对抗。对古巴而言，与苏联和中国两个大国的兄弟关系不仅必要，而且非常宝贵。

1968 年，华沙条约组织成员国军队进入捷克斯洛伐克，目的是避免捷克脱离欧洲社会主义集团防御联盟，这也是非常艰难的时刻。古巴革命政府外交政策的本质一直遵循着不干涉别国内部事务的原则。

在刚刚被任命为革命武装力量部部长时，劳尔·卡斯特罗说："我们是不干涉别国内部事务原则的坚定捍卫者。我们本着同样原则，同样坚决地反对对古巴事务的任何形式的干涉。"[1] 古巴一直坚持这一路线，不管那些雇佣文人费了多少笔墨怎么说，古巴不做任何人的卫星，也不想让任何人做自己的卫星。

华沙条约组织成员国的行动对古巴是一次严峻的考验。不出意料，克里姆林宫没有跟古巴商量。古巴只得采取很有分寸的保留立场，以便维持与苏联关系的必要水平。全球对苏联一片谴责之声，苏联领导层高度评价古巴的这种态度。最后，苏、古两党和两国政府间的关系逐渐正常化，但以往那样的兄弟感情已一去不返。

在古巴共产党第一次代表大会上的发言中，菲德尔指出，在古巴革命胜利的第一个十年，古巴政府曾特别关注政治和军事问题。这是为了保证政权的生存和新社会基础的巩固。劳尔·卡斯特罗在领导中承担了首要的任务。

---

[1] 《今日报》1959 年 10 月 22 日。

在第一个十年期间，古巴的男女军人一度达到30万。经济问题没有受到应有的关注。来自苏联和社会主义阵营其他国家的各种支持，帮助古巴克服了很多经济困难。经济困难显而易见，但没有造成危机。直到20世纪60年代末，古巴革命逐渐成为确定的现实而不会倒退，经济发展才逐渐成为第一要务。

为此，古巴政府曾对主要生产资料采取监管措施。1963年进行的第二次土地改革几乎消除了所有大中规模地产。供个人使用的土地面积上限为67公顷，而上次土地改革规定的上限为402公顷，特殊情况可达到1340公顷。

为了让土地所有者放心，政府发布公告，明确说明设定的土地面积上限不可触动。甚至成立了一个小农业生产者组织，成员超过20万农户。这个组织至今仍然存在，在政治和经济问题上积极与政府合作。

现在，很难从经济角度评价这项措施的实施理由多么正当。在肃清反革命组织时期，一些山区中等地主和牧场主与反革命组织勾结，这也许是进行新的土地改革的理由之一。

有一次在回忆与法国共产党书记乔治·马歇（George Marchais）谈话的情形时，菲德尔说，一天他问乔治·马歇尔，"如你们获得政权会怎么做？"他回答我说："我们会将银行和大型企业国有化。"我对他说："你们没有想过要将农业社会化吗？不要去打扰小农业生产者，别碰他们。否则就得跟好的红酒、好吃的奶酪、美味的鹅肝说拜拜了！"①

1968年，古巴政府决定将生产和服务领域的所有中小企业国有化。私有和国有这两个重要的古巴经济部门的平行存在，只能在有效

---

① ［法］伊格纳西奥·拉莫内：《菲德尔100小时访谈录》，（哈瓦那）国务院出版事务办公室2006年版，第673页。

的法律机制内，在能够担当管理职责的干部的监管下，才能发生明显的相互影响。而那时候，两者均不具备。此外，还有城市资产阶级的反革命政治活动。因此，实施国有化的决定是不容置疑的。①

古巴领导层再次开始关注制糖业，蔗糖仍是主要出口产品。苏联和其他社会主义国家以稳定的价格购买蔗糖，在某种程度上保证了收入，用以支付日益增长的进口。就是在那个时候，菲德尔宣布，1970年（蔗糖）产量必须达到 1000 万吨。

革命胜利后，不同时期对蔗糖的看法不同。起初，蔗糖被视为将古巴与美国市场捆绑为一体的耻辱链；之后，蔗糖被视为古巴与社会主义阵营的商业关系的一部分，继而是收入的主要来源。苏联解体和其他欧洲社会主义国家剧变后，蔗糖成为一种有风险的产品。但在 20世纪 70 年代，很多事情都得靠蔗糖。

农民和农业工人的处境有了好转，但烈日炎炎下在甘蔗田里劳作还是令人筋疲力尽。革命胜利之前，失业和饥饿迫使他们必须劳作。在新的条件下，人们可以选择接受教育或以其他不那么艰苦的方式谋生。自此，农村地区的劳动力开始短缺。

在莫斯科市郊的柳贝雷斯基（Liuberetski）农机厂，苏联和古巴专家联合工作，开始研制用于收割甘蔗的机器。随后在古巴组织生产，虽然生产流程很复杂，必须克服重重困难。无论如何，必须以尽可能快的速度完成政府规划的任务。

与往常一样，在关键时刻，革命武装力量的支持是必需的。革命武装力量有组织、有纪律和高效完成任务，在民众中享有很高声望。无论以前还是现在，每次有困难时人们都会说："要是把这个交给武装力量，他们会做得井井有条。"

从 1968 年开始，军人开始参与甘蔗收割。革命武装力量部要求

①　目前，在古巴正在推进消除 1968 年革命措施所产生的结果的进程。

不能影响部队的备战，并要求一切表现都要像在军队里一样：精确执行计划，保持高度纪律性。口号是："像战斗一样劳作！"部队轮班工作、轮番换岗。

三年里（1968—1970），武装力量人员收割了 3100 多万吨甘蔗，占收割量的近 1/5。在一次公开讲话中，菲德尔公布了参与 1970 年收割季劳作的军人数量，当年计划生产 1000 万吨糖。1969 年 11 月，参与人数 5.4 万；1970 年 1 月，参与人数 6.8 万；收割末期参与人数 7.5 万。

在研究苏联历史经验的过程中，劳尔·卡斯特罗发现，苏联在 20 世纪 20 年代曾招募劳动军。这个做法颇具吸引力，特别是在国际环境与古巴经济形势要求裁减武装力量人员的情况下。同时，还必须保持大量训练有素的部队后备军。

研究分析后，劳尔想到要创建劳动青年军，招募因某种原因没有必要加入正规部队的新兵。在苏联，劳动军被派往建筑和铁路部队单位；而在古巴，劳动青年军最初是去收割甘蔗。

1971 年，第一支劳动大队成立，由 2.5 万砍蔗工人组成，奔赴当时的卡马圭省和拉斯比亚斯省。两年后，劳动青年军成立，兼负劳动和战斗培训。在战斗培训方面，士兵接受步兵训练课程，除了学习使用手榴弹、地雷和炸药，还学习射击和修建战时工事。在非动员期，这些年轻人属于工人阶级队伍，在新的岗位上成为严守组织性和纪律性的楷模。

在最初的六年里，除了参加甘蔗收割，劳动青年军还修建了 1000 公里铁路和 111 所学校。现在古巴仍有劳动青年军，但其主要任务不再是收割甘蔗，而是建筑和维修。劳动青年军成员与其他劳动者一样按劳计酬。

同时，武装力量的训练一直在加强和完善。20 世纪 70 年代初，古巴革命武装力量已经是一支训练有素、技术装备现代化的新军。大多数指挥官都曾在苏联和其他社会主义国家或古巴本国的高等教育机构中学习过。古巴的空军、装甲部队和防空系统被认为是拉美国家中最好的。

劳尔·卡斯特罗不间断且不知疲倦地视察军队大小单位，监督军事行动计划的制定，跟踪古巴军工厂的建造工作。军工厂始建于1962年，当时在拉斯比亚斯省建造了第一家维修军事技术装备的工厂。随着时间的推移，工厂不断扩建，已成为能够根据当前军事技术发展水平进行各类军备的现代化改造或设计的综合性军工厂。

如果与美国发生军事冲突，那么决定性的行动是阻止美军海上登陆和空中降陆。因此，在最受威胁的方向安置了牢固的炮位，在海岸线修建了混凝土防空洞并部署了武器和弹药。

曾在古巴军校学习过的人几乎都对劳尔·卡斯特罗的工作作风印象深刻。他要求严格，对错误严厉批评，但同时又善于缓和气氛，这样不会让被批评者觉得沮丧或无措。

1974年8月，劳尔视察一个东部军摩托化步兵部队的政治工作和战斗训练情况。这是在吉隆滩胜利后建立的第一个师，师长是塞嫩·卡萨斯（Senén Casas），一位前游击战士，后成为总参谋长。

这个师曾被视为武装力量中的最佳部队。随着时间的推移，这支部队逐渐由于长官要求松懈而退化。在总结视察结果时，劳尔·卡斯特罗严厉批评了部队长官和政治干部，给他们讲涉及违纪问题的令人气愤的案例。但就在那样严肃的时刻，劳尔采取了讲故事的方式，开始讲述在如此短的时间内建立起常规武装力量的艰难。

劳尔回忆起刚开始得到第一批57毫米口径反坦克炮的情形，其中四门大炮放在帕尔马索里亚诺市（Palma Soriano）军校大门口附近。有一次，一队满怀着学习使用这种新型武器的愿望的军官从那里经过。教官们都在教室里，这时一个厨师走过来，因为他看过也听过很多次教官的讲解，于是就开始向参观者演示如何给大炮装弹和瞄准，他总结道："要发射，就这样!"同时扳动了手柄。炮弹落到了一个仓库，幸运的是没有造成任何人员伤亡，物品损失也很小。

劳尔还讲道：在一次演习中，一个营长"丢失"了他的一个队员。他找借口说没有地图，可是给了他地图之后，却发现他根本不会看。最后，劳尔表示，自己不仅仅是在批评领导干部，还随时愿意提供最大程度的支持来解决发现的问题，并表示相信这个师在下一次视察时将会成为武装力量的前三名之一。事实上，这支部队只用了很短的时间就恢复了实力。

谈话在非常有趣的对话中结束。劳尔向在场者讲述了他最近访问秘鲁的情况，这是古巴军事代表团第一次出访拉美国家。

没过多久，古巴就完成了建立现代化军队的艰巨工作。

1973 年 10 月，叙利亚总统向古巴发出官方军事援助请求。就在10 月开始的阿拉伯国家—以色列战争，仅仅几天就情势突变，犹太复国主义者占了上风。犹太复国主义者占领了戈兰高地并向仅距几十公里的大马士革发起进攻威胁。古巴立刻派出一个坦克团。因为苏联已经向叙利亚归还了对抗中损失的武器装备，无须运送战争物资。但是，叙利亚缺乏经过培训会使用这些武器装备的战士。

10 月 28 日，第一支古巴部队到达叙利亚，当时的政治、军事形势已发生了变化。联合国安理会已经做出停火决议，叙利亚表示接受。因此，古巴部队没有作战。后来，古巴部队整编为旅，增援封锁通往大马士革的主干道的阿拉伯国家部队，组成国家军队坦克第一师的第二梯队。

1974 年 3 月，决定派一个排的坦克部队和小批战斗保障和后勤部队前往前线的一个防御点。该防御点由叙利亚第七师占领，距敌军1200 米，每十天都由余下的古巴国际主义战士巡视。

这支小规模古巴部队在这个防御点上坚守了 73 天，虽然受到入侵部队的系统性骚扰，甚至有两次发生交火，还消灭了一辆坦克和其他武器装备，但 170 名战士无一阵亡。

同年 4 月，发生了一件对国际形势影响深远的大事。在葡萄牙发生了被称为"康乃馨革命"的没有流血的政变，葡萄牙腐败的法西斯政府被推翻。这一事件导致帝国崩塌，葡萄牙殖民地接连宣布独立：莫桑比克、圣多美和普林西比、佛得角、几内亚比绍。

原葡萄牙最大和最富裕的殖民地安哥拉宣布将于 1975 年 11 月 11 日独立。首都和国家中心地区都在阿戈斯蒂纽·内图（Agostinho Neto）领导的"安哥拉人民解放运动"的爱国革命力量的控制之下。1965 年，阿戈斯蒂纽·内图与切·格瓦拉建立了很好的关系。

为了阻止左翼力量掌握政权，罗安达同时遭到三面进攻。南面的南非活动着一队白人种族主义者；北面是支持安哥拉民族解放阵线的亲西方的扎伊尔（现刚果民主共和国）政府军队；东面是亲美的若纳斯·萨文比（Jonas Savimbi）领导的一个安哥拉组织。应内图的请求，古巴首批物资援助和 480 名军事指导员于 10 月到达安哥拉。他们只配备了步兵轻型装备。

在新的形势下，内图再次向古巴求援。古巴紧急用为数不多的商用飞机运送了内务部一个营的特种部队，配备革命武装力量的反坦克排和迫击炮排。古巴部队到达之时，入侵者距离安哥拉首都 25 公里。增援部队人数不算多，但出其不意，加上高度的组织性、纪律性及其所携带的装备，打击了入侵者，也包括以前习惯于对付没怎么经过训练的游击队的南非人。

古巴战士要与种族主义者奋勇作战，最后决定把他们狙击在库沃河沿岸。战斗从 11 月开始，1976 年 1 月结束。南非人所吹嘘的"闪电战"突然被制止。他们本计划于 11 月 11 日打入罗安达，日夜行进。这场灾难令人印象深刻。

但那还只是开始。冲突在众目睽睽之下爆发。比勒陀利亚（Pretoria）种族主义政权派出飞机和装甲部队支援的常规军。古巴"奇迹般"地调动和运送了大量战士,在安哥拉的古巴战士很快就达到3.6万。这证明了古巴军官和士兵的优秀训练水平。根据古巴革命的理念,前往非洲国家是自愿的。

经过四个月的战斗,入侵者被阻挡在安哥拉国境线外。1976年4月,劳尔·卡斯特罗到达罗安达,与安哥拉政府商谈古巴部队逐渐撤回古巴事宜。撤军将分三年完成。在这段时间,苏联和古巴指导员将训练安哥拉新军。

撤军开始按计划执行。1977年3月,已有1.2万古巴军官和士兵回国,占总数的1/3。但喜悦没有持续多久。敌人恢复了元气,得到了美国的政治和道义支持,还有其他承诺、军备和各种战争物资,再次发动进攻,冲突持续至1988年。

古巴增派了国际主义战士。1987年,有5.5万古巴军官和士兵在安哥拉。古巴的军事实力是最终促成南部非洲大陆趋向和平的主要因素。古巴战士还帮助纳米比亚脱离了南非而获得独立。

古巴部队在安哥拉的军事行动代号为"夏洛特行动",纪念19世纪两次领导奴隶起义的女奴,她被西班牙当局四马分尸。

前往非洲援助的古巴人中,相当一部分体内流淌着非洲血液。这是具有象征意义的。在西印度群岛的最大岛屿赢得自由的黑奴后代,帮助解放他们祖先的祖国。因此,随着年轻的非洲国家逐渐赢得独立,它们立刻与古巴建立外交和友好关系,这丝毫不足为奇。

国际主义这种政治思想始终在古巴人心中。在19世纪的芒比(古巴历史上对独立战争中起义者的专称)军中,共有20个国家的战士参与古巴争取独立的斗争。其中涌现出17名将军:5名多米尼加人,3名西班牙人,1名牙买加人,1名波多黎各人,1名波兰人,1名委内瑞拉人。

古巴历史上,共有两名外国人因在解放和独立斗争中的卓越功绩获得"在古巴出生的公民"资格:19世纪成为解放军总司令的多米尼加人马克西莫·戈麦斯·巴埃斯（Máximo Gómez Báez），以及在革命中发挥极其重要作用的阿根廷人切·格瓦拉。

1977—1978 年，古巴军队参与了另一次军事冲突。这次是为了捍卫埃塞俄比亚的领土完整。埃塞俄比亚被邻国索马里入侵，目的是占领可能蕴藏丰富石油资源的奥加登诉讼争议地区。战争在两个拥有苏联军备并接受苏联专家军事训练的国家之间爆发了。

古巴尽最大可能避免冲突触发两国间的战争，古巴与两国都保持着友好和合作关系。为此，1977 年 3 月 13 日，菲德尔·卡斯特罗在摩加迪沙与索马里总统穆罕默德·西亚德·巴雷（Mohamed Siad Barre）会晤，后者表示不会入侵邻国。三天后，在当时的也门民主共和国首都亚丁，在菲德尔、埃塞俄比亚总统、索马里总统和东道国总统参加的第二次会晤中，巴雷同意此前承诺。

然而，非洲一些领导人的意识形态常常附庸于地方精英阶层的利益，对后者而言，"社会主义"抑或"资本主义"只不过是银行卡的户名，他们从两者中选择在那个时候对他们更为有利的。这次也是一样。索马里轻易地放弃了"社会主义"，入侵埃塞俄比亚，跟苏联和古巴专家说拜拜，断绝了与古巴的外交关系。

在战争最初的几个月，索马里军队取得了一些战果，虽然未能拿下哈拉尔和德雷达瓦市，但占领了奥加登地区。之后未能继续扩大战果。从 1977 年 12 月初开始，古巴部队陆续到达埃塞俄比亚。数次交战后，古巴部队在（次年）1 月底扭转了战局。最后，根据古巴制定并通过的计划，古巴装甲部队与埃塞俄比亚部队联合，绕开被索马里军队占领的帕索德马尔达（Paso de Marda），穿过山间峡谷，给了已经士气低落的敌人最后一击。

非洲军事冲突戳穿了关于苏联军备质量差的谣言。这些谣言来自阿拉伯世界，有点儿为他们的军队常常成为以色列的手下败将找理由的意味。古巴人证明，如果军队训练有素，苏联军事技术非常可靠而有效。苏联战斗机米格－23不输于南非的幻影，在安哥拉上空占据主导。所有在安哥拉作战的亲西方势力都拥有美国和其他资本主义国家的军备，但胜利属于使用苏联军备的古巴人。

虽然冒了政治风险，造成了巨大的物资开支，包括500名军官在内的2000多古巴人阵亡，但古巴从未向曾经在独立斗争中帮助过的非洲国家要求或得到过回报。这种帮助是无私的、利他的。最后一批在非洲的古巴部队于1999年返回祖国。

在整个战争期间，非洲大陆共有约40万古巴人，其中军官5.6万人。他们积累了丰富的军事经验，得到了多方位锤炼，革命武装力量的战斗能力大大提升。从现在起，古巴革命武装力量日益增长的实力不得不让美国战略家们刮目相看了。

古巴指挥部执行命令之迅速和高度纪律性超出了苏联专家的估计。这不止一次地引起了苏联将领们与菲德尔的摩擦。菲德尔曾这样说起这件事：

> 苏联人向安哥拉最高军事领导层提出建议，慷慨地向安哥拉军事力量供应必需的武器装备。高级咨询意见指导下的行动没少让我们头疼，虽然我们关系很好、交往甚笃、友情深厚。这是概念认识的问题：他们的概念中是另一种战争，我的意思是，一种学术派概念，来自一场伤亡惨重的大战的经验；而我们则是另一种体验，现在被称之为"非对称战争"或非常规战争。但是，有些事情并不是不对称的，从风格上说一点儿也不是，那就是基本常识……我们那些年一直与苏联人和安哥拉人讨论事情："别那样做，别那样耗时、耗力和无用的进攻。这种冒险的事儿别算上我们。"[①]

---

① ［法］伊格纳西奥·拉莫内：《菲德尔100小时访谈录》，（哈瓦那）国务院出版事务办公室2006年版，第366—370页。

这番话常常是说给苏联总顾问康斯坦丁·库罗奇金（Konstantin Kurochkin）中将听的。库罗奇金在来安哥拉之前曾任空中登陆部队副长官，当然他总是从风险较大、远离主要政府力量支持基地的行动角度考虑问题。

如果比较一下古巴 1975—1988 年在安哥拉的行动和苏联 1979—1989 年在阿富汗的行动，会发现差别很明显。古巴和苏联投入的人数差不多，战争持续时间几乎完全相同，敌人的特征非常相似，虽然在安哥拉因南非军队的直接介入使敌人更加强大。但是，古巴和苏联付出的代价差别很大。

阿富汗冲突造成了苏联社会的分裂和动荡，还让苏联失去 1.4 万人、大量军事技术装备和对阿富汗的影响力，阿富汗很快就被塔利班所控制。古巴的伤亡人数少了 7 倍，以胜利者的姿态和高涨的声望撤离非洲大陆。目前，古巴和安哥拉仍保持着良好的关系。

从很大程度上说，造成这种差别的原因是，古巴参战是应安哥拉等非洲国家的合法政府的请求，唯一目的是帮助这些国家抗击外国干涉。而苏联去阿富汗的目的是干涉阿富汗内部事务，支持交战的某一方，苏联的特种部队甚至参与暗杀国家元首，这实际上导致了苏联后来不得不应付的难题。

战争就是战争，但在古巴，生活依然如常。1959 年 2 月 7 日通过的《根本法》仍是国家运转的法制框架，随着革命的巩固，必须制定新宪法。《根本法》为适应新形势而赋予部长会议很多权力，甚至可以颁布法律；但《根本法》采取的是 1940 年宪法的基本框架，在当时已经是美洲大陆最先进的。

由于古巴仍然采取西班牙殖民时期的行政布局，新宪法的酝酿首先要求进行区域行政区划改革。

在久远的殖民时期，古巴分为两个大区：东部大区或称圣地亚哥大区，包括古巴岛最东部地区，面积约占 1/3；其他部分称西部大区或哈瓦那大区。最高权力长官是驻守哈瓦那的总督，圣地亚哥大区都督掌握军权之外的其他一切权力。随后开始形成省级单位，特别是在 19 世纪。那时候，随着民族意识的增强，宗主国西班牙决定在议会中赋予其殖民地代表席位。

计划每个省可向马德里派驻一名众议员。地方精英阶层竭力让每个将来的区划单位拥有更多属于这个或那个集团的土地。但是，宗主国官员依据这个原则划分的古巴行政区划，结果是 3.6 万平方公里的东部大区和只有 6000 平方公里的哈瓦那大区一样，只被视为一个单一省。殖民者缺乏逻辑合理性。比方说，最小和最贫困的波多黎各岛在议会中拥有 7 名众议员席位，而古巴被分配了 6 名众议员席位。

1959 年革命胜利没有改变原来的格局，但在行政区划方面表现出一定的任意性。国家土地改革委员会把古巴岛划分为 26 个土地开发区。公共卫生部则划分为 44 个区，按自己的规划体系开展工作。其他机构和部门也都按照自己的方式行事。必须要结束这种混乱无序的情况。

中央委员会的行政区划改革委员会建议采取三级体系：国家、省和市，计划将 500 所以上住房的居民点定级为市。劳尔表示反对，他认为采用人口数量和密度这样的变量因素作为划分标准，在将来可能会因为某个某地出生的居民从这个市搬到那个市而造成混乱。

改革的推行依据经济可行性原则，比方说，将播种区、初级农产品加工地和运输中心划分在同一个行政区划内。

经过规划和审议，原来的 6 个省被重新划分为 14 个省和青年岛特别市。超大的东部大区被划分为 5 个省。所有这些都有助于改善国家的领导管理。①

---

① 从 2011 年起，古巴有 15 个省和一个特别市。

在委员会工作期间，劳尔·卡斯特罗反对改变行政区划的名称，他举了下面的例子提醒说："……可别像卡洛斯三世大街那样，这条大街在共和国建立之后不知改了多少次名字，一会儿被称为团结大街，一会儿又被称为萨尔瓦多·阿连德大街，可人们还是称其为卡洛斯三世大街。"[①]

同时还开始草拟新宪法，新宪法必须从法律角度巩固古巴革命胜利成果，确定新生国家的性质。古巴领导层有个传统：国家重大文件（宪法、劳动法、重要法律等）的拟定必须经过民众公开讨论，这有助于评估文件内容的社会接受程度和性质。

讨论以工人、合作社成员、教育工作者和军人集体大会的形式展开，所有 14 岁以上公民都参加。经过深入的意见征询，对宪法草案 141 条中的 60 条进行了重要修改。

1976 年 2 月 15 日，古巴举行新宪法全民公决，新宪法以 97.7％的赞成率得以通过。1976 年 2 月 24 日，在哈瓦那的"卡尔·马克思"剧院举行官方仪式。由于菲德尔当时正率领古巴代表团在莫斯科参加苏联共产党第 25 次代表大会，仪式由劳尔·卡斯特罗主持。

宪法明确、不可更改地规定，古巴是主权的、独立的共和国，并确立古巴的社会主义制度。古巴是西班牙在西半球的最后一个废除奴隶制和赢得独立的殖民地，古巴经历了漫长和残酷的斗争，成为西半球第一个社会主义国家。

就在宪法通过两个月前，1975 年 12 月 17—22 日，古巴共产党第一次代表大会在哈瓦那召开。古共一大通过了党的基本纲领，选举了党的领导机构成员，当时实行以投票方式增补新成员的原则，并通过了其他重要文件。

这一影响深远的大会在"卡尔·马克思"剧院举行。古共省级人

---

① 《1973 年 12 月 2 日关于行政区划的会议纪要》，古巴共产党中央委员会档案馆。

大、革命武装力量部和内务部党组织推选出的 3116 名代表参加了会议。与会的还有其他国家的 86 个共产党和工人代表团，其中包括由苏联共产党领导层内影响力仅次于勃列日涅夫（Brezhniev）的米哈伊尔·苏斯洛夫（Mijail Suslov）率领的苏共代表团。

会议筹备工作由劳尔·卡斯特罗主持。通常来讲，古巴人习惯把重要的政治活动安排在重要的历史纪念日。这次，劳尔提议在第一个古巴共产党成立 50 周年之际召开代表大会。

劳尔指出，提交代表们通过的文件包括基本纲领、宪法草案、古巴新的行政区划等，共 24 个决议。这些文件从 4 月一直讨论到 12 月，开始是在各级党组织的会议上讨论，然后由民众开会讨论，广泛征集党内和非党内成员的意见。他补充说，仅基本纲领就有 147 处进行了修改。

劳尔建议，代表大会主席团成员应采取轮流制，也就是说，主席和主席团成员每两次全会更换一次。为此，共选举产生了 452 名主席团成员，并委托前两次工作会议由起义军著名司令胡安·阿尔梅达担任主席团主席。

菲德尔·卡斯特罗提交的中心报告从科学社会主义理论出发分析了从西班牙殖民时期到 20 世纪 70 年代中期的古巴历史。

大会议程中，选举新一届党的领导具有特别意义。劳尔当选为古共中央第二书记。这是他自古巴革命统一组织成立以来一直担任的职务。在大会闭幕式上的致辞中，菲德尔·卡斯特罗这样谈起劳尔的当选：

> 大家都知道，我们的党和我们的革命中，不能也永远不会任人唯亲。这一点大家都很清楚！有时候两个干部结合：比如劳尔和比尔玛，他们是一家子。另一些同志也有这样的情况。但是在我们党内，功绩总是首要考量，交情和家庭关系永远不会是考虑因素。

加列戈·费尔南德斯（Gallego Fernández）和阿塞拉（Ase-la）同志也是这种情况①，他们两人进入了中央委员会。但我们这么做有什么错吗！他们的功绩是唯一的考虑因素。

　　关于劳尔，他除了是一名优秀的革命干部，对我而言，还具有兄弟身份。劳尔的功绩是在斗争中取得的，从一开始就有。家庭关系让我把他领入了革命进程，让他参加蒙卡达行动。啊！那个时候，一支巡逻队在圣地亚哥法庭上出现，劳尔他们被关进监狱。如果劳尔当时没有这么做，那么，很久以前劳尔就不存在了。当时，劳尔夺下了巡逻队队长的手枪并把后来将他们关进监狱的巡逻队关了起来。如果他没做这些，所有人会在数小时后在蒙卡达军营被杀害。这还只是开始。牢狱，流亡，"格拉玛号"远征，艰难时期，第二战线，还有这些年所做的工作。

　　我这么说，我这么强调，因为必须说明，我们的革命是如此重视，并将永远重视以功绩为标准，永远不会考虑交情或家庭关系。我们古巴人对这一切非常了解，但也必须让我们国家以外的人了解。②

　　菲德尔的致辞不止一次地被代表们热烈的掌声打断，代表们都非常清楚劳尔的功绩。

　　古共一大以在革命广场上的群众集会而结束。这次会议标志着革命进程的成熟，决定和形成了其政治特征。

　　三年后，1978年3月11日，菲德尔·卡斯特罗为劳尔开创的第二战线陵墓揭幕。古巴的另一个纪念碑是胡安·阿尔梅达率领的第三战线纪念碑。

---

　　① 即何塞·拉蒙·费尔南德斯（José Ramón Fernández）和阿塞拉·德洛斯·桑托斯（Asela de los Santos）夫妇，他们是优秀的地下斗争者，在新社会建设时期也立下卓越功劳。加列戈·费尔南德斯是古巴共和国英雄，阿塞拉是劳动英雄。

　　② 《格拉玛报》1975年12月24日。

必须提到的是，从革命胜利之后的最初几天开始，劳尔就特别注意与这段历史相关的文献和物品的保存。他多次向革命参与者强调，请他们保留与革命史诗有关的证据，并把这些证据捐赠给博物馆收藏。

无论什么时候到古巴，都可以参观位于哈瓦那正中心的总统府旧址的革命博物馆。博物馆是在古巴革命武装力量的努力下建立起来的，一直是劳尔·卡斯特罗的关注重心。

1961年，吉隆滩胜利纪念馆落成。在纪念馆中，参观者可以确认，雇佣军的军事武器装备是美国的，雇佣军纵队旅是由美国中央情报局组建的。

位于拉斯科罗拉达斯（Las Coloradas）的"格拉玛号"远征登陆地点也被改造为参观点。在那里可以了解远征军登上陆地所付出的难以想象的艰苦努力。在马埃斯特腊山腹地也保存着位于拉普拉塔的起义军总指挥部。这里吸引着对革命战争历史感兴趣的古巴人和外国人。

1978年2月23日，苏联陆军和海军成立70周年之际，苏联国际主义战士纪念馆在哈瓦那附近的一个地方揭幕，在很大程度上也是在劳尔·卡斯特罗的努力下建成的。

这里埋葬着60多名在古巴牺牲的苏联士兵和军官。他们基本上都是在1962—1963年间牺牲的，那时候为部署导弹武器装备，苏联投入大量武装力量。古巴人民满怀敬意地将他们埋葬，在墓碑上刻下每个人的姓名、军衔、出生日期和死亡日期。

纪念馆保持着良好的状态，每年5月9日的战胜法西斯纪念日都会在这里举行庄严仪式，追忆两国人民间的战斗情谊，居住在古巴和其他加勒比国家的俄国人也会出席。古巴方面一直由革命武装力量最高领导出席。劳尔主持了纪念馆揭幕仪式，出席的还有当时的苏联大使尼基塔·托尔维耶夫（Nikita Toulvieiev）和空军元帅亚历山大·埃菲莫夫（Alexander Efimov）。

不久之前才刚刚知道，1962 年、1963 年牺牲者的家人和亲属当时只被告知，他们在"履行军事职责"时牺牲。这么多年过后，在社会倡议下，确定真相的斗争开始了，牺牲战士们的家属来到纪念馆。

毋庸置疑，1975 年和 1976 年是世界社会主义阵营最繁荣的时期。在筹备十月革命 60 周年纪念的时候，苏联的发展没有遇到什么明显困难。勃列日涅夫还很健康而且精力充沛。在粉碎了 1968 年的布拉格之春后，华沙条约成为牢固的整体。

而西方资本主义世界似乎困难重重、如履薄冰。美国兵败越南，广大青年群体，特别是大学生对参与这场"肮脏战争"非常不满，理查德·尼克松（Richard Nixon）因水门丑闻遭遇弹劾威胁。

1974 年葡萄牙的康乃馨革命动摇了北大西洋公约组织的团结。葡萄牙甚至一度因防止走漏绝密信息被逐出北大西洋联盟的核计划委员会。葡萄牙在非洲的殖民帝国崩溃。世界力量的天平似乎即将向社会主义倾斜。

但在 20 世纪 70 年代末，苏联开始慢慢地但却不可避免地遭遇困难，后来导致其解体。

从 1976 年开始，勃列日涅夫的健康状况（他曾得过心肌梗死和头部血管意外）显现出明显的恶化迹象。苏联进入类似"自动领航"的特殊领导模式。党和国家的领导勃列日涅夫逐渐丧失工作能力，他数次提出由政治局同志接替自己的职务。后者用各种理由说服勃列日涅夫放弃这个决定，他们知道，这个决定意味着干部大换血，而他们由于年事已高也会被换掉。勃列日涅夫被轻易说服了。

每个官员都只负责自己部门的事务。国家就像个橙子，一眼看上去是个整体，但果皮之下都是独立分开的。国家的共同利益不再是关注中心。庞大的军工业吸干了国家经济的精髓，与此同时，生产和堆积了过多的军火。

作为当时整个社会主义阵营的中心和领导者，苏联的作用在减弱,影响力在降低。民主德国领导人埃里希·昂纳克(Erich Honecker)[1]再三建议社会主义国家领导人对业已累积一些消极现象的社会主义阵营的形势进行真诚而深刻的分析,而勃列日涅夫已经不可能做这件事了。他的精力只够参加一些官方和礼节性的活动。

在这种情况下,1979年12月,苏联做出向阿富汗派出第40军的秘密决定,支持执政的人民民主党的一个派别。这个决定有严重危害性。苏联丝毫没有分析可能产生的后果。

一年后,波兰陷入经济困境,反对派"团结"工会运动(Solidaridad)出现,迅速成为支持亲西方立场的一支强大的政治力量。

社会主义的整体外部战线开始出现裂痕,同时,对苏联国内生活的不满也与日俱增。形势的变化也显现在古巴与苏联的关系方面。第一个逆反信号是勃列日涅夫1979年的单方声明,随后在古巴的苏联机动步兵旅被简单地命名为第12号研究中心。这是个序曲,这支部队将不再被视为战斗部队。

苏联领导人忘不了美国国务卿亨利·基辛格的话。基辛格有次在私底下对当时的苏联外长安德烈·葛罗米柯(Andrei Gromiko)说:"我们不会对古巴开战,因为那里有你们的士兵和军官,他们整装以待准备与我们作战。如果我们的军人流血,会造成两国宣战的。"[2] 也就是说,成为爆发一场大战的起因。

而美国正在发生与之相反的变化。美国对20世纪70年代中期的失败和危机得出结论。权力界害怕全球日益高涨的带有反美色彩的革命浪潮。

---

① 1949—1990年为社会主义共和国。波茨坦会议上宣布成立苏联占领区。此前,英国、法国和美国将各自占领区合并,在该地区成立了德意志联邦共和国。此举违反了第二次世界大战缔结的协议。德意志联邦共和国经济—社会发展迅速,包括现在德国的西梅克伦堡—波莫瑞、勃兰登堡、萨克森、萨克森—安哈尔特、图林根州和下萨克森的纽豪斯。

② 作者存档。

1978 年冬天至 1979 年，阿亚图拉·霍梅尼领导的伊朗革命震惊美国。伊朗将成千上万名美国各级军事顾问驱逐出境，他们未能拯救被判决的前国王政权。伊斯兰革命卫队占领了美国驻德黑兰的大使馆，将外交官扣押为人质，引起了波托马克河沿岸的恐慌。

五角大楼和中央情报局试图以直升机登陆的方式展开营救，但遭遇灾难性的失败。在美国情报人员选定的、位于伊朗沙漠地带的简易机场，执行行动的飞机和直升机相撞，导致行动物资被毁和行动执行人员死亡。

这些失败耗尽了詹姆斯（吉米）·卡特（James Carter）总统的政治生命，在选举中落败于铁杆"鹰派"的共和党候选人罗纳德·里根（Ronald Reagan）。美国的对外政策骤然向强硬方向发展，在国内问题上"拧紧螺母"。卡特政府试图限制中央情报局和联邦调查局的自主权，而里根与之不同，他走访这两个机构，为它们扩大境外颠覆活动、加强对其他国家国内反对派的控制"开绿灯"。

对古巴的威胁汹涌而至。里根历来反对对拉美国家做出任何让步，断然拒绝卡特于 1977 年签署的《巴拿马运河协议》。

古巴必须校准与主要盟友苏联的关系。为完成这项复杂的任务，劳尔·卡斯特罗访问苏联，意在与苏联领导人面对面会谈。劳尔在历史上曾多次承担苏、古关系方面最复杂的任务，如解决用以保卫古巴的首批苏联武器供应问题、导弹危机时期、1969—1970 年间重新活跃两国关系等。

苏联对劳尔总是持非常尊敬的态度。苏联人给予劳尔几乎等同于国家元首的礼节待遇。克里姆林宫不仅把劳尔视为武装力量部部长，还认为他是象征着古巴革命的政治和国家领导人。他还是菲德尔的弟弟，菲德尔第二。劳尔在苏联的会谈不仅限于苏联国防部，还带有政治性质。

第五章 新的安全战略:依靠自己的力量

莫斯科的戏剧性会面;外热内冷;全民战争;美国在拉美地区的侵略政策:尼加拉瓜、萨尔瓦多、格林纳达和巴拿马;苏联步兵机械旅的撤离;用肥皂和牙膏收买戈尔巴乔夫;1989 年 1 号案件;移民与劫船:反对古巴的武器;成功而不平静的 20 世纪 80 年代。

苏联和古巴都从未提起过在莫斯科的戏剧性会面的具体日期。这场会面是革命进入新时期的开端。在撰写本书期间,我得知,尤里·安德罗波夫(Yuri Andropov)曾在 1982 年 12 月 29 日会见了应邀前往莫斯科参加苏联成立 60 周年庆祝活动的劳尔·卡斯特罗。11 年后,在苏联解体后,劳尔在接受墨西哥《太阳报》记者马里奥·巴斯克斯·拉尼亚(Mario Vázquez Raña)访谈时谈起了这次难忘的会晤。为了保证绝对确实性,最好引用劳尔的原话:

> 20 世纪 80 年代初,我访问苏联,与最高苏维埃主席和苏联共产党总书记(安德罗波夫当时身兼两职)举行官方会谈。参加会见的还有苏联国防部长和苏共中央委员会对外关系书记。我应他们的要求只身一人与会。翻译是苏方的。
>
> 面对里根政府从上任头几周开始对古巴的攻势,我访问苏联

的目的，是向苏联领导层表达我们对于采取特别政治和外交行动紧迫性的看法，以制止美国对古巴进行军事打击的新企图。

我们建议，特别政治和外交行动可以包括苏联向美国发出官方通牒"苏联不能容忍对古巴的侵略"，要求美国严格遵守1962年危机（导弹危机）时期做出的不进攻古巴的承诺。只要表现出古巴与苏联之间政治和军事关系日趋密切的迹象，这一切是可以做到的。

请注意，马里奥，苏联最高领导人的回答非常明确，他的原话是："如果美国侵略古巴，我们没法去古巴参战，因为你们离我们有1.1万公里的距离。"接着，他又补充说："难道我们要去那里挨揍吗?"

苏联的态度使我们明白，苏联不准备就古巴问题向美国发出任何形式的警告，甚至一点也不想提醒美国肯尼迪总统1962年10月做出的承诺。美国历届政府都对这个承诺表示质疑。

当然，苏联表示将一如既往地在政治和道义上支持我们，并根据现行的五年计划给我们提供军备。

要知道，那是在里根第一届任期中最凶狠的时期，前将军、前北大西洋组织最高指挥官黑格（Haig）出任国务卿。你肯定记得，这位专横的国务卿曾固执地、厚颜无耻地扼杀中美洲革命，以肃清他所认为的革命源头古巴。

尽管从很久以前我们就明白，苏联不会为了古巴而投入战争，我们知道，只能依靠自己的力量保卫自己，但恰恰是在这么危险的时刻，苏联领导层正式严肃而清楚地让我们明白，古巴必须独自面对五角大楼的军事侵略。

如果美国知道苏联的这一立场，知道他们不会受到惩罚，这对美国来说就意味着对其侵略的鼓励。

这迫使我们必须绝对保密，以免刺激敌人，同时，在帝国主义把战争强加在我们头上时，我们得加倍进行全民参战的准备工作。

于是，从苏联回国后，在通报访问情况的政治局会议上，菲德尔同志指出，有一件直到会前只有他和我两人知道的事，如果扩散出去会产生痛苦和深远的影响，因此，他向领导层提议，仅限于第一和第二书记（菲德尔和劳尔·卡斯特罗）知晓和处理此事，政治局全体成员通过了这个提议……

对外，两国关系仍保持原样，甚至表现出某种更加密切的迹象，这使敌人不了解苏联的真实立场。

对内，菲德尔、我和其他一些因工作需要随后知道了真相的同志，我们称这个真相为"潘多拉事件"，我们默默承受痛苦，吸取经验，从这一切中汲取更大能量，为独自肩负我们的历史使命做好准备，一如既往，我们也曾独自发动争取独立的战争。①

劳尔·卡斯特罗曾强调，虽然苏联拒绝保卫古巴，古巴革命仍然是割裂西方和东方的所有矛盾的抵押品。但当苏联出兵阿富汗时，根本没有告知当时担任不结盟运动轮值主席国的古巴。美国可以轻易利用这一点拿古巴泄愤，特别是古巴没有与亲美的国家一起众口一词地谴责苏联。

20 世纪 80 年代初的波兰形势产生了另一个巨大危险：团结工会（Solidaridad）的成立和紧急状态的宣布等。如果苏联被迫动用武力解决波兰国内问题的话，这会给古巴最主要的敌人军事入侵古巴的机会。

古巴与苏联的关系已经发生了根本的改变，因此，所有这些威胁都降临在古巴头上。

---

① 马里奥·巴斯克斯·拉尼亚访谈于 1993 年 4 月 21—24 日分四期刊登在墨西哥《太阳报》上。

确实，必须承认，向公众特别是向潜在的敌人掩盖苏联与古巴关系实质性改变的措施非常有效，甚至苏联大使都对真相一无所知。时任苏联驻古大使 2000 年写的回忆录证明了这一点。

两国高层交往一如既往。1986 年，苏联第二号重要人物叶戈尔·利加乔夫（Egor Ligachov）参加了古巴共产党第三次代表大会。就连仇恨古巴的戈尔巴乔夫都被迫于 1989 年对古巴进行了一次正式访问。20 世纪 80 年代，苏联依照惯例派遣非职业外交官的苏联共产党内重要官员担任古巴大使。苏联的这种做法只适用于华沙条约成员国。

苏联像以往一样接待菲德尔和劳尔，但张开的臂膀里掩藏着更加冷淡的心。广大苏联人民和苏联共产党人对古巴的同情迫使克里姆林宫和哈瓦那对两国和两国人民之间的友谊采取更加谨慎的态度。

苏联海军战斗分队几乎每年都远航至哈瓦那港，去西恩富戈斯港的次数也不少。苏联在西恩富戈斯建有基地，为潜水艇的供给服务，间或靠港进行补给和让船员休息。劳尔作为革命武装力量部部长每次都会访问苏联舰船，表达对苏联的好感，对分队长官表示特别欢迎。

劳尔继续亲自接见访问古巴的苏联宇航员。从几年前开始，劳尔直接负责古巴宇航员培养计划，多次访问莫斯科的星际城。世界上第一位宇航员尤里·加加林（Yuri Gagarin）恰恰是苏古友好协会的第一任主席。

在古巴最好的巴拉德罗海滨修建了一座独特的宇航员之家。建筑设计外形像一艘宇宙飞船，这里居住着大多数苏联宇航员。这是一座任何力量都不能摧毁的建筑，充满着两国航空航天项目相关的领航员、官员和其他人员之间的真挚的战斗情谊。

1980 年 9 月，苏联人尤里·罗曼年科（Yuri Romanenko）和古巴人阿纳尔多·塔马约（Arnaldo Tamayo）共同实现了宇宙航行。劳尔·卡斯特罗见证了火箭发射仪式。火箭将宇航员送到 Saliut－6 航天站，劳尔用无线电与两位宇航员对话，表示对如此重大的科学和政治成就感到非常高兴。

苏联军中要员经常访问古巴。甚至在 1990 年 10 月苏联遭受分裂主义活动困扰的时期，苏联武装力量总参谋长米亚伊尔·莫伊谢伊夫（Mijail Moiseiev）还到哈瓦那进行了为期两天的访问。顺便提一句，米亚伊尔·莫伊谢伊夫是爱德华·谢瓦尔德纳泽（Eduard Shevard-nadze）和亚历山大·雅科夫列夫（Alexander Yakovliev）投降政策的积极反对者。

1983 年，《勇气与兄弟情谊》一书出版。书中收集了古巴与苏联武装力量之间的国际主义和战斗合作的相关资料。劳尔·卡斯特罗写了序言。这一切的目标，是让敌人丝毫也想不到古巴与苏联两国在军事领域的关系已发生了何等根本性的改变。

显然，在 1993 年接受墨西哥记者引起轰动的访谈的时候，劳尔认为 1991 年俄罗斯对美国已没有秘密可言，美国已经知晓与安德罗波夫那场戏剧性会谈的内容。但很可能苏联政治局未就此事通过任何书面决议。在克里姆林宫，重大决定常常是在极少人参与的情况下做出的，不会形成正式文件，仅以口头命令方式执行。

因此，没人见过出兵阿富汗的书面决定，也没人知道 1981 年 12 月波兰宣布处于紧急状态时与雅鲁泽尔斯基（Jaruzelski）的电话交谈内容。苏联对他说，波兰不会得到苏联的援助。同样，鲍里斯·叶利钦（Boris Eltsin）1993 年口头决定坦克炮轰最高苏维埃，1994 年口头决定发动车臣战争。本应由历史评判的，苏联都以口头方式完成，没有在国家档案中留下任何痕迹。

一直以来，古巴领导人永远的基点是，保卫古巴是古巴人的事情，是古巴全体人民的任务。从 1959 年起，菲德尔·卡斯特罗无数次确认这一点。1959 年，在菲德尔的推动下成立了民兵队伍。本着同样的战略路线，劳尔·卡斯特罗在 1959 年 10 月就任革命武装力量部部长时宣布，古巴军队是革命的盾牌。他甚至在奥斯瓦尔多·多尔蒂科斯总统办公室提醒当时的与会者，希特勒没有进攻和占领瑞士，是因为他知道那里有武装的人民，要对付他们，需要动员 100 多万名士兵。

在接下来的几年里，古巴最高领导层无数次提到有关"人民抵抗可能的敌人"的话题。古巴没有加入过华沙条约，因而在国防方面完全独立。卡米洛·西恩富戈斯有句话广为流传："起义军就是穿上制服的人民。"

尤里·安德罗波夫 1982 年的话是强硬而苦涩的，但正如劳尔对记者巴斯克斯·拉尼亚所说，他的话并不令人完全意外，当然也不会被当作对革命的死刑判决。一方面，这位苏联领导人不过是宣布了一个早已做出的决定，而古巴领导层对此已有所察觉。另一方面，安德罗波夫保证根据协议提供武器，在戈尔巴乔夫执政之前，接下来的几届苏联最高领导人也是这么做的。米哈伊尔·戈尔巴乔夫执政后，困难开始出现。

全民战争的概念为巩固从古巴革命胜利起就开始酝酿的一些思想创造了物质和组织条件。在与苏联的关系明朗化之后，必须要重点着手进行这类战争的道德、政治、物质和技术准备。训练人民保卫国家成为许多年来古巴领导层的头等要务。实施这一想法的主要责任由劳尔·卡斯特罗主管的部门承担。

古巴人深入而详细地研究了抵抗美国侵略者的经验，首先是越南人的经验，越南人曾让美国人遭受耻辱的失败。由此产生和强化了"马蜂窝"的概念，作为战争的原型。就像马蜂在蜂窝遭到入侵时蜇刺入侵者迫使其逃离一样，整个国家抗击侵略者的意图不是消灭他们，而是给他们造成难以承受的损失，迫使他们离开自己的国土。

越南的经验说明，美国 60%—70% 的损失是由越南当地民兵，而不是越南社会主义共和国常规部队的抵抗造成的。因此，古巴也应该建立地方民兵体系，民兵队伍在必要时拿起武器，占据事先指定并做好战斗行动准备的防御区。

古巴群岛被划分为 1400 个这样的防御区。革命武装力量的军官在战争行动时负责指挥地方民兵，党的领导人将领导各级地方部队。组织包括部长在内的党和国家干部参加特别训练课程，学会敌人入侵时该如何行动。基于同一目的，在古巴的高校里开设国防训练专业。如医学专业的毕业生还要接受战时在战地医院工作的必要训练。

在地方上，开始大规模制造简单但对付敌人有生力量非常有效的设施，如越南曾用过的各种陷阱，甚至是致命的陷阱，如狼井、勒脖子的绳索等，将比较适宜和难以进入的天然洞穴改造为武器、装备、生活用具、药品和其他补给物资的仓库。

开始修建隧道，一直延续至今。在隧道里修设保护民众和部队的避难所，还有放置战斗装备和物资的场所。全民战争的概念不是要在阵地战中大规模使用装甲车。显然，敌人具有海、陆、空优势，但军队不会只待在避难所里，而是会在对手始料不及的时间和地点发起恰当、有效的攻击。

在进行战争准备的时候，需要特别注意地雷问题。古巴军工业组织生产各式各样的地雷和手榴弹。这种武器成本很低，相对而言易于制造和使用。在经过简短训练后，任何一个民兵战士都能像常规军的士兵一样有效地使用这种武器。

古巴人明白，美国要最大限度地使用技术手段、最小限度地动用有生力量，在境外发动军事行动。因此，全民战争的概念建立在完全与之相反的原则基础之上：以最安全、最难以侦察和发现的方式隐藏自己，抵御敌人的搜索手段和进攻，同时保存实力对抗地面部队，如地面部队不行动就谈不上胜利。在这方面，古巴人吸取了更多的经验。

面对特制步枪和加强炮弹的狙击，美国士兵就像是失去了各种技术装置的宇航员一样失去了防御能力。古巴拥有成千上万的望远瞄准器、军备和专业射手。这些都是新理论的组成部分。

古巴还有很多苏联的武器装备,不想再购买更多,那样既昂贵又没有意义。相反,古巴像保护自己的眼珠一样小心翼翼地保管所拥有的军备。坦克、大炮和其他设备都放在洞穴和隧道里,以免受到空中攻击。他们给武器上润滑油、涂漆,仔细保养,储备燃料供给,随时可以投入战斗。

军工进行武器的现代化改造。多年前,装甲车上的老式苏联发动机已被更大马力和更经济的发动机所替换。很多次,外国武官在革命广场列队检阅时看到从未见过的新式战车,感到无比惊讶。

古巴人一直在制造自己的防务性武器装备,让五角大楼战略家们发热的头脑冷却下来。首先是防空设施。古巴研制了伪装目标,用于应对第一波导弹的攻击。

全民战争训练计划包括招募妇女志愿入伍。1984 年国际妇女节,组建了第一支女兵防空团。

如此艰巨的工作是捍卫古巴革命安全的基石。菲德尔亲自统领,劳尔·卡斯特罗负责直接执行。在劳尔的指挥下,20 世纪 80 年代进行了大规模的军事演习。于是,全民战争的原则在革命武装力量和全国上下根深蒂固。

在劳尔的倡议下,"时刻准备防卫"的锦旗授旗制度建立起来。所有完成训练计划的地方单位,如市、省、防御区、部委、机构等,将被授予"时刻准备防卫"的锦旗。每次授旗都意味着极度细致入微的检查。因此,劳尔·卡斯特罗的大部分时间都在巡视检查和军事操练。

总的说来,在当代和未来几代人心中,古巴和越南都将一直是成功抵抗美国侵略政策的典范。在这些年访问过古巴的人,可能都看到过画着杰出的游击队司令胡安·阿尔梅达的宣传画,还有他那句"这里没人会投降!"的名言。1956 年,在阿莱格里亚德皮奥一战失利后,听到招降的喊话，胡安·阿尔梅达发出这声呐喊。古巴人抵抗至最后一刻的坚定意志，是阻止美国前进的主要制动器。

多年来，古巴革命的敌人多次说菲德尔和劳尔夸大了形势的紧张程度，煽动惊恐不安的情绪，在古巴营造被包围的气氛。实际上，为应对当时中美洲和加勒比地区出现的形势，古巴采取的措施是完全恰当的。

美国采取了武力镇压中美洲和加勒比地区一切革命运动和民族解放运动的公开政策。罗纳德·里根的两届政府（1980—1988年）都将"清洗"加勒比地区作为主要使命。1979年，尼加拉瓜推翻阿纳斯塔西奥·索摩查（Anastasio Somoza），即富兰克林·德拉诺·罗斯福称之为"我们狗娘养的"独裁政权，美国断然拒绝承认尼加拉瓜桑地诺革命胜利的合法性。

里根入主白宫后，美国开始加速推动尼加拉瓜"反政府武装"（Contra）运动，旨在推翻桑地诺政府。为壮大队伍，美国招募了对新生政权革命性改革不满的前索摩查分子，还有为了金钱什么罪行都干的雇佣军和冒险者。桑地诺民族解放阵线得到了社会党国际的欢迎，得到了大多数尼加拉瓜人民和拉美人民的支持，对此美国都毫不在乎。

甚至在（美国）国会不同意总统出资支持尼加拉瓜不宣而战的情况下，失去理智的里根还是通过其私人顾问，违反美国法律向伊朗非法出售武器，以此获得给尼加拉瓜反政府武装购买军火用的数千万美元的资金。

美国把洪都拉斯变成了战争的基地，成立了一支快艇队，用以破坏尼加拉瓜港口的商船，还从空中补给渗透进尼加拉瓜腹地的尼加拉瓜反政府武装。之后，美国还对尼加拉瓜进行经济封锁和政治抵制。通过这场肮脏战争，桑地诺民族解放阵线在1989年选举中失败，使反对派上台执政多年。

20 世纪 80 年代初，在邻国萨尔瓦多开展游击战声势浩大的革命行动。美国视之为干预萨尔瓦多国内冲突的机会。美国大众传媒开始宣传，说古巴人卷入了事件之中，据称古巴的 500 名士兵整装待发，准备开赴这个中美洲国家。美国的挑衅意在营造公众舆论，以便对古巴采取可能的行动。

美国的飞机和直升机轰炸他们认为的游击队员的聚集地。萨尔瓦多游击队的代表不止一次地向苏联领导人求助，要求苏联至少提供一些便携式地对空火箭炮以抵御美国接连不断的进攻，但答复永远是否定的。自相矛盾的是，就在那时，美国提供的"针刺"防空导弹使在阿富汗苏军的飞机和直升机遭受惨重损失。最后，萨尔瓦多政府在美国的帮助下遏制了游击队即将赢得的胜利，11 年后才达成和平协议。

但最可耻、最令人愤慨的是美国对小小的岛屿共和国格林纳达的军事干预。格林纳达位于加勒比海南部海域。原因也一样：美国害怕左翼民族解放运动的崛起。格林纳达为适应日益增加的游客而修建国际机场，成了美国军事干涉的借口。

1979 年，左翼政府掌握格林纳达政权，历史开始上演。莫里斯·毕晓普（Maurice Bishop）政府与古巴和苏联建立了外交关系，加强了国有部门在经济发展中的作用。不久之后，几百名古巴工人来到格林纳达岛参与机场修建项目，引起美国媒体又一次歇斯底里的报道。媒体宣称（格林纳达）正在修建一个本地区前所未见的战略机场，机场将用于军事目的，会对巴拿马运河构成威胁。

这是彻头彻尾的谣言。机场由英国普拉西机场公司（Plassey Airports）承建。公司总经理德里克·科勒（Derrick Coller）曾声明，该项目不会按军用机场的标准修建。机场没有地下设施，燃料库都在地面上，整个物流都只适用于民航。飞机起飞和降落的跑道长度比邻国特立尼达和多巴哥、巴巴多斯的机场跑道还短。但是，当美国决定发动侵略时，任何理由都劝阻不了它。对强者而言，弱者永远是有罪的一方。

1983年10月13—14日，格林纳达政府内部发生政治斗争，成为美国发动干预行动的更直接的借口。政治斗争的结果是总理毕晓普遭到杀害。美国立刻宣布，为了保护在格林纳达岛的一些美国学生的安全，美国将采取行动。美国声称是应东加勒比国家组织的要求采取行动的。格林纳达是东加勒比国家组织的成员国。该组织象征性地派出了300名岛屿安全体系所属的士兵。

10月25—27日，美国对格林纳达显示了其强大的军事实力。美国向格林纳达海岸派出了12艘战舰，其中包括"独立"号航空母舰，1艘巡洋舰、4艘驱逐舰和包括海军陆战队和炮兵在内的登陆部队。第82空降师使用降落伞在已被占领的机场登陆。约8000名美国战斗人员入侵格林纳达领土；70架飞机和30架战斗直升机从空中支援干预行动。

力量对比悬殊。能进行抵抗的格林纳达兵力只有7000多人，武器装备很差；还有700名古巴建筑工人，部分工人有步枪，用于自我保护。防空设施非常薄弱，只有几门大炮和几挺小口径机枪。尽管如此，战斗还是持续了将近三天。美方没有公布过他们兵力伤亡和装备损失的情况。防御方有45名格林纳达士兵、25名古巴人和25名平民死亡。

国际社会对美国的侵略表示谴责。联合国安理会的11个成员国投票支持有关决议，而美国行使一票否决权，结束了安理会关于这个议题的讨论。谴责和决议对美国来说就如同用霰弹打大象，美国仍会像犀牛一样不屑一顾。顺便提一句，格林纳达机场建成后，美国再也没有直接或间接地提起过这事儿。

这次干预有力地证明了美国企图在加勒比地区推行的贪婪政策。古巴有可能也应当是下一个牺牲品。古巴及其领导人做好进行全民战争的充分准备，在"誓死保卫祖国！"的口号下，才制止了潜在侵略者的图谋。

1983 年 11 月 15 日，格林纳达悲剧事件发生的三个星期后，劳尔·卡斯特罗在古巴牺牲者的葬礼上发表讲话。他说：

> 我们必须继续做好准备，把我们的祖国变成美国无法摧毁的堡垒，没有别的选择。

他补充道：

> 不久前，我们在全国范围内进行了"83 号堡垒"的特别战略演习，这是在革命胜利后最重要的、最大范围的一次演习。超过16 万名公民参加了演习，其中约有 2.5 万名党和国家机构的官员和群众组织的领导人。菲德尔强调，这次演习的效果超过所有预期，我们的准备比预想的充分，我们获得了良好的经验，我们也发现了我们的不足之处。①

劳尔又说，近两年来，培养和武装了第一批地方部队，战士总数达 50 万，每 4 人中有一名女性。计划培养、武装和训练另外 50 万名战士，第二批战士中的女性比例提高至 75%。

劳尔简要概述了敌人战争行动的战术根本是使用武力镇压最后一个抵抗中心。为此，劳尔曾多次要求负责防御的领导干部在各处修建抵御敌方武器的安全避难所。这样，一旦炸弹、火箭、炮轰浪潮过去，就可以用所有的防御装备对付敌人的步兵。

在 20 世纪 80 年代动荡不安的形势下，国家安全中的军事环节具有非常重要的作用。由于苏联在米哈伊尔·戈尔巴乔夫当政初期处于动荡状态，之后逐渐解体，古巴别无选择。

在戈尔巴乔夫臭名昭著的政治生涯的最后阶段，在与美国国务卿

---

① 《格拉玛报》1983 年 11 月 16 日。

詹姆斯·贝克（James Baker）会面后，戈尔巴乔夫同意将第12号研究中心撤离古巴。这是已经衰落了的苏维埃政权撤出自由之岛的最后步骤。

随着苏维埃体系在苏联逐渐崩溃，国家日趋衰弱，美国感觉到它的光辉时刻已经到来，其侵略性和顽固性日趋增强。1989年12月初，在戈尔巴乔夫卑微地一再坚持和请求下，美国新任总统乔治·布什（George H. W. Bush）同意在马耳他岛举行美、苏峰会。

据会议的见证者说，实际上布什用专制的口吻要求苏联停止对古巴和尼加拉瓜的一切援助，把菲德尔说成是阻止苏联经济与政治体制改革航船前进的锚。戈尔巴乔夫的回应软弱无力，更确切地说，只是附和布什的看法。

在马耳他发生了一件史无前例的事。美国国务卿詹姆斯·贝克把一张字条塞进了苏联外长爱德华·谢瓦尔德纳泽的外套口袋，字条的内容是：如果苏联终止对古巴、尼加拉瓜等国家的援助，就可以修建多少家生产肥皂、牙膏等日常消费品的工厂。

会谈当日，在海上发生了强度非同寻常的风暴。会谈是在牢牢地绑在坞墙上的苏联摩托艇上进行的。7米高的海浪将护送舰船如同蛋壳一样卷起掷下。暴风雨的狂怒犹如莎士比亚描述的噩兆，预示着苏联即将崩塌。戈尔巴乔夫对这次会见既无计划也无目标。他唯一需要的是与美国新任总统会面，挽救他在国内一泻千里的支持率。

与此同时，布什正在准备对巴拿马发动军事进攻，他一门心思都在于此。在与戈尔巴乔夫会面两周后，布什签署了干预巴拿马的命令，其目的很可笑，是逮捕被指控与毒贩有牵连的巴拿马政府首脑曼努埃尔·诺列加（Manuel Noriega）和保证美国公民的安全和维护民主价值观，还是美国的一贯借口。

美国的真正理由是推翻有爱国倾向的政府，扶植美国的傀儡上台，让他们修改《托里霍斯—卡特条约》的内容。《条约》规定，将于 2000 年将巴拿马运河管辖权移交给巴拿马。美国厚颜无耻的政策早在 1989 年 5 月向诺列加的提议中也彰显无遗。美国提议诺列加自愿离开巴拿马，以换取美国撤销对他参与毒品交易的指控。诺列加拒绝了美国的这一提议，于是美国便发动了这场战争。

1989 年 12 月 20 日，带有虚伪色彩的代号为"正义事业"的行动开始。30 架战斗机和 170 架直升机从运河地区的机场和基地起飞，攻击假定的巴拿马国民警卫队抵抗集结地。在短短几小时内，100 多支装甲部队就控制了首都，巴拿马运河区就在首都附近，两者之间只用铁丝网相隔。2.6 万美国士兵和海军陆战队队员占领了巴拿马。

力量薄弱的国民警卫队的抵抗遭到失败，12 月 24 日天主教平安夜，曼努埃尔·诺列加请求在梵蒂冈驻巴拿马外交使团驻地庇护。根据入侵国美国的统计，美方阵亡 23 人，伤 330 人。巴拿马方面死亡近 600 人，其中只有 68 名军人。与以往一样，美国对拉美和世界各国公众舆论的抗议置之不理。

美国不承认拉美国家认可的使馆政治庇护权，在梵蒂冈外交使团驻地周围安放扩音器，不分昼夜地向使团官员和附近居民大声喊话，声音震耳欲聋。1 月 3 日，诺列加向美军投降，随后受审并被判决长期监禁。

在这样极度危险的国际形势下，古巴一直要几乎完全独自捍卫国家主权和独立。古巴变成了一只刺猬，准备变身刺球，亮出尖刺对付任何捕食者。

此外，由于在古巴政府和军队的国家高层领导中发现了非常严重的违纪、违反道德和伦理的现象，而纪律、道德和伦理都是革命思想的基础，使得当时的形势更加复杂。

1989 年 6 月 13 日，部长会议副主席和交通部长迪奥克莱斯·托拉尔瓦（Diocles Torralba）被捕。调查机构证实，他利用官方高层职务之便"花天酒地"，疏于本职工作。但没有证据表明，托拉尔瓦存在政治背叛的行为，他只是一名腐败官员。他被提起公诉并判处 20 年监禁。然而，这与即将发生的事情相比，还算不上什么。

1989 年 6 月 14 日，《格拉玛报》公布了一份革命武装力量部的通告。这份通告令古巴和国际社会公众舆论很困惑。通告说，阿纳尔多·奥乔亚·桑切斯（Arnaldo Ochoa Sánchez）中将已经被捕，他正在接受有关腐败和不诚实使用国家资金严重事实的调查。并告知读者，这一案件将交给由 47 名革命武装力量最高级军官组成的荣誉法庭进行审理①，法庭将就对被捕者的进一步措施提出建议。

不久之后的后续消息公布，调查结果共有 14 名内务部或革命武装力量部的官员被捕。也就是说，他们都是革命中最可靠部门的成员。对古巴人来说，提出的指控犹如从天而降的陨石：牵涉毒品交易。

涉案人员的级别，他们所承担职责的重要性，奥乔亚将军的公众知名度，使得这一案件成为有关国家安全的头等问题。

在革命斗争年代，阿纳尔多·奥乔亚是卡米洛·西恩富戈斯的传奇纵队里的一名战士。这支队伍成功完成了从马埃斯特腊山到拉斯维亚斯的进军。之后，他曾去委内瑞拉完成国际主义任务，被提升至高级指挥职务。在埃塞俄比亚，他领导古巴部队帮助该国抗击索马里的入侵、捍卫独立和领土完整的斗争。他是古巴共产党中央委员会委员，全国人民政权代表大会（议会）的代表，曾被授予古巴共和国英雄的荣誉称号。此前，任古巴驻安哥拉军队司令。

第二个被捕的重量级人物是内务部一个特殊部门的负责人安东尼奥·德拉瓜迪亚·丰特（Antonio de la Guardia Font）上校。该部门

---

① 名誉法庭是一个道德机构，负责审理官员受到严重指控的案件。名誉法庭上，官员们从军事角度分析向他们提出的道德层面的问题。该法庭没有刑事、行政或政治惩罚权限，仅限于根据提出的问题发表意见并提出相应的处理办法。（参见《第 1/89 号案件：古巴连接点的结束》）

的职责是突破美国对古封锁的障碍，获得零部件、计算机、医用和实验室设备等。这是一项正义的、合乎道德的活动。

这两名主要被告都将从事毒品交易视为敛取大量金钱的便利渠道，不向任何人说明钱财来源。之后，他们辩称是要把这些收入上交国家，帮助国家克服经济困难。

这两位虚伪的被告很快就通过奥乔亚的助手豪尔赫·马丁内斯（Jorge Martínez）上尉与哥伦比亚贩毒集团取得联系，甚至还直接与大毒枭巴勃罗·埃斯科巴（Pablo Escobar）有联系。如果这名持有伪造外国护照的古巴官员落到了哥伦比亚当局手上，然后再移交美国当局，那将爆发一场可怕的丑闻，足以让北方超级大国利用，成为对古巴发动军事攻击的理由。美国将完全把握取胜的主动权。

安东尼奥·德拉瓜迪亚团伙用哥伦比亚毒贩的飞机将毒品运送至古巴的巴拉德罗机场，随后再从那里转移到美国的走私快艇上。调查还发现利用古巴领海运送毒品等其他方式。

根据来自情报部门和古巴的友好国家的信息，古巴政府得悉，美国当局怀疑古巴领海毒品交易猖獗。虽然监管有所加强，但没人能想到谁是罪行的主谋。一开始，被捕者只是因腐败、非法使用资源或不道德行为的嫌疑接受调查，但在初期调查结束后，所有人都感到毛骨悚然。

文件和大量美金的被没收使一切真相败露。被捕者的供述只不过是补充说明。经查明，根据受审者本人的估计，他们在两年中向美国转移了约6吨可卡因。

自革命胜利后，古巴成为西半球少数几个不生产毒品的国家。从整体上看，古巴人民已经摆脱了毒品。旅游业的发展造成了极个别的吸毒案例。因此，如此大规模的贩毒震惊全国。

菲德尔·卡斯特罗和劳尔·卡斯特罗决定把案件公之于世，保证审判在一切公诉程序下进行，向古巴人民和全世界揭示被捕者的活动给古巴革命和国家的命运带来的危险。

劳尔·卡斯特罗在荣誉法庭上出庭时坦陈：奥乔亚爱开玩笑的性格混淆了他在工作中的违法乱纪的迹象。劳尔补充道：

> 阿纳尔多·奥乔亚之所以做出后来的行为，其中一个关键因素是他在近几年来愈来愈着魔地热衷于投入各种交易，还有他病态地高估了自己在这方面的能力。很明显，奥乔亚把他的等级和所担任的职位赋予他的机遇和特权与他自视甚高的商业才能相混淆。这个缺陷在他最后在安哥拉任职期间已经显露无遗。①

荣誉法庭做出决议，向部长会议呈交建议：撤除授予阿纳尔多·奥乔亚的古巴共和国英雄荣誉称号等各类勋章、勋位；向部长会议主席和政府呈交建议：解除奥乔亚的中将军衔，并将他不光彩地逐出革命武装力量；向古巴政治机构建议：开除奥乔亚的党籍；向全国人民政权代表大会建议：取消奥乔亚的代表资格。案件转交军事法庭，军事法庭判决阿纳尔多·奥乔亚和安东尼奥·德拉瓜迪亚等4名被告死刑。

通过纸媒、广播和电视得知消息的绝大多数公众都支持判决，判决最后提交古巴国务委员会审议批准。考虑到处理过程中的种种细节，菲德尔·卡斯特罗极度担心，他甚至指示让正在国外访问的数名国务委员会委员回国，确保100％的国务委员参加讨论和分析。

要了解劳尔·卡斯特罗在澄清罪行过程中的作用和地位，以及他对所发生事情的态度，最好的办法是引用劳尔在1989年7月9日国务委员会会议上的发言：

> 今天，我和其他军官度过了自从几名主要受审者被捕以来、

---

① 《第1/89号案件：古巴连接点的结束》，第50页。

在革命武装力量部的第 27 天……这还没有算上我们之前从 5 月 23 日开始，几乎完全投入处理这个问题的 15 天。我的所有心思、所有时间都不得不集中于处理这个极度敏感的问题，数十名参与事情处理的军官，特别是军事情报机构的军官们也和我一样。

　　至于菲德尔，我必须告诉诸位，从 6 月 12 日开始，他专门考虑这个问题，独自在革命武装力量部再三斟酌，直到前天凌晨，他在我的办公室里待了 153 个小时。[①]

劳尔在致特别法庭的信中指出，曾在阿纳尔多·奥乔亚指挥下的将军、军官和士兵们表示："功绩不能减轻罪行，而是加重罪行。"因为他滥用给予他的信任和授予他的权力。

菲德尔向国务委员会委员们做了详细讲话。讲话集中破除对阿纳尔多·奥乔亚某些军功的神化和夸大。菲德尔指出，是总参谋部直接从哈瓦那领导在非洲国家的古巴部队的行动。基层的军事负责人可以提出建议，但部队行动的指令都只由总参谋部下达。在安哥拉期间，奥乔亚曾提出过四条战略建议，在仔细研究和分析后，都被拒绝了。

菲德尔补充道：20 世纪 80 年代末，在安哥拉的战斗行动主要由莱奥波尔多·辛特拉·弗里亚斯（Leopoldo Cintra Frias）中将（现任革命武装力量部部长）负责。莱奥波尔多·辛特拉·弗里亚斯中将被委任指挥集中着古巴重要兵力的南方战线，包括装甲部队和空中部队。当时奥乔亚在罗安达，他的主要使命是负责协调古巴部队、安哥拉军队和苏联军事顾问团的行动。

在公开投票中，国务委员会一致批准所做出的判决。

古巴革命领导层知道，西方媒体对这一事件有很多恶意的、虚假的评论和谎言。为此，审判的基本资料，包括庭审记录都被收集在一

---

① 《第 1/89 号案件：古巴连接点的结束》，第 418 页。

本书中，题为《第1/89号案件：古巴连接点的结束》，除了西班牙语外，还翻译成俄语等主要外国文字出版。

只有对公正性确信无疑、为人民所理解和信任的政府，才能如此公开和坚决地完成将受感染的细胞从体内自我清除的外科手术。在很多领导人自身手脚不干净的国家，是不可能进行这样的外科手术的。

1989年第1号案件不仅捍卫了古巴革命在全世界的声誉，还使得古巴免受美国的直接侵略。值得一提的是，恰恰在1989年年末，美国以拘捕被控贩毒的巴拿马领导人曼努埃尔·诺列加为借口，发动了对巴拿马的公开武装干涉行动。

1989年9月1日，进行了对内务部部长何塞·阿布兰特斯（José Abrantes）和若干名内务部高官的审判，案件审理告终。由于放松对下属活动的监管，导致内务部内形成了一个犯罪集团。虽然他们立过功，何塞·阿布兰特斯甚至曾是菲德尔·卡斯特罗私人卫队队长，他们仍被判处长期监禁。何塞·阿布兰特斯被判处20年监禁，由于无法忍受耻辱，入狱后不久就因心脏病突发死亡。

另一件令古巴领导层非常头痛的复杂事件是移民问题。虽然菲德尔制定了相关政策的基本方针，但由于负责边境保护和监管的相关机构属于国防、内务和国家安全范畴，具体实施的重担在很大程度上就落在劳尔的肩上。从革命胜利开始，劳尔就一直负责这些领域，还兼任古巴共产党中央委员会内相应委员会的主席。

众所周知，历史上的每次革命都会引起移民潮，革命的社会—经济影响力越深远，移民潮的规模就越大。古巴革命也不例外，特别是，离开古巴寻求更好的生活条件的传统在古巴由来已久，从西班牙殖民统治时期就开始了。

在重新发起反宗主国的武装斗争时，移民至美国的何塞·马蒂（José Martí）主张支持和帮助古巴侨民。1955年，菲德尔·卡斯特罗走访了古巴同胞比较集中的几个主要的美国城市，目的只有一个：让古巴侨民支持反巴蒂斯塔独裁政权的斗争。

革命胜利的时候，在美国境内约居住着 12.5 万正式登记在册的古巴人，美国政府每年向想在美国定居的古巴人发放 2000 至 3000 个签证。

1959 年后，形势发生了明显变化。革命政府的纲领和最初的措施必然让本国资产阶级和一部分所谓的“中产阶级”感到恐慌。而媒体挑衅更是火上浇油。

此外，美国也推动了古巴的对外移民。美国甚至接受不具备必要证件的古巴人。据估计，1959—1962 年共有 27 万人离开古巴，其中约半数为医生，还有成千上万的工程师、高级教师等专业人士。

1962 年导弹危机后，美国取消了从古巴起飞的航班，还试图切断与古巴的一切空中或海上联系。这实际上消除了安全、合法移民的可能性，危险的非法移民开始了。古巴非法移民在美国被视为逃离共产主义的牺牲品。

美国大众传媒谎话连篇。古巴革命从未对想去美国与家庭团聚或仅仅出于经济或个人原因离开的古巴人关闭大门。

在这种情况下，1965 年，古巴政府开放了巴拉德罗附近的卡马里奥卡（Camarioca）港，作为搭载想去美国的古巴人从巴拉德罗飞往美国的机场。这个体系运转了将近两年，将近 30 万古巴人通过这个渠道离开古巴。美国从政治角度无法接受这一点，被迫与古巴政府就搭建空中桥梁事宜展开谈判，让美国可以拒绝那些它认为不符合资格的古巴人，让他们返回古巴。

但自相矛盾的是，就在 1966 年 11 月 2 日林登·约翰逊（Lyndon Johnson）执政期间，美国国会通过了所谓的《古巴调整法案》，这个法案至今仍有效。《法案》规定，无论以任何形式踏上美国领土的所有古巴人都被视为“政治难民”，拥有庇护权和在美国永久居住的权利。这是对非法移民的公开邀请，目的是给古巴国内政策造成更大困难，使古巴的国际地位更加复杂。

美国没有给过任何其他国家类似的便利条件。与之相反，比方说在墨西哥边境地区，美国建起了一堵真正的"柏林墙"，用以阻止非法移民，还使用各种复杂的技术手段让这面墙密不透风。对待想进入美国的海地人，美国进行海上拦截，把他们送回海地或关押在关塔那摩海军基地。而对冒着极大生命风险到达美国的古巴人，美国通常把他们当作英雄一般接待。为了诋毁古巴革命，美国媒体炒作古巴对外移民过海时遭受的各种悲惨经历。

1973 年，当时的美国总统理查德·尼克松再次取消了美国和古巴之间的航班，危险而无序的非法移民成为唯一选择。这种情况在 1980 年导致了一场严重事故。在一群人试图强行进入秘鲁驻哈瓦那大使馆时，一名守卫大使馆的古巴警卫丧生。由于秘鲁政府拒绝交出制造这起罪行的主谋，古巴决定撤销对秘鲁大使馆的守卫，造成数千名想移民的古巴人涌入秘鲁大使馆。

于是，菲德尔公开宣布，古巴政府邀请有船的美国人前往马列尔港，想离开古巴去美国的古巴人也可以去那里。

可想而知，这个绝对非同寻常的倡议一石激起千层浪。据估计，超过 13 万人登上了在马列尔港的船只，好多船都是无主的。根据美国媒体随后的报道，移民潮中混入了不少罪犯。

停止马列尔港行动的决定是由古巴政府做出的。也就是在那时候，美国被迫坐在谈判桌前与古巴讨论如何实现移民正常化。美国想向古巴遣返一些不能被释放的在押古巴人；而古巴政府想让美国承诺接受那些想移民美国的古巴人。最后两国达成协议：古巴接受 2000 多名"不可被释放者"，而里根政府承诺"每年最多可发放两万个签证"。

但问题是，美国几乎从来不会善意为之，一贯追求单边好处和利益。协议尚未生效时，显而易见，美国就企图将每年"最多"发放两万个签证解释为可以发放两万个以下数量的签证，事实是，美国每年只发放 1000 多个签证。

此外,美国在 1986 年加强了对古巴的媒体战攻势。美国在境内开设了官方的反古巴电台,将其命名为"马蒂电台",这是对古巴的公然挑衅。移民协议执行两年后就暂时终止了。美国政府换届后,协议部分恢复效力,虽然执行起来"漫不经心"。

1959 年,美国策划了劫持古巴飞机至美国事件,这在世界范围内都是史无前例的。美国用强大的宣传攻势,把主谋和同谋视如英雄。这种危险的尝试也扩展到航船。由于这种不负责任的政策,美国开往古巴的飞机也开始偏离航线。劫机很快就演变为全球性瘟疫。

古巴多次建议美国逮捕和引渡强行劫持运输工具离开古巴的人,但美国政府总是拒绝这个建议。1980 年,古巴决定单方面向美国交还两名劫机犯,结束了从美国飞往古巴的飞机劫持事件。

但是,直至 2003 年 9 月,美国才首次处理了一架古巴民航的劫机犯,他被判处 20 年徒刑。空中恐怖事件终止。

同年 7 月,美国还首次向古巴交还 12 名从卡马圭省劫持船只到美国的古巴人。双方的相互类似举动极大改善了移民关系的气氛。

这些事实说明,美国从未想与古巴达成能够解决问题的移民协议。每当安全移民流动的正常渠道快要建立的时候,美国总会加以阻挠。

总体来看,20 世纪 80 年代是古巴成绩斐然的时期。年均国内生产总值增长率近 7%。受气候条件影响,当时的主要出口产品蔗糖的年产量维持在 700 万至 800 万吨。甘蔗收割机械化率达到 62%。民众福利也有所改善:平均每百间住房配有 50 台冰箱、91 台电视、152 台收音机、59 台洗衣机和 69 台风扇。

古巴实施了家庭医生计划,建立起非常先进的医疗体系,迄今仍然如此。平均每千居民拥有 1 名医生;此外,医生就居住在病人附近,随时可提供服务。古巴安装了体外碎石器,具备不经外科手术治疗肾结石的能力，这在第三世界国家是前所未有的。古巴还成功地实施了首次肝脏和心、肺移植。古巴医学处于世界最先进水平。

同一时期，为了增强爱国热情，革命武装力量部对其作品或职业生涯以颂扬热爱祖国为公民价值最高表达方式的作家、艺术家、记者和机构授予其马克西莫·戈麦斯（Máximo Gómez）①将军使用过的砍刀的复制品，作为对他们的特别奖赏。每年4月16日颁奖，届时举行庄严的仪式，这一天也是民兵日和古巴革命的社会主义性质宣布日。

但是，这种相对有利的环境逐渐蒙上愈来愈大的阴影，这是因为苏联和除古巴之外的社会主义阵营国家的形势逐年趋于恶化，欧洲的社会主义面临全面滑坡的威胁。古巴领导层对这些事件保持着越来越高度的警惕，甚至禁止传播来自苏联的一些出版物，如《莫斯科新闻》《卫星》等，因为它们实际上已经成为反共产主义的代言品。特殊时期即将到来，从其后果来看，不仅对古巴，而且在很大程度上对苏联人民来说，特殊时期是非常可怕的。后来，弗拉基米尔·普京在其总统第一任期内称苏联的解体为"20世纪地缘政治的最大灾难"。

---

① 马克西莫·戈麦斯（Máximo Gómez, 1836—1905），生于多米尼加共和国，古巴两次独立战争主要领导人之一，曾任起义军总司令。——译注

第六章　和平年代的特殊时期

社会主义泰坦尼克号的沉没；预言逆境；特殊时期；今天芸豆比大炮更重要；美国加强封锁，联合国表示谴责；对党和国家的触动；隧道尽头的光明；击落飞机；《赫尔姆斯—伯顿法》；另一个拉丁美洲；古巴再次融入拉美地区；五位英雄；公开论坛；卢尔德斯中心的终结；劳尔开始引领革命。

在政治和军事词汇中，"特殊时期"这种表述被解释为"战争"。在特殊时期，应建立起适应新形势的国家中央行政机构，限定宪法权利；此外，需实施紧急措施，如能够实现动员的必要措施。

在古巴，这个概念被界定为，在受到入侵之前，在遭受海上和空中封锁的情况下所采取的措施。苏联和欧洲社会主义体系的解体使古巴面临雪崩式的巨大困难，古巴政府对原计划进行了调整，并实施应对新形势的计划，把新形势称为"和平年代的特殊时期"。作为处在这种形势的唯一国家，古巴抵御着一场战争。在这场战争中，没有对抗武装对手的行动。

自古巴赢得正式独立以来，古巴经济的特点在于始终以外部市场为导向。历史上，古巴产品的85%销往国外。这些产品包括蔗糖、烟草、镍和酒类。一直以来，古巴产品出口的对象比较有限，主要贸易对象是一个在对外贸易享有优惠待遇的伙伴国家。1959年之前,这个伙伴国家就是美国,古巴85％的进口来自美国。任何工业机械或运输工具都从美国供应商处购买。

古巴革命的胜利及其采取的外国资产国有化措施,成为美国施加对古经济封锁的缘由和借口。事实上,1959年和1960年,美国与古巴的经济和贸易关系完全中断,导致古巴工业和运输的整体衰落和破坏。

经过漫长而艰苦的几年,依靠苏联和其他社会主义阵营国家提供的技术,古巴经济得以恢复并开始发展。在当时的历史条件下,这是唯一可行的道路。

没有人能够预见,苏联和其他欧洲社会主义阵营国家会自我毁灭;但这在1988年至1991年间确实发生了。当时,古巴革命胜利已满30年。在这30年里,古巴经济在苏联技术的支持下得到发展。古巴将近85％的出口和进口都以社会主义国家为对象。

1991年,苏联与古巴的经济和贸易关系完全中断,这对古巴而言等同于第二道经济封锁。在很短的时间里,古巴不仅失去了工业和运输发展所需的关键商品的供应源,也失去了传统的出口市场。

在仅仅30年中,古巴经济两度遭到破坏,都是由于外部原因造成的,是不以古巴的意志为转移的。古巴是个自然资源比较匮乏的贫困小国,要抵御1991年猛扑而来的真正的经济海啸,必须要在短时间内进行适应新形势的经济调整。因此,20世纪90年代被称为"特殊时期",并冠之以"和平年代"的限定是非常合理的。

到了1991年秋天,大多数古巴人已经很清楚,苏联的社会主义"最美好的年代"已成过去,下一步是能否在传统的地理疆域内保证苏维埃联邦国家自身的存在。在1991年8月"国家紧急委员会"(俄语缩写 GKCHP）发动的政变失败后①，苏联共产党在苏联遭到禁止。

在这种情况下，为了估计形势，规划未来可采取的步骤来挽救古巴革命，古巴共产党决定召开第四次代表大会。大会在圣地亚哥市举行，这里被誉为"革命的摇篮"。

为了节约燃料，航班被迫大幅度减少，几乎所有代表都是乘坐火车或客车到达圣地亚哥市的。不知是开玩笑还是认真的，菲德尔说，如果需要的话，他就骑马、骑自行车或步行前往。在前几次代表大会上，大会发给每位代表一套服装，而这次每位代表都是穿着原有的衣服来的。

菲德尔第一次没有发表传统意义上的报告，而只是发表了开幕演说。在演说中，菲德尔向 1772 名古共代表和 142 名兄弟政党和民族解放运动的代表说明了古巴面临的逆境。接下来他用统计数据来说明情况。

古巴失去了石油供应来源。以前，苏联每年向古巴供应约 1300 万吨石油；而如今最多只能期待 500 万至 600 万吨。苏联中断了对古巴的粮食供应，包括人吃的粮食和用于饲料生产的粮食，年供应量达 150 万吨。也难以确保肥料的供应数量，每年约 400 万吨。

古巴将无法从苏联得到镍加工所必需的 17 万吨硫黄；无法得到超过 55 万吨轧制金属和相同数量的木材；无法得到 11 万吨纸板和纸张；无法得到用于洗涤剂生产所需的 3.5 万吨碳酸钠；无法得到 27 万个充气轮胎；无法得到 3 万吨棉花和纺织品；无法得到 2.8 万吨有色金属以及其他很多苏联商品。

从此时起，所有这些供应都到此为止。食品的情况也是一样。来自欧洲社会主义国家的供应量曾经很庞大：民主德国的奶粉（相当于

---

① 苏联一部分主要领导干部和武装力量的高级军官试图恢复逐渐走向自我削弱和解体的苏维埃联邦国家而采取的行动。但行动的犹疑不决使其在很短时间内就遭到失败。

2.2亿升液体牛奶）、保加利亚的小麦、冷冻鸡肉、奶酪……

总进口额从82亿美元降至22亿美元。由于传统市场的消失，出口额也大幅下降。从经济角度看，这样的情况简直是灾难性的。

据说，与会代表、哈瓦那历史学家欧塞维奥·莱亚尔（Eusebio Leal）在与菲德尔的谈话中，对菲德尔说："好了，现在我们真的是自由了，摆脱了美国，也摆脱了苏联！但是，这会持续很久吗？"菲德尔答道："永远，欧塞维奥同志，永远会这样！"

但是，大会不仅仅限于阐明形势，也是要找到在如此短的时间内出现的种种复杂问题的解决方式。

古巴领导层曾预料到会出现如此意外的情况吗？当然预料到了，因为社会主义"泰坦尼克号"在全世界的目光中沉没，它的弥留时间将近两年。在此之前，早在1989年7月26日，菲德尔就已经公开提醒过古巴人民和古巴共产党，即使苏联消失，古巴也会坚持革命道路。

从很久之前开始，劳尔·卡斯特罗不仅察觉到逆境难以避免，而且抢先一步，逐步采取措施来缓和其负面影响。早在1990年4月，苏联解体之前近两年，劳尔就召集了一次特别展示会议，与古巴共产党、政府和革命武装力量的高层领导干部进行研究。为了形容所遇到的严重困难，首次使用了"特殊时期"这个词。

花了三天的工作时间用来分析经济与国家国防能力之间的相互关系。特别展示会向与会者展示了克服困难所需的必要生产和技术。会议特别强调要制造进口技术设备的零配件，要用本国现有的资源生产畜牧业所需的饲料，要使用现有的材料进行药品生产等。

在会议总结发言中，劳尔说："必须从现在开始考虑恢复、节约、合理、有效而节俭的工作方法和作风等一切因素，我们正处于特殊时期。"① 之后举行的约 250 次类似的活动也延续了这次会议的经验。在劳尔的指示下，特别展示会开放了很长时间，以便让党和国家的各级领导干部更好地了解情况。

为了培训革命武装力量和全社会以应对即将到来的挑战，军队各单位、党和国家各级机构都举行了会议。从 20 世纪 90 年代初开始，在劳尔的指示下，武装力量机构制定和实施了约 1800 条详尽的精简措施，这些措施在不影响国防能力的情况下最大限度地节约了成本。

革命武装力量实现了将近 85％的粮食自给率，尽量不浪费哪怕一升燃料，哪怕一颗弹药（使用模拟装置），哪怕一个充气轮胎等。如解散了革命武装力量的 17 支专业军乐队中的 15 支，乐器被保留下来，以便日后从音乐学院的毕业生中招募人员再次组建乐队。

毫无疑问，在应对特殊时期的全国准备进程中，革命武装力量和党一起，发挥了带动车厢前进的火车头的作用。

然而，无论古巴领导层对未来形势的估计多么有预见性，古巴也无法阻止灾难达到如此大的规模。

党的第四次代表大会起草了特殊时期条件下的工作方针，特别提出对外国投资开放，本着与一直支持古巴革命的拉美国家实现一体化的理念，对拉美地区的资本给予优惠待遇。即便古巴还是经济互助委员会（CAME）成员时，也是如此。古巴待在经济互助委员会是过渡性的、暂时的，因为古巴经济一体化的舞台当然是在拉丁美洲。

上述这种做法也符合拉美地区致力于民族解放事业的伟大爱国者的思想，如西蒙·玻利瓦尔、何塞·马蒂、奥古斯托·塞萨尔·桑地诺等。古共四大后的事态发展完全证实了所选道路的正确性。

由于财力和市场的限制，期望糖产量增加是不合逻辑的，也是不可能的。但是，古巴提出要谨慎使用成本较高的甘蔗收割技术。当时

---

① 《格拉玛报》1990 年 4 月 10 日。

古巴的专业砍甘蔗工人只有不超过 5 万人；而 1970 年有 35 万人，包括来自其他部门的志愿劳动者。在新形势下，不可能保证这么多劳动者的生活、穿衣和必需的劳动工具。

会议的工作重心是探讨如何保证民众所需的食品生产。古巴拥有约 10 万头耕牛，是小农庄园的主要耕畜。于是，古巴计划再养育和训练 10 万头耕牛来代替短缺的拖拉机。一直务农的菲德尔的长兄拉蒙对这个问题的反应格外热情。

拉蒙坚决而极力地说服他的弟弟，在目前条件下耕牛是理想的解决方式：耕牛不需要燃料，在恶劣天气下不需要保护，不需要零配件，也不需要维修作坊；耕牛可以提供肥料，可以自我繁衍，一旦其"耕地能力"耗尽，还可以成为宝贵的蛋白质食物。

古巴将特别紧缺的进口饲料，只用于家禽饲养场的蛋类生产。甘蔗渣成为牛畜的基本饲料；它富含矿物盐和尿素，成为一种很好的动物饲料。

为应对主要的传统出口市场的丧失，古巴决定发展对外旅游业作为外汇创收的主要来源之一，对外旅游业可以快速获得外汇现金收入。古巴的气候和生态条件非常好，全年都可以接待游客；古巴拥有广阔的海滩，对游客有安全保障，旅游业劳动力资质良好。经验证明，对度假型酒店的投资在短短几年内就能收回成本。1991 年，旅游业带来了 4 亿美元的利润。

由于自身缺乏资金，古巴政府邀请境外投资者建造酒店及配套设施，条件是双方同等参与。古巴出资 50%，提供劳动力和建筑；外国投资者出资另一半，提供酒店相关技术和配套设备，如冰箱、电梯、厨房设备等。不少外国公司进入古巴市场，特别是西班牙梅利亚公司。因为更看好古巴，梅利亚公司放弃了对美国市场的兴趣。事实证明，西班牙人的选择是正确的。

在特殊时期，古巴旅游产业一直加速发展。在浅水区铺设的石子路上修建了公路，直通古巴北部沿海的大片岛礁。那里的海滨，海水清澈，沙滩干净。

与往常一样，革命武装力量部成为开路先锋。在所谓的"肥牛时期"，在劳尔·卡斯特罗的倡议下，革命武装力量修建了一些供外国贵宾和古巴将军或官员休闲娱乐的酒店。当特殊时期的凛冽寒气袭来时，这些具备接待外国游客能力的酒店就开始投入使用，为古巴创造急需的外汇。

一段时间后，利用酒店管理经验，海鸥旅游集团逐渐发展起来。海鸥集团的利润为国家预算做出了巨大贡献，满足了武装力量最急迫的需求。

此外，古巴还对科学、生物技术、医药和药品生产寄予很大期望。过去，古巴错误地仿效社会主义国家的经验，着力发展传统行业。从此以后，古巴要推动具有高科技含量的领域，用尽可能少的原材料产出尽可能最大的利润。

在古共四大上，对古巴共产党的党章做出了重大修改：不再将宗教信仰视为入党的障碍。而几乎所有共产党都普遍禁止教徒入党，因为苏联从未允许这样做。

因为没人能预见特殊时期的所有复杂情况。要处理这些复杂情况，需要党的领导机构中央委员会集体做出决定。大会选出了由225名委员组成的中央委员会，承担特殊职责。

没有必要特别说明劳尔在此次大会和其他会议的筹备和召开过程中发挥的极其重要的作用。如果说菲德尔一直承担着总指挥的角色，劳尔则一直是总参谋长。菲德尔的创造潜力是巨大的，要实现他的决定需要进行不少辛苦工作。这些决定的启动、实施和监管显示了劳尔的智慧、坚忍顽强、有条不紊和工作能力。

劳尔的另一个特点是善于处理有关人事的敏感问题。因此，在党的大会上，劳尔总是负责召集未被包括在新的候选名单中的中央委员会委员的工作。劳尔回忆起他第一次承担这项工作时的情景。他接连数晚与这些委员谈话，谈话有些艰难。其中有一个人一直在问："现在，我工作的单位的人，他们会怎么看待我？为什么我不是新的中央委员会的成员？"还有一些人一直要求劳尔向他们解释，为什么不把他们留在中央委员会里。

在后来的一次代表大会上，劳尔又进行了类似的谈话。理解的程度有所提高，但还是有一位未被包括在新的候选名单上的同志，这是一个立过很大功绩的委员，他似乎已经接受了这一现实。但在大会活动结束时，这名委员表情庄严地走近菲德尔，拥抱他并放声大哭。菲德尔感到非常吃惊。

劳尔用真诚而人性化的方式向大会代表们解释，作为党员，当选为中央委员会委员是一种巨大的荣誉，虽然任期只有五年。最主要的是继续为祖国和党效力，并随时准备好承担任何任务。他补充说，举例说明，决定将中央委员会中的军队委员的数量从 35 人减少至 20 人，目的是增加其他部门的委员，在"被合理化裁减的委员"里甚至还有古巴共和国英雄。

1991 年过去后，特殊时期的困难完全降临到古巴人民身上。因为古巴没有丰富的能源储量，能源短缺成为对古巴经济和人民福利的第一个打击。石油开采量很小（当时只有 100 多万吨），而且含硫黄量很高，这种石油很难提炼，主要用于热电厂。

古巴不得不从国际市场购买大部分燃料。燃料价格上涨很快，所有出口收入也就刚好与进口石油消费持平。发电量急剧减少，常常造成大面积停电，对经济发展、公共服务和人民生活造成不利影响。

古巴经济生活的支柱——制糖业的产量非常低。糖产量从 1992 年的年产 700 万吨减少到 1997 年的年产 330 万吨。减产的原因是农业和制糖业的条件恶化。缺乏技术设备、得不到化肥和化工产品。由于甘蔗产量不足，制糖厂变成了不必要的负担，因此不得不关闭约 70

家制糖厂，将近当时所拥有糖厂的数量的一半。

这意味着一场真正的悲剧，因为大概 100 万古巴人的生活都直接与制糖业有关。即便只关闭一家小糖厂，都是对那些一直从事制糖相关行业的群体的沉重打击。一些人离开家园，另一些人决定改行从事农产品种植。政府鼓励后者种植用来制造雪茄的烟草，这是国际市场需求非常旺盛的产品。在迫于形势的压力而别无选择的情况下，这个过程是非常痛苦的。

公共运输的运转很不正常。燃料缺乏，车辆耗损。政府采取措施发展自行车运输业：组装 50 万辆，从国外再购买 150 万辆。越南和中国的经验在这方面很有用。

有句谚语说：需求激发智慧，即需求会推动问题的解决。为了弥补城市交通的巨大缺口，古巴技术人员修建了供客运的特别客车和供大型载货使用的拖车（remolcadas）。这些车辆被称为"骆驼"，因为其顶棚的结构很像两个驼峰。

当然，它并不舒服，但却是解决运输困境的出路。永不泄气的古巴人民把它们戏称为"哈瓦那的地铁"。后来，政府趁一个机会从欧洲购买了几百辆使用期限已满的城市大巴，维修好后在城市运营。

城际交通工具几乎完全没有。于是，政府在居民比较集中的道路交叉口安排经授权的特别调度员，负责拦住归国家所有的任何车辆，搭载顺路的人们。

由于缺乏电力和原材料，又无法在国际市场销售所生产的产品，很多工厂不得不停工或低产能运转，不得不给职工放长假。随后，政府决定向他们发放正常工资的 60%。这是一项反经济措施，但从古巴革命的社会意义的角度来看也是可以理解的。有时预支款项达到全年工资基金的总额。

很自然地，通货开始膨胀。本国货币比索的汇率飞速下降，汇率降至每 150 比索兑换 1 美元，而正常时期一般为 20—22 比索兑换

1美元。

教育体系也受到严重影响。仅1993年学校的教职员工数量就减少了1.4万人，主要原因是生活、工作和交通条件非常差。没有写字用的纸张，很多教学用具都消失不见，工资还很低。但是，正规学校一家也没关闭。

古巴被迫减少少先队营房网，终止宏大的教育中心修建计划。修建计划是要在农村地区建设"乡村学校"。已建成数百家乡村学校，学生可作为寄宿生接受中等教育，将教学与生产活动相结合。分给每个学校的土地一般用于种植蔬菜或水果。这些学校给每个班级提供膳食，拥有条件良好的体育场地，有的甚至有奥林匹克游泳池。

这个思路实现了世界共产主义思想的创立者们的古老梦想和何塞·马蒂的思想：将学习与劳动相结合，在不受过去不良习气和残余影响的环境下教育年轻一代。但是，这个计划成本很高，完全不符合现有社会发展水平，在特殊时期以求生存为主的情况下不可能持续下去。

食品供给仍是主要问题。古巴人口大部分集中在城市，也将继续如此，如今城市人口已达到80％。古巴主要依赖蔗糖生产，从未发展过多样化的农业。与其他拉美国家不同，古巴没有大量传统方式下生活的农民。

甘蔗种植园里的劳动者（播种、除草、收割和收获）算不上农民，更确切地说，他们是农业无产阶级。他们不是土地所有者，也不习惯从事其他农业劳动。

古巴进口大量基本食品，首先是用蔗糖和烟草换取大米、芸豆和食用油。在与苏联保持兄弟关系的时期，古巴从社会主义阵营国家得到大量食品。这个供应渠道如今已经关闭。

大多数土地改革后留下的小土地所有者（约20万人）仍使用传统方式劳作，不可能解决食品短缺问题。

国家农场在很大程度上使用进口生产资料从事生产，仍处于非常脆弱的状态。比方说，菲德尔·卡斯特罗个人倾注了不少心力才发展和巩固的牛奶厂，由于苏联停止供应饲料而衰落。

在古巴自身条件下，天然牧草草场需要灌溉、施肥和可作饲料用的牧草的改良才能赢利，此外还需要被划分为方形地块，让放牧者轮流使用。因此，奶牛畜牧业减产60%。保证儿童健康的基本食品——牛奶紧缺。

食品短缺常常令中央政府和各级政府头痛不已。作为革命武装力量部部长，劳尔·卡斯特罗努力实现武装力量在基本食品方面的自给自足，为此，他向政府申请分配必需的土地。在军事部队转移之处，仍可以看到劳尔在土地使用方面不可磨灭的印记：精心保养的田地、果树或珍贵木材的种植。

古巴国家植物园园长评价道，劳尔·卡斯特罗的最佳赠品是果树或装饰树种的树苗：他在位于哈瓦那郊区的小房子旁边兢兢业业地播种和种植。当然，这显示出劳尔的农民出身和他的父母对大自然的热爱。

劳尔成为在古巴推行的被称作"城市农业"计划的主要创始人和推动者，这一点丝毫不令人惊讶。老一代苏联人一直记得，在第二次世界大战期间，在被包围的列宁格勒，所有绿地（公园、草坪和花园）都变成了菜园，出产的产品拯救了很多生命。

1987年，古巴业已开始建设"家庭菜园"，近似于苏联的乡间别墅菜园。家庭菜园是几垄土壤肥沃的地，用于种植小作物，保证灌溉，有时搭有防止阳光直射的棚，因为古巴的阳光通常十分强烈。

这种人造田埂的建造成本不高，劳动力住得不远，由农业专家提供有关种植方法的咨询建议。在"田地"旁边就近搭建有挡篷的木板台，出售收获的产品。

1997年12月29日，在哈瓦那举行的城市农业运动十周年活动上，劳尔·卡斯特罗作为这项重要倡议的发起者获得了特别证书。

如果分析一下劳尔在特殊时期走访各省的轨迹，就会发现他对食品和种子生产、家庭菜园的效果、蜂蜜的贮存、淡水鱼养殖方法、寻求能源和其他很多物资的替代来源的操劳，这些都是其党和国家活动的基础。有时候，他一旦发现食品生产中的成绩，会立刻就地给负责的官员升职，无论他们是在职还是已经退休。

在努力做这些工作的同时，劳尔也没有懈怠古巴的国防能力建设。他不止一次地提到，某一天必须立个特殊时期纪念碑，因为特殊时期激发了古巴人民的创造力。

但是，困难的局面还是持续了很长时间。在古巴，没有出现苏联在第二次世界大战之后那样规模和性质的挨饿现象。但是，食品特别是蛋白质食品的质量非常糟糕。城市居民在住房里养鸡的情况并不鲜见。

发生了一些趣闻逸事。比方说，有位官员在自家屋顶平台上养了几只鸡，用机器磨好的香蕉皮喂鸡。他养的鸡爪子很长，但骨瘦如柴。但正如谚语所说："没有鱼的时候，就连螃蟹也可以当作鱼。"就连苏联外交官员都在使馆里种植蔬菜和豆科植物。

古巴的形势全球皆知。古巴的敌人认为，社会主义政权的崩溃就在朝夕之间。1992 年 10 月，美国总统乔治·布什（老布什）签署了《托里切利法》。法案的拟定者罗伯特·托里切利（Robert Torricelli）是新泽西州的议员，不久之后他就由于为自己的商业公司谋利的腐败行为曝光而被迫终止政治生涯。

这部法案禁止美国在第三国设立的分公司与古巴进行商业交易，还禁止美国船只在未经事先许可的情况下以商业目的进入古巴港口。法案还规定，进入古巴港口的其他国家商船自离开古巴沿岸之日起，180 天内不得停靠美国港口。

但是，大多数国家对古巴的好感都在增加，相信古巴的坚定信念会收到回报。1992 年 11 月 24 日，就在特殊时期，联合国大会首次做出决议，谴责美国强加给古巴的经济、贸易和金融封锁。这个决议是国际社会对美国的罪恶行径的一次明确而正面的回应。美国的罪恶行径首先伤害了和平的普通民众。

在全面短缺的情况下，就像在其他地方一样，不可避免地出现了抢劫等其他犯罪现象，卖淫现象也重新出现。此外，对党和国家机器的厌倦情绪逐渐增强。一些领导干部变得漠然冷淡，开始对革命能够克服一切困难失去信心。必须要触动一下党和国家机器。

菲德尔和古巴共产党领导层把这项艰巨而需要高度责任心的工作委托给劳尔·卡斯特罗。为了完成任务，劳尔决定在古巴的东部、中部和西部三个主要地区分别召集党和国家干部开会。这么做可以让干部不必很长时间离开工作岗位，扩大参与者的范围，有利于分析每个地区的具体问题。

1994 年，第一次会议于 7 月 17 日在奥尔金市召开；第二次会议于 7 月 20 日在圣克拉拉市召开；第三次会议于 7 月 29—30 日在革命武装力量部的活动大厅召开。俄罗斯人通常认为，这种形式的会议对国家的命运而言是决定性的，因为在会议上会提出至关重要的问题，制定重要建议和方案。中央委员会政治局委员、书记处成员、武装力量最高指挥部半数以上的成员参加了会议。最后一次会议由菲德尔主持。

劳尔·卡斯特罗的发言显示出他卓越的领导才能。劳尔毫不隐瞒地提出了各种问题，有力、明确而简要地表达他的意见，要求一切雷厉风行。他号召全党进行决定性的斗争。自然，很多问题都得到了处理。最重要的部分在后文详述。

显而易见，古巴的情况无法实行多党制，因为任何其他政治组织都只能成为帝国主义的武器和分裂社会的工具。一党制是何塞·马蒂的遗产，是国家统一的必要条件。

很多领导干部感到茫然无措，不知道从何做起，一些人期待奇迹，到了该结束这种精神状态的时候了。任何问题，即便是最难的问题，也只能依靠自身努力来解决，必须消除问题无法解决的观念，代之以截然相反的劝勉："是的，可以！"

政治局解除了7名省委第一书记的职务，缩减了中央政府机构官员的数量。劳尔认为，这样可以减少3/4的官员。新任的书记都是年轻人，劳尔要求他们本着会议的精神开展工作，因为只有如此，革命才能高举利剑，取得胜利。他说：

> 我认为，市委或省委第一书记最多任职5年。特殊情况下可延长2—3年。如果工作出色，可以委任他担任情况更加复杂的另一个省或市的第一书记。但是，党和革命不能任由干部浪费职位，一旦干部离开岗位，我们就将他们更换。[①]

在会议这样的气氛里，对那些感到倦怠或是不能清楚地看清前景的领导干部，建议他们主动辞职。没人会因主动辞职而遭到训斥，大家会对他们所做的工作和将职位让给新生力量的决定表示感谢。劳尔·卡斯特罗严厉批评那些习惯以"客观条件"为理由，没有完成计划的领导干部。他指出，暴雨、干旱和飓风都不能成为干部不作为的理由。

劳尔坦诚地指出，省党委中尚未形成真正的民主，省委第一书记的意见凌驾于其他人的意见之上，既无批评也无自我批评。他指出，一团和气、高高兴兴，事情往往变得糟糕；阿谀奉承和微笑沟通不过是掩盖不足的屏障。在另一个场合，他曾这样说，谄媚者比中央情报局的特务还要坏。劳尔不能容忍阿谀奉承者。

在继续概述劳尔在这些会议上提出的看法之前，值得一提的是，

---

① 古巴共产党中央委员会档案馆藏档案。

会议的成果之一是实现了党和国家领导干部的彻底更新。根据非官方数据，各级官员中有将近 30％ 被解除职务。

在这个过程中，政治局的特别委员会视察了格拉玛省的党和政府机构。视察结束后，该省领导层受到严厉批评，该省党委书记和人民政权代表大会主席请辞。

在那些天，党的机关报《格拉玛报》常常引用 19 世纪解放军总司令马克西莫·戈麦斯的一句话。他说："古巴人不达目的誓不罢休。"在《格拉玛报》上曾刊登过劳尔这样严厉的话："古巴人是十余次撞击同一块石头的唯一生物。"① 也就是说，不乏进行批评和自我批评的劝勉。

会议的另一个中心议题是农业生产。那时候，蔗糖出口是最基本的外汇收入来源，为此，劳尔要求着力发展蔗糖生产，同样需要集中精力的，是用以满足民众需求的食品生产。劳尔表示，这应当是一切策略、政策和思想的核心。他明确提出："国防取决于经济。我们的国防理念是泛指的，现在芸豆（应理解为食品）比大炮更重要。"②

为了实现这个目的，古巴开始建设大城市周边的果园和菜园环带，但只是部分实现，收效不大。建立农产品市场的行政措施收效更大。农民在履行与国家的合约后，可以在市场上以市价出售余下的收成。

劳尔·卡斯特罗是这项措施的坚定赞成者和主要推动者。这项措施遭到了一些党员干部的非议甚至排斥。这与俄国革命最初几年的情况比较相似。当时，苏联政府逐渐从应急机制过渡到实物税，又慢慢地过渡到新经济政策（俄语缩写 NEP）。

因为实现了建立在供需关系基础上的市场，取代了日益猖獗的黑市，农产品市场的开放在一定程度上缓和了形势。国家小农协会欢迎

---

① 《格拉玛报》1994 年 8 月 23 日。

② 《在 1994 年 7 月 29—30 日西部地区会议上的声明》，《绿橄榄杂志》（特刊）1994 年 9 月。

这项措施，要求政府扩大交易门类，包括原材料、生产工具和其他可以向农民出售的商品。

劳尔·卡斯特罗和其他实施会议精神的同志坚持加强秩序和纪律、严厉打击盗窃和抢劫的必要性。

举例来说，盗窃国外房主在国内的空屋以及在田地里偷盗牲畜的现象有所增加。此外，破坏党的领导干部住房的事件也正在出现，有时候从窗户投掷石块和燃烧弹。

由于古巴群岛沿海有时会发现贩毒船只被追击时扔进海里的毒品包，因此很有必要阻止毒品交易在古巴蔓延。为此，内务部必须采取强有力的措施。必须出台更加严厉的法律打击此类犯罪。每个案件都要追查结果，无论是普通案件还是反革命性质的案件，在古巴，这些案件一直以来几乎总是被搁置。在必要时应当号召群众，要一直坚持政治工作。

劳尔·卡斯特罗要求党和政府的领导干部密切与群众的联系，优先满足普通民众的重要需求。劳尔提到，有时候存在令人愤慨的冷漠和无动于衷，比方说，缺少造棺材的材料；以没有燃料为由不把遗体运到墓地；家用的煤油没有及时送达民众，造成很多人没法做饭。劳尔请民众在遇到这种情况时直接向革命武装力量寻求帮助。

劳尔劝勉领导干部针对民众的要求和需要开展工作，而不是按部就班。劳尔提醒干部们说，在古巴遭受出乎意料的登革热瘟疫时，儿童是易感人群，必须加快专科医院和诊所的建设，这是挽救病患儿童的生命必不可少的。为此，菲德尔连续数星期只小睡片刻，夜以继日地频繁视察建设情况，组织和监督物资和设备供应，直至一切准备就绪。

特殊时期的自身条件比任何时候都更要求提高领导干部的水平。民众应当感到与政府的联系是不可分割的，应当对政府有信心，应当感到政府能够表达民众意志。那些年，古巴通过了《古巴国家干部道德准则》。《准则》的前言引用了何塞·马蒂的名言："所有人的私人生活和公共生活都必须维护祖国的荣誉。"①

接下来，《准则》罗列了国家各级官员应当遵守的 27 条基本道德准则。下面引用最重要的几条，足以说明《准则》的精神和意图：

保持真诚，永不掩盖或歪曲真相。根除谎言、欺骗、蛊惑及舞弊行为；

羞耻心、荣誉和尊严高于一切；

严格履行许下的承诺，言出必行；

打击冷漠、懒惰、悲观主义、过度批评和失败主义；

与劳动者和民众保持联系，尊重和信任民众，细致体察民众情感、需求和意见；

腐败当事人和姑息腐败者同罪；

强化以功绩和能力为依据的干部政策；

国家行政权对其他未履行职责的官员不赋予任何特权或偏私。

地区会议和随后的活动成为古巴党和国家官员精神面貌的转折点。"是的，可以！"的口号式劝勉是所有会议和活动的共同主题。古巴决定，政治局每年两次视察党的省级委员会。

每次地区会议都制作了视频，播放给相应地区的党员们观看。中央委员会通过了通告，发给所有的基层组织，指示基层组织就会议提出的主题展开深入讨论，根据每个区域的具体情况进行分析。

这场以提高党和国家干部战斗力为目的的特别动员行动的总结，是劳尔·卡斯特罗 1994 年 8 月 3 日在全国人民政权代表大会上的讲话。在激情洋溢的演讲中，劳尔提出，以前代表们的大部分发言都是

---

① ［古巴］何塞·马蒂：《何塞·马蒂全集》第 22 卷，（哈瓦那）社会科学出版社 1991 年版，第 55 页。

老生常谈，曾让他非常失望。代表们在地区会议上的发言则与之形成鲜明对比，他们抱着解决问题的精神一针见血地分析问题。

劳尔补充说，目的不是要叙述已经完成的工作，而是要分析所做的工作效果如何，如何才能把工作做得更好。他号召代表们集中精力分析那些能够也必须依靠自己的力量解决的问题，不要拿封锁当作借口。他说："必须让谎言粉身碎骨，不管谎言多么微不足道，或是多么无意识为之。不仅因为谎言的实质是对人格的侮辱，建立在这个实质基础上的行为具有腐化功能；而且因为革命应建立在绝对诚实的基础之上。菲德尔是不可超越的典范，他教育和要求我们，即使对敌人也不能撒谎，要让敌人尊重我们提出的公共意见。"

劳尔·卡斯特罗强调，没有批评和无根据的、肤浅的批评一样危险。他号召杜绝在走廊上窃窃私语地表达意见，而应在党的会议上把意见提出来。劳尔说："……必须鼓励所有的革命者……让他们在某些场合和时间、以某种方式，或者说，在适当的场合、在恰当的时间、以正确的方式公开表达意见，这才符合我们的党应有的民主精神……"①

劳尔承认，在革命胜利后的 35 年里，由于主观原因犯过不少错误，这是社会进程中的普遍现象，因为只要有人类存在的地方，就会发生这种现象，但是可以用集体领导的方法来避免。他最后总结道：

> 因为我们的革命取得了胜利，我们有英雄的人民，我们的总司令向历史充分证明，他有能力带领他的祖国和人民。没人比切做出过更准确的定义，他说："我们今天在这里，古巴革命在这里，只是因为菲德尔第一个冲进蒙卡塔，因为他第一个冲下'格拉玛号'，因为他第一个走进山区，因为他驾驶坦克驶向吉隆滩，

---

① 《格拉玛报》1994 年 8 月 5 日。

因为发生洪水后他赶赴现场，甚至因为别人不让他进去而发生争执。因此，我们的人民对他们的总司令满怀信任，因为他具有其他古巴人没有的、所有可能的道德权威，能够号召人们为革命而做出任何牺牲。"切是这样想的，我也是这样想的！①

就在这次令人难忘的人大会议讲话后的两天，1994 年 8 月 5 日，在哈瓦那发生了一些险些酿成骚乱的戏剧性事件。美国利用一些民众对特殊时期形势的不满，发起粗暴的挑衅。来自美国的广播电台和电视台制造谣言，说这一天会从美国派出船只和舰艇，到哈瓦那接那些想移民的人。

不出所料，很多人聚集在哈瓦那沿海大堤上。时间一分一秒过去，海上并没有出现任何船只。人群逐渐骚动起来，听到有人挑衅地高声喊叫，指责古巴政府阻止了美国船只进入古巴领海。一些犯罪集团开始抢劫店铺，焚烧车辆，打碎商店的橱窗和住家的玻璃。

几乎所有地方的街头骚乱场景都一样，但结果常常很不相同。菲德尔在得知消息后下令不要采取武力措施，撤退警察。他就带着助手和私人护卫，还命令他们不许开枪，乘坐吉普车赶赴事件发生地。

菲德尔的出现产生了冲击效应。一部分之前情绪失控的人开始呼喊他的名字。此外，在不远处修建科伊巴酒店的建筑工人也赶来支援菲德尔。反社会分子落荒而逃。骚乱的萌芽被连根拔除。

这是了解菲德尔在古巴革命中所发挥的作用的代表性事件。很多撰写菲德尔传记的作者提出一些假定的神秘原因来解释菲德尔为什么无法"被战胜"，或是说他"无敌"，或是说他"万能"，诸如此类。

事实上，菲德尔是个凡人，但他具有非同寻常的智慧和意志力，具有卓越的个人价值和政治家风度。这些个人特质，加之丰富的生活

①　《格拉玛报》1994 年 8 月 5 日。

和政治经验，让菲德尔成为传奇般的革命领袖，令他的对手肃然起敬，甚至望而生畏。

可以肯定的是，1994 年是特殊时期最困难的一年。国内生产总值与 1990 年相比下降了 34％。通常来讲，这等规模的灾难是发生战争的结果。

由于古巴人民难以想象的努力，经济开始恢复，虽然很缓慢。本国石油开采产量有所增加，20 世纪 90 年代中期超过了 100 万吨。来自外国游客的收入开始显现效果，游客数量超过 100 万。古巴颁布了若干法律，允许成立外国资本参与的合资公司。美元流通实现合法化，允许接受侨汇的古巴亲属将外汇换成可兑换比索。

古巴采取了经济措施，着手改善国家货币体系。雪茄、香烟和酒类可在自由市场上销售，从流通中得到 25 亿多比索。在很大程度上加快了农产品市场的产品流通，又获得 40 亿比索。仅靠对上述流通所得的税收，国家征收到 2.5 亿比索。

古巴共产党扩大了队伍。1997 年已拥有 78 万党员，其中 23.2 万名党员是在特殊时期入的党。这一情况与苏联在卫国战争时期的情况非常相似。当时，苏联虽然处在难以想象的困境，敌人占领了大片国土，战斗前线伤亡惨重，苏联共产党仍继续壮大。在这种情况下，新党员通常具有非常优秀的品质，因为困境不会吸引那些希望入党可获得特权的人，而只会吸引那些发自内心和觉悟听从号召的人，这些号召呼唤他们投入战斗、投入工作。

古巴开始重新调整对外政策。在重申其属于拉丁美洲共同体的同时，古巴还加强了与亚洲社会主义国家（中国、越南和朝鲜人民民主共和国）的关系。1993 年 10 月，时任中国国家主席的江泽民访问古巴。江主席与古巴政府的会谈开辟了此前各时期从未有过的合作前景。劳尔·卡斯特罗两次对中国进行长期访问，学习中国的经验。

古巴与俄罗斯的联系和关系更确切地说带有怀旧色彩。苏联元帅德米特里·雅佐夫（Dmitri Yazov）、谢尔盖·索科洛夫（Serguei Sokolov）和维克托·库利科夫（Victor Kulikov）及其他军队高官访问了古巴，但目的只是休息和接受治疗。为了怀念旧情，劳尔·卡斯特罗每次都和他们见面，使他们得到关照，帮助他们解决日常生活中的问题。

在与这位古巴高级领导交往过的俄罗斯军官中，一直流传着劳尔是如何帮助谢尔盖·索科洛夫元帅的故事。1991年，谢尔盖·索科洛夫元帅的儿子，上将军衔，曾指挥在波兰表现突出的苏联军团，他染上一种奇怪的疾病，造成中枢神经系统瘫痪，俄罗斯医生对此束手无策。谢尔盖·索科洛夫元帅向与他保持友谊的劳尔寻求帮助。劳尔让他把儿子送到古巴来。古巴专家通过一系列复杂的治疗使他儿子恢复了健康。

在特殊时期，劳尔·卡斯特罗一次也没去过俄罗斯，但他高度关注这个世界第二大强国的痛苦的受劫掠经历及其在国际社会中威信的下降。这些都是野蛮而失控地进行国有资产私有化、休克疗法和戈尔巴乔夫之流担任国家最高职位造成的后果。

劳尔·卡斯特罗积极参与采取措施应对特殊时期，也是最先坚信特殊时期不可避免地会结束的人之一。1996年1月22日，19世纪反抗西班牙争取独立军队自东至西突进战役百年纪念在比纳尔德里奥市举行，劳尔在会上发言。他说："我们已经度过了特殊时期的可怕开端，看到隧道尽头的一点光明。"[①]

还有许许多多更加严峻的考验等待着古巴，但是，最糟糕的时期已经过去，革命已经挺过了最严峻的时期。书写古巴这段历史的人将不得不解释一下，古巴如何战胜了特殊时期，如何战胜了这个似乎不可克服的障碍。几乎总会这样解释，胜利的主要因素是古巴人民自

---

① 《格拉玛报》1996年1月23日。

身,是因为有特殊个人品质的领袖带领着古巴人民。

历史告诉我们,在其他时期,在古巴人民以及拉丁美洲人民争取自由的斗争中,都涌现出了杰出的思想家和充满人格魅力的领袖,如西蒙·玻利瓦尔、何塞·马蒂和奥古斯托·塞萨尔·桑地诺。但是,这些努力最后都以失败告终。

看来,古巴胜利的因素中还应该包括它的思想。古巴的思想中汇集了人民对民族解放的渴望,以及深入人心的社会公正、伦理和道德原则。在分析丰富了人类历史的革命时,很多政治学家认为,其中有四场革命具有重大意义和深远影响,这不是没有道理的,它们是:1789 年的法国革命、1917 年的俄国革命、1949 年取得胜利的中国革命和古巴革命。这不仅因为这些革命震惊了世界,而且因为其深刻的思想内涵和巨大的政治影响。

古巴革命模式的生命力令人震惊。古巴革命如此坚定的原因,一方面在于在社会中建立起强大的组织网络,将社会融为一体。当然,首先是古巴共产党。宪法规定,古巴共产党发挥着社会的政治领导者的作用。共产主义青年联盟是古巴共产党的后备力量。

但此外还有一些群众组织:古巴工人中央工会(Central de Trabajadores de Cuba,CTC)、古巴妇女联合会(Federación de Mujeres Cubanas,FMC)、保卫革命委员会(Comités de Defensa de la Revolución,CDR)、大学生联合会(Federación Estudiantil Universitaria,FEU)、中学生联合会(Federación de Estudiantes de la Enseñanza Media,FEEM)和全国小农协会(Asociación Nacional de Agricultores Pequeños,ANAP)。

这些组织在古巴选举进程中发挥着主要作用。根据选举结果组建人民政权机构。古巴在特殊时期的情况非常少见:如此结实的社会"骨骼"在经济"肌肉"少得可怜的情况下支撑着国家。

另一方面,群众组织网络和其他性质的社会组织,如法学家、作家、艺术家、记者、历史学家、经济学家等组织，构建起传感系统，能够迅速而恰当地向最高权力机构传递国家结构体系的这个或那个部分出现的问题。此外，这些组织还协助完成治疗或外科手术，让这些机构恢复健康。

面对极端复杂的形势，古巴逐渐采取非同寻常的措施。如 1994 年，人口最集中的首都形势趋紧。为应对紧急状况，支援哈瓦那政府委员会在劳尔·卡斯特罗的领导下组建起来。委员会由党和国家的最高领导干部组成。经过各方共同努力，委员会很快就扭转了局面，城市服务恢复，居民供给改善，社会紧张局面缓和。

劳尔·卡斯特罗提到的"隧道尽头的一点光明"，对有些人来说是希望之光，而对另一些人来说则使他们深感自己的无能为力。1990 年，古巴革命最疯狂的敌人之一、迈阿密极端右翼主义者的头目豪尔赫·马斯·卡诺萨（Jorge Mas Canosa）和美国民主党参议员罗伯特·托里切利宣称，古巴革命只剩下几个小时了。然而，时间流逝，他们的预言并没有成为现实，他们已不可能指望古巴革命会自动灭亡。

面对这种形势，"蛀虫们"（古巴人对反革命分子的称呼）聚集在所谓的古美全国基金会（Fundación Nacional Cubano Americana，FNCA）组织名下，决定制造危险的挑衅，搅浑古巴周边局势。为了在古巴上空进行骚乱性的飞行，他们从美国军队储备中获得了几架轻型飞机。古巴移民多次公开承认，美国中央情报局和五角大楼都没有反对他们购买快艇、飞机、武器或炸药，用来在古巴进行破坏活动。

1996 年年初，飞机开始进入古巴领空，还向哈瓦那散发有反政府内容的传单。当防空部队侦察到这些飞机时，古巴政府通过官方渠道与美国交涉，要求美国采取措施，避免这种对民航构成极大危险的非法飞行；但美国政府没有做出令人信服的回应，侵犯仍继续进行。

挑衅的组织者们以为，由于特殊时期，古巴空军已经丧失了战斗力。他们还相信，古巴飞行员缺乏足够的技能，由于缺少燃料和为延长飞机寿命而采取的节省措施，训练飞行有所减少。

古巴的耐心到了极限。1996 年 2 月 24 日，当来自佛罗里达的飞机在古巴领空进行惯常的挑衅活动时，古巴下令空军两架战斗机——米格-29 和米格-23 起飞，击落对方飞机。两架飞机被击落，碎片散落在古巴领海，机上四人丧生。

这项措施是绝对合法的，是自我保护和捍卫国家领空。此前，古巴曾多次提出强烈抗议并发出警告，但得到的却是美国政界在大众传媒上歇斯底里的回应。这一情况都被歪曲，被说成是对和平的民航飞机的无理侵犯，机上人员是无辜的受害者等。

事件发生后，在负责首都防卫的西部军军事委员会会议上，劳尔·卡斯特罗表示，古巴有无可辩驳的证据证明，这次事件是美国飞机此前对古巴边境的一系列侵犯的组成部分。劳尔强调，古巴决定采取一切措施来保障国家安全。他表示，古巴人民不会因为习以为常的漫天谎言而放弃自己的梦想。

美国以必须向亡者家属赔偿为名没收了一些在美国银行开立的古巴账户。参议院发疯似的向总统提交一项法案，要求加强对古巴的封锁措施。

共和党北卡罗来纳州参议员杰西·赫尔姆斯（Jesse Helms）和共和党印第安纳州众议员丹·伯顿（Dan Burton）提交了一项法案。前者是狂热的种族主义者，同情 19 世纪南方奴隶主，是罗纳德·里根的朋友和崇拜者，素有憎恶世人的劣名，他赢得了"说不的参议员"的绰号：他反对任何与苏联的谈判，认为联合国没必要存在，美国不应该以任何方式从预算中给联合国缴纳会费；反对堕胎，因为堕胎会造成种族灭绝，也反对各种形式的女权主义；攻击同性恋者。

杰西·赫尔姆斯是典型的政治犀牛，猛烈攻击一切常理。他惯于见风使舵：在他职业生涯的前三十年，他是个民主党人；在随后三年，他是个共和党人，因为对他更有利可图。顺便说一句，这说明两党从本质上并无任何不同。

相反，丹·伯顿只是个普通的国会议员，各方面平淡无奇，并不出名。他在众议院国际事务委员会任职，负责欧洲和亚洲事务，年薪16万美元。如果说有什么他的同僚能记住的，那就是他支持苏联前穆斯林加盟共和国利益的强有力的游说，现在这些共和国都成了独立国家。

丹·伯顿去过哈萨克斯坦、塔吉克斯坦、阿塞拜疆等国家。这些国家侵犯人权的现象，让他做出"这些国家的不成熟民主不会持续很久"等结论。反之，他愤怒地攻击白俄罗斯，说白俄罗斯总统亚历山大·卢卡申科（Alexander Lukashenko）是"铁幕后的强盗"。伯顿把参与制定反古提案视为扬名的机会。

1996年3月12日，法案获得通过。法案所涉内容非常广泛，涵盖各种性质的问题，如反对古巴参与俄罗斯设在古巴卢尔德斯的无线电探测中心，对任何以直接或间接方式造成古巴经济或金融形势改善的自然人或法人进行司法追究等。

从美国关于在古巴重建自由和民主的无数次提案中，很容易发现美国的主要目的：禁止任何人触碰美国人或古巴革命胜利后移民美国的古巴人以往在古巴的资产。

这份法案揭露了美国对古封锁的主要原因：除了想收复在古巴的资产，还想要通过推翻革命政府恢复对古巴的政治和经济统治，消灭古巴所树立的榜样。美国从未停止计算古巴革命给它造成的资产损失。之前说是70亿美元，后来又增加到1000亿美元。

古巴专家也估算了美国50多年的封锁政策给古巴造成的损失，数字令人瞠目结舌：截至2014年，按市值计算已达1168.8亿美元。如果考虑美元与国际市场金价的贬值因素，这一数字则高达1万亿美元。

从国际法的角度看，飞机被击落后在恼怒情绪影响下匆忙颁布的《赫尔姆斯－伯顿法》，是绝对的任意妄为。《赫－伯法》将美国的法律规则扩展至在国际舞台上有独立和主权行为的第三国。

全世界都发出抗议。在俄罗斯，议会两院（国家杜马和联邦委员会）几乎立即做出反应，一致通过决议，谴责美国的行为，要求俄罗斯政府采取必要措施保护本国利益。

精神科医生知道，只有白痴（患有痴呆症的人）才会在形势变化的情况下仍不改变自己的观点，因为他们是一根筋。很多美国参议员也表现出这种行为特征。《赫—伯法》的任意妄为是很明显的例子，美国采取的针对古巴的封锁政策体系也是如此。美国历届总统都不得不每六个月暂停实施《赫—伯法》中带有明显的治外法权性质的条款。

但是，《赫—伯法》已既成事实，更确切地说，它是道路上阻碍正常通行的一块大石。政客们出于个人的利益，企图进一步加紧《赫—伯法》的实施。众议院中有个名叫伊丽安娜·罗丝雷提诺（Il-eana Ros-Lehtinen）的女士，佛罗里达州古巴裔众议员，她是国会中代表古巴移民中最顽固的一派。

雷提诺提出修正案，禁止任何参与在古巴岛的地质勘探和钻井活动且其目的是发现石油和天然气矿藏的人员进入美国。美国的动机十分可笑：保护海底珊瑚群。在墨西哥湾的整个大陆平台是美国石油勘探非常活跃的区域，石油勘探已经造成全球性的灾难，上述动机更加引人发笑。但众所周知，逻辑和政治并不总是朋友。

古巴人早已习惯生活在美国不宣而战的状态下。在 1997 年 10 月 8—10 日的古巴共产党第五次代表大会及切·格瓦拉遇害 30 周年的纪念大会上，菲德尔·卡斯特罗最后一次作为中央委员会第一书记发表中心报告，他只是把《赫—伯法》当作这场战争的插曲顺便提了提。

菲德尔在报告中提到，在苏联解体和欧洲社会主义阵营崩溃后，侵略者的所有精力都集中于更狭小的阵线，特别针对小小的古巴。因此，有关国防的问题是重中之重。

菲德尔对革命武装力量部，因此也是对部长劳尔的工作评价，得到了与会代表和来宾们的热烈掌声。菲德尔说："谈到这些年所做的努力，很有必要特别说说革命武装力量。革命武装力量树立典范，开展活动，为特殊时期做出贡献。他们节省了大量物质和人力资源；在没有新的武器供应的条件下，仅靠现有的武器装备提高了国防能力；保存了各种技术，数百万武器保持良好的可使用状态；培训民众的防务能力；增强古巴公民的国防意识；管理好资源、工厂、农业企业；展示出以少博多的成绩。革命武装力量部是最适应我们所处的特殊条件的机构之一，其方法可供借鉴，对很多干部具有教育意义。"①

1998 年 2 月 27 日，国务委员会向劳尔·卡斯特罗及其朋友和战友胡安·阿尔梅达授予古巴最高级别的"古巴共和国英雄"荣誉称号和相应星级，以及一级马克西莫·戈麦斯勋章。

从时间点来看，很容易确定特殊时期始于苏联解体和欧洲社会主义阵营瓦解，但很难确定其结束时间。既没有具体日期，也没有记录在任何文献中。每个人都有权阐述自己的观点。

就像俄罗斯人在"苏联的解体终结了针对俄罗斯的冷战，还是冷战仍持续至今"这个问题上各执一词一样，古巴人也会对"特殊时期是否依然延续"这个问题争论不休。

转折点大概在两个世纪、两个千年交界，介于 20 世纪末和 21 世纪初之间的某个时间，在很大程度上与委内瑞拉政治形势的变化有关。1998 年 12 月 6 日，乌戈·查韦斯在总统选举中获胜。查韦斯毫不掩饰他对古巴革命的好感，甚至在当选总统前很久就已经应菲德尔的邀请到访过古巴。古巴与委内瑞拉这个石油储量丰富、外汇储备雄厚的国家的友好关系，大大缓和了美国对古巴令人窒息的封锁。

1999 年，桑地诺解放阵线在尼加拉瓜大选中获胜，古巴的老朋友

---

① 《在古巴共产党第五次代表大会上的中央报告》，第 63 页。

丹尼尔·奥尔特加（Daniel Ortega）第二次当选总统。2002年10月，路易斯·伊纳西奥·卢拉·达席尔瓦（Luis Inacio Lula da Silva）当选巴西总统，他是一位有进步思想的政治家，非常尊重古巴争取主权的英勇斗争。接下来的几年，拉美的民众主义领袖接连赢得政权。

2003年5月，在阿根廷，内斯托尔·基什内尔（Nestor Kirchner）在选举中获胜。一年后，在邻国乌拉圭，左翼联盟"广泛阵线"在选举中得票领先。2006年，在厄瓜多尔，拉斐尔·科雷亚（Rafael Correa）当选总统；在玻利维亚，埃沃·莫拉莱斯（Evo Morales）成为国家元首，他可能是继19世纪墨西哥的贝尼托·华雷斯（Benito Juarez）之后拉美的第一位原住民总统。

左翼力量在拉美的胜利，在很大程度上是古巴革命的结果。这段时期，古巴革命一直在抵抗美国的蛮横无理。在这场未宣告的战争进程中，自由之岛在拉美的声望不断增长，愈发牢固。同时，以往拉丁美洲"沙丁鱼"对美国"鲨鱼"的恐惧逐渐减少和淡化。

新时期的标志是玻利维亚政府决定与古巴合作，寻找在1967年该国发生的史诗般的游击战中的牺牲者。古巴派出了一个小组，于1997年6月找到了埋葬切·格瓦拉及其6名战友的地方。

6月12日，包括英雄游击队员（切·格瓦拉）在内的6位游击队员的遗骸，还有之前发现的一名古巴人的遗骸被运回哈瓦那。10月17日，他们的遗骸被光荣地放置在圣克拉拉市的纪念馆里。这座纪念馆专门纪念切在玻利维亚领导的战斗中的牺牲者，如今，它已经成为成千上万古巴人和外国人的朝圣地。①

---

① 迄今为止，已发现在游击战期间牺牲的36名游击队员中的31名队员的遗骸。其中30具遗骸与切在古巴领导的第八纵队成员、后在阿根廷加入穷人游击队并于1964年战死沙场的埃梅斯·培尼亚（Hermes Peña）的遗骸一起，安放在圣克拉拉市的埃内斯托·切·格瓦拉雕塑群纪念馆。在仍未找到遗骸的5名队员中，有4名是玻利维亚人，还有一名是第一个在战斗中牺牲的古巴人苏亚雷斯·加约尔（Suárez Gayol）。

此前，1995年，古巴加入了《特拉特洛尔科条约》（*Tratado de Tlatelolco*）（特拉特洛尔科是墨西哥一个广场的名字，外交部所在地，条约签署地）。《条约》声明，拉丁美洲不发展核武器，让美国明白，封锁政策已经四处碎裂，开始显现裂纹。

可以确定，特殊时期已经结束，尽管美国顽固反对，但古巴已成功地重新融入拉丁美洲，占有应得的一席之地。一年又一年，古巴与邻国的贸易往来日益增加，与拉美邻国的贸易已在古巴的经贸关系中居首位。

2001年11月，古巴遭受"米歇尔"飓风袭击。这场近50多年来最猛烈的飓风给中部和西部省份造成毁灭性的打击。古巴损失惨重。大部分庄稼被毁；包括首都在内的很多地方断水断电；必须疏散50多万受灾地区居民；成千上万人无家可归。

面对这场灾难，考虑到大多数佛罗里达州古巴裔移民援助古巴的要求，美国政府无法坐视不管。美国总统乔治·布什提供了食品、药品等人道主义援助；但菲德尔表示，如美国取消对古巴贸易的限制效果会更好，这样古巴就可以购买民众所必需的商品。

美国表示接受。2001年12月15日，古巴购买的首批两船食品到达哈瓦那。这是美国对古巴封锁40年来前所未有的事件。随后，这类以食品为主的购买逐渐正常化。但是，美国仍然坚持对古巴的限制措施，如要求先付款、用现金支付，强制要求只能使用美国的运输工具，禁止进口古巴的产品等。

还有另一些事情证明了形势的变化，如古美在协同打击贩毒方面的工作联系和合作有所增加。2002年1月7日，美国通知古巴政府，要将一些在押的恐怖主义嫌疑分子送至关塔那摩海军基地，一方面，这让古巴政府感到很惊讶。美国未申请许可就在那儿建了所监狱，但至少认为有必要把这事儿通知这片土地的真正主人。另一方面，这一事件也让世界知晓了这片被占领土地的存在。

应美国的要求，为了航行的安全，古巴做出让步，允许要在基地着陆的美国飞机在未被占为基地的古巴领土上开展部分行动。美国政府则加固了基地，用以制止非法移民行为。之前，很多非法移民在穿越雷区的时候悲惨丧生。

双方都很关注加勒比海和墨西哥湾地区的气象状况监测。由于近几十年来热带飓风的发生越来越频繁，风力越来越强，对双方都形成威胁，这是一项非常必要的、互惠的合作。

20世纪伊始，虽然封锁政策已开裂，但俗话说："一只燕子并不意味着夏天。"封锁政策的主体依然奏效，宣传战也一如往常。更有甚者，面向哈瓦那海堤的美国使馆大楼旧址周边，替代正式外交机构的美国利益代表处所在地，成了对抗的阵地。

在这栋楼的顶层，美国人安装了一个电子屏，播放带有倾向性的信息。从很久以前就习惯"以牙还牙"战术的古巴人，在正对大楼的小广场上竖起许多高高的旗杆，升起一面面旗帜，将代表处遮得严严实实。几年后，美国就因为毫无效果而将电子屏撤除。

为了掌握针对古巴的恐怖和破坏活动计划的相关信息，古巴情报机构派遣一些人员打入迈阿密的恐怖组织内部，理由很充分。自从古巴革命胜利以来，曾多次逮捕从事颠覆活动或企图进行颠覆活动的间谍，他们中有的人在酒店和机场安放炸弹，企图破坏古巴旅游业，进而打击古巴经济。每次活动的煽动者和组织者中都有与美国中央情报局有联系的迈阿密极端主义分子。

1998年，美国联邦调查局逮捕了几名古巴情报机构的人员。迫于古巴革命最顽固的敌人的压力，对其中5名没有屈从的古巴人在迈阿密举行了审判，还利用大众传媒煽动反对这些被告的公众舆论。当然，对这5人判决非常严厉。

虽然在审判过程中证实古巴情报人员没有对美国安全造成过任何损害，更没有把威胁美国利益作为目标，他们还是被判处长期剥夺自由。负责人赫拉尔多·埃尔南德斯（Gerardo Hernández）甚至被判处双重终身监禁外加 15 年。

赫拉尔多·埃尔南德斯、拉蒙·拉瓦尼诺（Ramón Labañino）、安东尼奥·格雷罗（Antonio Guerrero）、费尔南多·冈萨雷斯（Fernando González）、雷内·冈萨雷斯（René González）是古巴共和国的五英雄。雷内和费尔南多已经服满刑期归国。古巴争取其他人员获释的斗争仍在继续，直到他们被释放才会停止。此外，对古巴正义要求的国际支持也在增强。①

这些事件不过是古、美关系对抗特征的一部分。因此，让古巴社会放松警惕和"解散"是不可接受的。

劳尔·卡斯特罗承担着复杂而非常辛苦的任务，连续五年多参加每个城市大多数的"公开论坛"。在这些通过广播和电视传播到古巴各地的大规模论坛中，参加者不仅包括古巴共和国英雄、革命退伍军人、地方和国家政府代表等有声望的人物，还有党和国家的高级别官员，其中包括党中央政治局委员和书记处成员。在论坛上，数千名专业人士、工人、农民、学生和艺术各界的地方代表发言。

1999 年 12 月 29 日，第一场论坛在阿尔特米萨市召开；2005 年 3 月 12 日，最后一场论坛在关塔那摩市召开。菲德尔·卡斯特罗主持和参加了数十场论坛。劳尔也主持和参加了很多场。这是非常艰巨的任务。要向听众清楚而明白地解释党和政府关于一些最复杂问题的政策，如《古巴调整法案》及其消极后果、《赫－伯法》及其对国际关系的影响、为争取在美国关押的五位反恐怖主义战士获释的斗争等。

就在这些年，俄罗斯决定关闭位于哈瓦那市郊的卢尔德斯无线电探测中心。

---

① 拉蒙、安东尼奥和赫拉尔多三人已于 2014 年 12 月 17 日返回祖国。详见本书结语。——编者按

无论是之前的苏联,还是之后的俄罗斯,都对在古巴领土,也就是紧挨美国的这个中心的存在表现得很感兴趣。最初的设备是在吉隆滩战斗后不久安装的,但主要活动是在 1964—1967 年之间开展的,是对导弹危机的一系列相关事件的回应。

必须获得关于美国行动或意图的可靠而有必要证明文件的情报,这是具有战略意义的。根据苏联军事人员对劳尔·卡斯特罗所说,20 世纪 70 年代末,拥有当时最现代化的技术装备的卢尔德斯中心提供了苏联所需战略军事情报的 75%。

美国不断强调,这个中心威胁着美国利益。1991 年之后,美国很期待俄罗斯放弃这个中心。但是,这个中心对俄罗斯如此重要,因此,无论是戈尔巴乔夫还是叶利钦,尽管他们都对美国得寸进尺的要求做出诸多让步,但谁都不敢触碰这个中心。

不仅如此,20 世纪 90 年代下半期,尽管俄罗斯经济全面崩溃,而俄罗斯国防部和特别服务部开始实施这一中心的技术装备的现代化,当时在中心全日制工作的苏联专家将近千人。开始更新其社会结构和建造住宅。

这些工作是根据 1992 年俄罗斯政府第一副总理亚历山大·绍金(Alexandr Shojin)签署的双边协议展开的。鉴于 1991 年之后古巴与俄罗斯的关系以市场经济原则为基础,协议规定中心使用的租金为每年 2 亿美元左右。

古巴将大部分租金用来购买俄罗斯产品,主要是燃料和军用、民用技术装备的零部件。因此,"中心租金给俄罗斯造成繁重负担"的说法是缺乏根据的。特别是考虑到,在 2002 年,由于国际市场能源价格上涨,俄罗斯金融形势已明显好转。

2000 年年末,新当选的俄罗斯总统弗拉基米尔·普京访问古巴。他参观了卢尔德斯中心,高度评价中心工作。戏剧般的转折没有任何预兆。但 10 个月后,在一次国防部的秘密会议上,普京宣布关闭中心。这是个出乎意料的决定，连中心工作人员都感到很意外。这个令人震惊的消息是在学年期间传出的，因此，他们的子女都少上了一年学。

俄罗斯领导层竟然没跟古巴事先商量就做出了这个决定，一直没能找到合理的解释。大多数政治学界人士一致认为，俄罗斯这样做是迫于美国的直接压力。

对于大半生致力于加强古、苏军事合作的劳尔·卡斯特罗而言，这个决定是个沉重打击。它切断了两国之间仅存的最后一丝军事战略联系。俄罗斯切断这一丝联系的方式，让古巴失去了对俄罗斯的信任，这种想法是合乎逻辑的。

在俄罗斯没有人支持这个决定。据说，俄罗斯领导层随后就后悔关闭了中心，特别是后来，全世界都通过美国国家安全局前官员爱德华·斯诺登（Edward Snowden）得知，美国对其他国家和政界人士进行无线电监听。但俗话说，火车已经驶离。

新千年之初，菲德尔·卡斯特罗的健康状况出现恶化的症状。半个多世纪以来，菲德尔一直是古巴革命不折不扣的永动机。2001 年 6 月 23 日，在哈瓦那省的一个市镇，在炙热阳光下做了连续三个小时的演讲后，菲德尔感到短暂的眩晕，不得不中断了发言。

古巴和全世界曾把菲德尔视为坚不可摧的人，无论是其智慧和意志力，还是作为人的身体。古巴人有时给菲德尔起绰号为"骏马"，形容其身体机能的非凡力量和活力。也正因如此，菲德尔表现出任何轻微的不适都会被视为不同寻常的。

在这种情况下，菲德尔的迈阿密政敌们满心欢喜。很久前，他们就失去了复仇的一切希望，只能期望自然生命周期的结束能给他们带来一丁点的机会，能够见到愿望的实现。但等待着他们的总是失望。

在这个小插曲发生后三年多一点，2004 年 10 月 20 日，在圣克拉拉市的一次集会结束后，菲德尔在走下讲台时，没有注意到还有一级台阶，一脚踩空，摔倒了。他的髌骨碎成八片，右臂因倒下的冲劲而骨折。外科医生仔仔细细地把髌骨碎片复归原位，给他的腿打上石膏。在康复期间，菲德尔仍然保持着强大的工作能力，从未放弃自己的任务。

在菲德尔恢复期间，迈阿密等地不断编造谣言，谣言一个比一个荒谬，如说菲德尔得了帕金森症，已经不能再领导国家了等。近十年过去了，不难理解这些说法有多么无稽。弱者的命运就是把希望说成现实。

然而，岁月无情，人类是注定要死亡的，不管他有多么强大的生命力。也许因为这一点，菲德尔同意接受西裔法国记者伊格纳西奥·拉莫内的访谈，有条不紊地把自己作为古巴最高革命领袖所经历的漫长而极其丰富的生命历程中的重要事件的记忆以书面形式记录下来。

就这样，《菲德尔一起的 100 个小时》一书诞生了。2006 年 5 月在哈瓦那出版第一版，就在菲德尔因身患重病并引发内出血再次住院的两个月之前。这次，争取恢复健康的斗争更加复杂，需要的时间比起初预想的要长。

2006 年 7 月 31 日，菲德尔·卡斯特罗的私人秘书在古巴电视台发布了致古巴共产党和古巴人民的一封信。古巴领导人菲德尔通过这封信宣布，依据宪法规定，由一小组同志暂时代理行使他所担任的职责。最重要的职责由劳尔·卡斯特罗承担，即古巴共产党中央委员会第一书记、革命武装力量大将、国务委员会主席和部长会议主席。

古巴全国非常平静地接受了这一安排。2006 年 8 月 1 日，第一个没有菲德尔统领国家的日子一如既往。只有在迈阿密，像通常一样，居心不良者的狂喜几近疯狂。他们认为，这样通知民众的方式是因为菲德尔已经不在人世。

在革命中，继承问题对人民的命运影响深远。在古巴，在革命一胜利就产生了这个问题。当时，如果菲德尔·卡斯特罗受袭身亡，古巴的形势会非常危险。正如上文所述，1959 年 1 月，菲德尔在一次大规模群众活动中就提出，如果发生任何意外情况，将由劳尔接任自己的职位。这个提议得到了热烈欢呼。随着时间的推移，劳尔作为古巴党和国家第二号人物的地位日渐巩固。

2005 年，在谈到去世后由谁来承担古巴革命事业的问题时，菲德尔表示："如果我明天发生什么不测，一定要召开全国人民政权代表大会，选举他（劳尔），对他不要有丝毫怀疑。政治局开会，选举劳尔。"① 但是，菲德尔接着说，这个决定也不是长久之计，因为劳尔只比他小 4 岁。②

菲德尔是在将满 80 岁高龄的时候说出这番话的，2006 年 8 月 13 日是他 80 岁大寿。但是，由于菲德尔的健康状况，厄瓜多尔瓜亚萨明（Guayasamin）③ 基金会倡议下的祝寿活动推迟到了 12 月份，但菲德尔仍没能出席。

接下来，所有的责任都落在劳尔肩上。在当选国务委员会和部长会议主席的演说中，劳尔向全国人民政权代表大会提出一个不太寻常的请求，获得一致通过：授权劳尔在必要的情况下与菲德尔商量。

① ［法］伊格纳西奥·拉莫内：《菲德尔 100 小时访谈录》，（哈瓦那）国务院出版事务办公室 2006 年版，第 703 页。
② 原文如此，应为小 5 岁。——译注
③ 奥斯瓦尔多·瓜亚萨明（Oswaldo Guayasamin，1919—1999），厄瓜多尔和拉美著名的画家，生前是卡斯特罗的好朋友。20 世纪 60 年代初，曾访问中国，受到毛泽东主席的接见。——译注

第七章　国家和党的领导

比尔玛·埃斯平；家庭生活；当选总统；哈瓦那东正教教堂；为权力的甜蜜野心勃勃；领导和同志；既不急也不停；走向一个繁荣和可持续的社会主义；预防党生锈；反腐；当选高层的最长任期；以批判的眼光看社会行为。

劳尔·卡斯特罗属于那种从不奢望当国家和党的领导的人。他很自然地接受了菲德尔·卡斯特罗的领袖地位，对他无限敬仰，并一直强调菲德尔·卡斯特罗在古巴革命中的独特作用。他们两人密不可分，使各自的力量倍增。有些历史学者甚至将他俩比作马克思与恩格斯。

英国《经济学家》杂志曾称卡斯特罗兄弟为古巴革命的堂吉诃德与桑丘·潘沙，这种比喻表明菲德尔的无畏坚毅，能够应对所有敌人；而劳尔在任何境况下总是想着如何找到过夜御寒的大衣和保证有充饥的食物。前者天性浪漫，后者非常务实，脚踏实地。1960 年 8 月的美国《时代》周刊杂志曾如此写道："菲德尔是今日古巴的灵魂和心脏；劳尔是紧握的拳头，格瓦拉是头脑。"

这些说法更多是具有新闻报道言辞犀利的风格，而不是史实准确性。毫无疑问，菲德尔是古巴革命的大脑，他与切·格瓦拉秉持相同的原则。后者在 1963 年 7 月接受法国记者让·丹尼尔（Jean Daniel）采访时，曾明确表明："我对没有共产主义道德的经济社会主义不感兴趣。"①

对劳尔·卡斯特罗有一种缺乏公正的成见，认为从根本上看，劳尔·卡斯特罗是一位强硬的领导者、一位固执的军事领袖和党的领导人。古巴革命的领袖菲德尔·卡斯特罗曾对此解释道：

> 人们认为劳尔比我激进。不过，我并不这样认为。我认为他和我一样激进。但是，由于他曾是一名共青团员，所以人们认为劳尔更加激进。我明白他们是出于害怕，感到担忧。情况就是这样。②

就我所掌握的资料中，没有一个事例可以证明劳尔·卡斯特罗无理强硬、惩罚不公和滥用权力。相反，他通常对所有人都周到细致。

我记得有关一位边境纵队（LA Frontera Brigada）军官的事例。这位军官在拯救一名试图潜入关塔那摩海军基地的人员时，因触地雷失去了一条腿。劳尔作为革命武装力量部的部长，下令批准这位年轻官员继续在部队服务，为其订制假肢并授予国家功勋，即使这并不是军功，而是基于人道主义行为。

西方媒体指责古巴侵犯人权，但从未向公众展示他们本国民众示威游行被水枪驱散、防暴警察和警犬袭击示威者的场面。这些场面在那些声称民主的国家已司空见惯，但在古巴从未出现过。

根据当时的形势，劳尔·卡斯特罗领导一场重大改革，外国媒体通常称之为"自由化"，即取消古巴在特殊条件下所制定的各种限制和禁令。

---

① ［法］让·丹尼尔：《切的预言》，《快报》（周刊）1963 年 7 月。
② ［法］伊格纳西奥·拉莫内：《菲德尔 100 小时访谈录》，（哈瓦那）国务院出版事务办公室 2006 年版，第 702 页。

古巴革命的政治航船因舵手的更换通常意味着有高度的风险和内外威胁的增加。因此，菲德尔病危的情况一被公开，劳尔就宣布启动特殊军演，并以古巴一种卡瓜伊兰树（Caguairan）来命名这次军演行动。这种树木具有抗腐和生命顽强的特性，当地农民也称之为"能折断砍刀"的树（Quiebra Hacha），将其比作菲德尔。

这次军演是要从根本上证明古巴武装部队具有抵御外侵的战斗力。这次军演在 2007 年春天取得成功。

尽管劳尔已担任古巴国务委员会主席兼部长会议主席，但是他仍然是古巴革命武装力量部部长。2007 年 5 月，美国《时代周刊》将其评为全球 100 位最具影响力的人物之一。

菲德尔生病时，劳尔已有 75 岁。因此，他是一位经验丰富的领导人，他很了解党和国家的干部。虽然他早已习惯应对问题，但他不得不为了国家和革命的利益承担起这份新的重任。对劳尔而言，权力不是目的，而是为祖国服务的方式。在他的革命生涯中，他曾无数次留下遗产，从未曾期望要从他的同龄人及后代那里得到什么。

在劳尔担任主席还不到六个月，他深爱的夫人比尔玛逝世。比尔玛与他和睦相伴近半个世纪，在他生命中占有极其重要的地位。因此，我必须特别介绍他的夫人。

比尔玛于 1930 年 4 月 7 日生于古巴圣地亚哥的一个富裕家庭。母亲是玛加丽塔·吉瓦（Margarita Guillois），父亲何塞·埃斯平（José Espín）是荷兰名誉领事。家中六个孩子都受过教育，具有追求公正、名誉、尊严和关心现实的理想。父母根据孩子们的爱好进行培养，关注他们的成长，支持他们选择自己的职业、朋友、政治理想以及文化和社会活动。尽管家庭能够提供充足的经济条件，比尔玛却从不喜欢过分追求琐碎的物质生活。

比尔玛十分沉稳谨慎，选择建立的友谊是基于对方的精神品质而非社会地位。对待学业也同样如此，她热爱科学，尤其是数学，热衷于不断学习和扩大知识面。在学校里，她就显现出领导潜质，由于品德优秀和坚持原则，她受到同学和老师的喜爱和肯定，从中脱颖而出。

她的课外兴趣广泛。喜欢运动，担任过大学排球队队长。她的嗓音优美，是大学唱诗班的女高音独唱。她热爱电影，着迷芭蕾，梦想一生从事这项舞蹈；由于具备从事这项艺术的条件，她被选中参与阿莉西亚·阿隆索（Alicia Alonso）主演的天鹅湖芭蕾舞表演，曾在古巴圣地亚哥巡回演出。作为一个地道的古巴人，她喜欢古巴音乐和狂欢节音乐。

她与生俱来的社会正义感在东方大学的学生们抱有的革命理想和爱国主义精神中找到了源头。他们受到大学里的西班牙教师的影响，这些老师曾是参加过西班牙内战（1936—1939）的共和派。

在1952年3月10日政变爆发之前，据比尔玛自己说，她并不十分了解古巴的形势，也未在政治方面获得充足发展。同时，她也不相信能在消除腐败及社会其他丑恶现象上有所作为。她不想从事政治事业，而是准备为国家科技发展做出贡献，直至她成为化学工程师。

那场政变对她产生巨大震动，她坦言道，虽然她对这个事件持有怀疑，但是她对未能参加这场英勇的独立斗争感到遗憾。她回忆道："我认为我应该感谢巴蒂斯塔独裁者，就在政变那一天……我终于完全做出要结束独裁统治的决定。"①

在这场军事政变后，比尔玛成为具体行动的倡导者。比如，她提议印发传单，传单上写着何塞·玛丽亚·埃雷迪亚（José María Heredia）②的诗，期望借助这些优美诗歌向人们传播自由思想。最初只有年轻女孩分发传单，她们把这些传单藏在宽松裙子里，在战争年

---

① ［古巴］胡安·卡洛斯·罗德里格斯：《比尔玛，不平凡的一生》。

② 何塞·玛丽亚·埃雷迪亚（José María Heredia，1803—1839），古巴著名诗人。——译注

代这种方法还可以用来运送武器；不久后，年轻男孩也加入其中。

因此，他们发起的行动范围不断扩大，开始上街游行示威。比尔玛与她的同伴努力寻求更为有效的斗争参与方式。所有人都明白必须消除腐败和盗窃，沿着进步道路前行；并且已经提出必须实施土地改革。

攻打蒙卡达兵营后的第一天，比尔玛与其最亲密的朋友阿塞拉·德洛斯·桑托斯（Asela de los Santos）就去了兵营。当兵营守卫员问她们想干什么时，比尔玛眨着闪亮的双眼，回答："我们想看这些勇敢者的模样！"①

1953年9月10日，比尔玛成了一名化学工程师。这是古巴第二位获得该专业文凭的女性。与此同时，她加入全国革命行动起义组织，这个组织曾被称为东方革命行动，由圣地亚哥的年轻教师弗朗克·派斯创建。自比尔玛加入全国革命运动的地下起义组织后，弗朗克·派斯十分重视这位战友。比尔玛的父亲为了保护她，坚持送她去美国波士顿攻读研究生课程。

比尔玛到了美国后感到担忧，她明白她不该待在美国，于是她告知她的同志们她愿意合作。同志们了解她的品质，要求她结束学业后，从墨西哥回古巴。目的是从菲德尔那里获得给弗朗克·派斯的托付，弗朗克·派斯在加入"七二六运动"组织后，不久就成为该组织在东方省的负责人。比尔玛与劳尔·卡斯特罗的第一次相遇是在墨西哥，他们两人谁都没想到之后发生的一切。

比尔玛愉快地回到古巴，对未来革命的胜利充满信心。她的家成了"七二六运动"组织地下活动中心之一，这得到了她父亲的默许。她父亲是该市备受尊重的知名人士。比尔玛曾先后化名为阿莉西亚（Alicia）、莫妮卡（Mónica）、德博拉（Deborah）和玛丽埃拉（Mariela），后来，她用后两个名字为她的两个女儿命名。

---

① ［古巴］胡安·卡洛斯·罗德里格斯：《比尔玛，不平凡的一生》。

"比尔玛真是一位无所畏惧的女性，能够承担任何挑战，不惧风险。"① 她的亲密战友胡安·埃斯卡洛纳（Juan Escalona）曾这样形容她。事实上，她只要一出现就给人印象深刻。由于她的沉着冷静，她能多次成功脱离险境。

在 1956 年 11 月 30 日武装起义的那段时间，比尔玛担任弗朗克·派斯的左右手，她参加了 1957 年 2 月菲德尔接受美国记者赫伯特·马修斯的访谈，以及访谈结束数小时后举行的全国领导会议。同年，弗朗克·派斯任命比尔玛为东方省"七二六运动"组织的协调人。

1957 年 7 月 30 日，弗朗克遇害，比尔玛接替弗朗克，成为该组织行动组的全国领导人。艾德·圣玛丽亚证实道："我们开始选弗朗克的替任者时评估分析了许多人。现在，至少我们这些弗朗克身边亲密的战友一致认为，比尔玛居第一位。"②

然而，比尔玛提议雷内·拉莫斯·拉图尔（René Ramos Latour）担任这一要职，她本人则继续担任组织协调人，开展一系列地下活动，支持游击斗争，不断提供弹药、药物、通信工具和食品。她向往与起义者一起爬山，但因她肩负重任无法成行。

1958 年 7 月，比尔玛参加完防空行动准备回城时，军政府镇压机构跟踪了那些知道比尔玛行踪的人。当比尔玛面临被警察逮捕和施暴的风险时，劳尔决然反对她返回平原地区；他不止一次写道，如果她被捕，那么她将被"碎尸万段"。

一段时间过后，一位记者问比尔玛到山上打游击战对她具有怎样的意义时，比尔玛回答说："这可以保证战斗着死，而不是被捕后处死。对我们而言，被捕后处死很可怕。总之，我们去山里是与敌人面

---

① ［古巴］胡安·卡洛斯·罗德里格斯：《比尔玛，不平凡的一生》。
② 同上。

对面交锋，不是躲藏着平静等死。"①

　　就这样，她结束了 14 个月的地下活动和屡遭跟踪。她在第二阵线（en el Segundo Frente）的主要活动之一是确保各市和社区运动组织履行支持前线的根本职责，具体作用是运输急需物资用品。

　　比尔玛和劳尔两人的爱情就是在这种形势下产生的；自此以后，两人一直紧密相伴，不可分离，如同一体。比尔玛回忆道：

> 我们的恋情是如何开始的呢？他走进我在指挥部的房间，我们讨论刚运达的一批武器和衣服。他很快就把头靠在我肩上。我很惊讶地问他：
>
> ——你怎么了？
>
> ——我们相爱了。
>
> ——你怎么知道？
>
> ——哦！难道你不知道吗？
>
> ——我不知道。
>
> 我们都笑了，相互交谈，开始了恋爱。
>
> 这段故事发生在 1958 年 11 月 8 日。②

　　有一次，比尔玛还详细说道："我们为着共同的事业努力，对我们而言，这是主要的。我们有着共同的人生目标：革命。可以说这是非常牢固的关系。尤其是我们正肩负着相同的任务，无比坚信革命并为之奋斗。这是我们的人生目标并且一直都是。"

　　12 月，比尔玛将亲手画的自画像作为礼物送给劳尔，并写道："我希望我们永远在一起，当你想见我时，不需要看这张画像。"③ 他们决定当月结婚。比尔玛的父亲上山送来他们结婚所需的证书，然

---

① ［古巴］胡安·卡洛斯·罗德里格斯：《比尔玛，不平凡的一生》。
② 同上。
③ 同上。

而，战争后期局势的发展使得他们的婚礼没有如期举行。

革命胜利后，1959年1月26日，劳尔和比尔玛结婚了。婚礼筹备就像是战争的一个插曲而已。这对未婚夫妻既没时间也没有可能谈及未来。他们完全投入解决各种问题、接听电话、发出命令和解决冲突。

婚礼定在下午4点在圣地亚哥郊外兰乔会所（Rancho Club）举行。报纸这样写道：

> 这段恋爱始于丛林……劳尔·卡斯特罗是"弗朗克·派斯"东方第二阵线的英雄，是这场革命风暴的中心。他们生活在这一不屈不挠的地区及首都……这是一场起义者的婚礼，是世俗的婚礼，是遵守民法有关规定的。①

这一婚礼对劳尔的重要意义可以用劳尔的一句话来表达，比尔玛去世后，劳尔这样写道："1959年1月26日，我就在这个房屋穿上新的游击队服，准备与比尔玛举行婚礼……这是我一生中最美好的时刻。"②

革命胜利后，比尔玛领导首届拉丁美洲维护妇女儿童权利大会古巴筹备委员会，大会于1959年9月在智利圣地亚哥举行。她成功团结了具有革命倾向的分散的诸多妇女组织，并组成了古巴妇女代表团。当她向菲德尔·卡斯特罗说明古巴妇女运动的状况、她的担忧与希望时，菲德尔让她承担起这个领域的组织工作。

1960年8月，古巴妇女联合会成立，正如菲德尔所说的，它将进行一场"革命中的革命"。比尔玛成为古巴妇女联合会的主席，任职40年，连任七届，直至身体状况不允许她承担繁重的工作。

---

① ［古巴］胡安·卡洛斯·罗德里格斯：《比尔玛，不平凡的一生》。
② 同上。

　　由于她精力充沛、经历丰富和优秀的人品，妇女联合会完全改变了古巴妇女的地位和作用，妇女不仅在法律上而且在实际生活中，获得了与男子平等的地位。

　　妇女联合会解决了大量的问题，包括颁布《小学义务教育法》、教师培训、保证女性的健康与工作地位、创办幼儿园、保护幼儿、收留遭遗弃的孩子、消灭卖淫活动等许多重要的举措。

　　这份工作成了比尔玛的人生意义所在。她基于个人的道德地位、政治地位和权力，推动所有组织支持妇女参与各个领域的社会活动。她利用自己所学专长，努力创办了学前教育科学基地和促进食品业项目的发展。同时，她还积极推动古巴女性加入地方民兵（MTT）和正规军队。

　　现在，古巴妇女在经济和社会发展的多个领域已超过了男性。在西方任何国家，妇女在管理政府和经济的重要领域也未享有如此重要的地位。在古巴，60％的医生是女性，66％的专业人士与技术人员为女性。在议会，女性占有48.6％的议席，这是全球女性占有议席比例最高的三个国家之一。这是古巴革命胜利初期播种而结出的果实，归因于比尔玛的组织能力和政治才能。

　　比尔玛全心投入妇女解放与平等的斗争中，从某种程度上，这比战争更加复杂。这需要超越世俗偏见、转变思维方式、改变陋习和实施全面的教育。她坚持不懈的努力使她获得了国际声誉，为此她被授予列宁国际和平奖。

　　尽管解决问题需要付出巨大的精力与无限的时间，然而，比尔玛一直关心许多同志的个人生活细节问题。所有人都知道可向谁寻求保护。比尔玛具有团结人的精神，关心他人遇到的问题或不幸。她不仅会迅速回应他人的求助，而且关心解决结果，甚至还能记住求助者的名字。

　　这位出色的革命领导人生前一直是古巴共产党中央委员会和国务

委员，曾进入政治局并获得古巴共和国英雄的荣誉称号。

与比尔玛相处长达半个多世纪的朋友和战友阿塞拉·德洛斯·桑托斯在比尔玛的葬礼上这样说："这不是悲伤的话语，虽然我们都承受着悲痛。这是献给生命的话语，因为比尔玛思考和行动就如生命一样，她从青年时期起就对祖国的未来充满信心，为此贡献自己的一生。"

让人惊讶的是，比尔玛在担任政治要职的同时，又很好地履行了妻子和母亲的义务。如果她身边没有这位充满爱意和忠诚的丈夫劳尔，那么比尔玛是不可能做到的。尽管政治工作几乎占据了他所有的时间，但劳尔总能找到获得快乐的空间。家庭能为他在严格繁忙的工作中带来慰藉。

他们建立了一个美妙的家庭，有三个女儿、一个儿子、五个孙女、四个孙子和一个曾孙女。他们像其他父母一样去孩子们的学校与老师交流，培养孩子们具有谦虚品德和高尚的道德情操。孩子们现在都已经工作或上学，相互团结。在父亲节和母亲节时，全家会聚一堂。

如劳尔所期望的那样，在马埃斯特腊山上举行了一个简单的 50 岁生日庆祝会，简朴是他的准则。妻子和儿女们为他制作了一个电影纪录片。这是他收到的最珍贵的生日礼物。著名知识分子阿尔弗雷多·格瓦拉（Alfredo Guevara）称劳尔总是对家庭充满深情挚爱。事实上，他为他的子孙们付出了所有闲暇时间，总是与他们一起创造或激发他们对各种事物的兴趣，这对他而言是一种真正的享受。

此外，劳尔非常喜欢与孩子和年轻人交流，或是进行没有繁文缛节的交谈，或是在乡村的义务劳动时，或是在旧地重游时。他热爱运动，年轻时经常打古巴国民喜爱的棒球、排球，或者进行打猎和捕鱼。他现在仍保持着游泳和散步的习惯。

他成功戒掉了长达 33 年的抽烟习惯，这种不良习惯至少会缩短四年的预期寿命。他成了一名积极反对吸烟的斗士，在他的倡议下，政治局审批通过发起吸烟有害的宣传运动。

对劳尔而言，因执行任务而牺牲的密友和每位革命同志永远是他心中的痛。他尽可能陪着每位革命战友走到他们生命的尽头；如果无法这样做，他也会为逝者送上花圈，关心他们的家属和亲戚。甚至是战友家属逝世，他也会送上花圈表示哀悼，比如切·格瓦拉在第一次婚姻中生的女儿伊尔达·格瓦拉·加德亚（Hilda Guevara Gadea）。当得知她在墨西哥去世的消息，他就以个人名义在她的墓前送上花圈。

阿尔韦托·格拉纳多斯（Alberto Granados）是切·格瓦拉从年轻就认识的阿根廷朋友，他们俩一起骑摩托车穿越拉美。这位朋友在古巴居住了很长时间，劳尔一直照顾这位朋友直至他2011年逝世。

与家人、战友和朋友之间亲密和真挚的关系、向朋友诚实并独立地说出自己的政治观念，这些是劳尔性格的与众不同之处。同时，他对革命敌人、叛徒、谄媚者、欺骗者和偷窃者绝不妥协。因此，他通常表现出两种形象：一方面，他精明、微笑、灵敏、爱开玩笑，十分亲切；另一方面，他又是一个严厉和强硬的革命者。

他对自己领导的第二阵线怀有一份特殊的友爱，这是他与比尔玛相恋之地。按照习惯，在选举全国人民政权代表大会的代表时，劳尔是由第二阵线市提名的人大代表，该市不仅包括该阵线所负责的部分区域，还包括其指挥部。

2008年，他还经受了另一个痛苦。由于健康状况不佳，菲德尔决定正式辞去国务委员会主席和部长会议主席的职务。菲德尔于2008年2月18日写信给全国人民政权代表大会宣布这一决定，一周后，第九届古巴全国人民政权代表大会召开并选举产生了新一届国务委员会。

正如菲德尔所提议的那样，大会一致选举劳尔为主席，劳尔正式成为国家和政府的领导人，不再是代理主席。

根据劳尔的提议，革命武装力量部部长的职位由胡里奥·卡萨斯（Julio Casas）上将担任。这位将军在革命武装力量赫赫有名，在古巴，公众视其为第二阵线革命战争的老战士和著名的军事长官，除了其他优点外，他还具备令人惊叹的管理能力。在很大程度上归功于他的努力，古巴武装力量在食品供给上几乎都能自主，同时开办了一个健康的企业为国家谋利。

何塞·拉蒙·马查多·本图拉（José Ramón Machado Ventura），劳尔在马埃斯特腊山革命斗争时期的老战友，被任命为国务委员会第一副主席兼部长会议第一副主席。他是一名医生，曾领导第二阵线卫生部，革命胜利后，曾担任公共卫生部部长。后来又从事党内工作。

这两位都是古巴革命的元老，非常忠诚可信，但已不再年轻。在菲德尔辞职后的这段复杂时期，这样的决定是必要的。

大自然给新任的领导人带来了严峻的考验。古巴岛国的地理位置处于加勒比海与墨西哥湾之间，易受飓风（huracán，印第安语言中这个词的意思是风神）袭击。飓风风向从南到北，通常在每年的6月至11月登陆古巴岛。

气象学家认为这种自然现象的产生与秋季来临前海水温度升高与气温降低之间的温差增大相关。古巴投入大量精力研究这个现象的成因和预测飓风的强度与风向；但是热带自然现象变化无常，因此，飓风在很大程度上仍然无法预测。

在革命时期，古巴就抵御自然灾害创建了世界最好的市民应急保护与防护系统，从而避免了飓风袭击造成大批人员伤亡。这套系统安装了一个长期跟踪探测飓风形成的有利条件的装置，一旦探测到飓风就预警市民，疏散那些处于危险的人，采取保护国家的物质财产等其他相应措施。

然而，飓风仍是加勒比地区与墨西哥湾的灾难。这是享有人间天堂之美与旅游胜地得天独厚的条件需付出的额外代价。

热带飓风威力强大，其破坏力超过了数百枚原子弹。风速达到每小时 300 公里以上。一般情况下，它会以每小时约 20 公里的速度前进，但风速会减慢甚至两天在一个地方回旋，这会增强它的破坏力。

树木被连根拔起，房屋被摧毁，海浪涌向低海拔沿海地区数公里。同时，降雨量密集达到数百万立方米。河水泛滥，街道污水漫延。

人类对自然攻击愈多，拉美热带地区的飓风、东南亚的台风和非洲的沙尘暴等就会爆发得愈加频繁和猛烈。古巴海岸线的水温以前只有 27℃ 或 28℃，现在有时能达到 31℃ 或 32℃。这对该地区的生态、动植物产生了无法预测的影响。

但是，享有特权的少数阶层不愿放弃过度使用或挥霍能源的行为，对科学家的悲观预测置若罔闻。

劳尔被全国人民政权代表大会推举担任重要职位的这一年，古巴多次遭受飓风袭击。暴风雨仿佛故意在农业周期快结束时闯入古巴，当时人们正准备收割蔗糖和烟草。

8 月，"古斯塔夫"（Gustav）飓风袭击古巴，强度为 4 级（共 5 级），造成 21 亿美元的损失。它继续前行至美国，路易斯安纳州一半以上的居民被疏散。

一个月后，更为猛烈的"艾克"（Ike）飓风登陆，强度也是 4 级，其特点是直径超过 900 公里。农业损失惨重。单薄的烟叶用纱布保护避免猛烈的阳光直射，却因旋风受到摧毁。甚至坚硬的甘蔗都被飓风刮弯，变得光秃秃，像史前放牧过的牲畜场。

然而，大自然似乎才略微显露它的破坏力。2008 年 11 月，另一股飓风"帕洛玛"（Paloma）以每小时 215 公里的风速登陆，袭击人口密集居住区，被迫疏散 50 万人。

这一年几场飓风造成的损失共计超过 50 亿美元，所有的经济发展计划付诸东流。如果估计古巴 10 年（1998—2008）因飓风造成的损失，这个数字约为 200 亿美元以上。

每次飓风都给国家经济带来创伤，如同人患上心肌梗死。友好国家的政府都会向古巴提供援助。首先是委内瑞拉，其次是巴西。俄罗斯立即从应急部派遣一架飞机运送恢复受灾地区电力的必备物资及设备。然而，由于飓风袭击，全国人民政权代表大会不得不批准增加政府预算赤字达 10 亿比索。

居民们勇敢面对困难，坚定对政府的信心。此外，为了弥补学校停课的损失，人们提供自己的住房作为临时学校。没有一处学校停课，那些提供住房的主人被授予象征慷慨无私的奖章。

直至 2008 年年末，劳尔决定出访，这是他上任以来首次出国访问。根据常规，国家元首首次出访一般都会选择最为重要的联盟国家。委内瑞拉顺理成章成为劳尔首次出访的目的国，劳尔于 12 月 14 日抵达该国。两国之间的友谊得到巩固。

劳尔在访问玻利瓦尔的祖国之后，接着访问了巴西，出席了在巴西举行的拉美加勒比政府国家首脑峰会。这是一项非常重要的国际事件，这象征着没有美国和加拿大的参与的、拉美地区的新组织已经形成。

约半个世纪以来，华盛顿企图借助它所建立的泛美联盟（后改名为美洲国家组织）统治西半球，美国迫使该组织成员国投票，驱逐已取得革命胜利的古巴。但是，形势发生了根本的变化，古巴成为拉美共同体的成员国，而美国在拉美则成为"不受欢迎的人"。

自 1986 年开始，拉美已开始与美国和加拿大在组织上趋向分离。一开始拉美成立了孔塔多拉集团（Contadora Grupo，根据该组织创建地巴拿马岛的名字而来），成员国有哥伦比亚、委内瑞拉、墨西哥和巴拿马，该集团寻求在没有美国参与的情况下，中美洲和平的路径。美国不可逆转地完全陷入"伊朗门"事件①，它粗鲁无耻地干预尼加拉瓜和中美洲的事务。

随着巴西、阿根廷等其他国家的加入，孔塔多拉集团成为里约集团。2008年，古巴宣布加入该组织，开始积极支持远离美国的理念。为了肯定古巴多年坚持维护拉美人民团结的努力，劳尔·卡斯特罗在委内瑞拉被授予西蒙·玻利瓦尔剑的复制品，玻利瓦尔是为实现拉美人民团结梦想而奋斗的先驱。

这使华盛顿处境难堪。一方面，这个老的已过时的美洲国家组织对古巴重返该组织强加条件，而古巴强调它不会重返这个威信扫地的组织。另一方面，新的组织拉美加勒比国家共同体，在没有美国和加拿大的参与下，显得愈发有力。

2008年发生了一件俄罗斯与古巴两国关系的突出事件：10月19日，一座俄罗斯东正教喀山圣母教堂②在哈瓦那落成。这是在菲德尔与莫斯科及全俄罗斯东正教大牧首基里尔（Kirill）的倡议下，他们一致同意建造一个教堂，纪念两国以及两国人民之间数十年来兄弟般的友谊。尽管古巴在特殊时期遇到了诸多经济困难，但是古巴承担修建教堂的费用。莫斯科总主教区只负责内部装饰。

菲德尔所启动的工程由劳尔完成：劳尔参加了教堂庄严的祝圣仪式。俄罗斯斯列坚斯基（Sréntenski）修道院的唱诗班专程到古巴参加了这次活动。该唱诗班由圣主教吉洪（el padre Tijon，Shevkun）精心创办，唱诗班对圣乐与世俗音乐的演绎令听众震撼。

2008年11月末，劳尔接见了来古巴正式访问的俄罗斯总统德米

① "伊朗门"事件，指1986年美国向伊朗秘密出售武器一事被揭露，从而造成里根政府严重政治危机的事件，因人们把它与尼克松水门事件相比，故名伊朗门事件。而美国向伊朗出售武器所得的款项，有1000万至3000万美元被国家安全委员会转入尼加拉瓜反政府武装在瑞士银行的账户，知情者是国家安全委员会副助理诺思中校。——译注
② 喀山圣母大教堂以"俄罗斯圣母的解放者与保护者"而著称。俄罗斯有多个东正教教堂都以此命名，圣彼得堡和莫斯科分别各有一个圣母大教堂。

特里·梅德韦杰夫。时任中国国家主席的胡锦涛在此之前也访问了古巴，这表明古巴在世界国家中具有优先和稳固的地位。第三世界各国的政治家是常访古巴的贵宾。

甚至几乎在世界政治中不受关注的莱索托国的国王莱齐耶三世也曾两次访问古巴，学习古巴的经验。驻古巴的外交机构数量也是拉美地区最多的。在哈瓦那有180多个国家的使馆和机构，其数量超过了马德里。

国际通讯社在古巴一直设有严肃的记者班子，因为这里是世界公众舆论关注的焦点。全球对该国的发展进程非常关注。但是，在提供真实信息的同时，在很大程度上又制造和传播谣言。

2009年3月，古巴最高领导层两位著名政治人物的撤职引起了诸多的推测和假设。他们是卡洛斯·拉赫·达维拉（Carlos Lage Davila）和费利佩·佩雷斯·罗克（Felipe Pérez Roque）。前者时年57岁，是一名医生，从共青团的年轻领导人最终进入政府机构，近16年来担任部长会议秘书，经常兼负一位总理的多个职能。

后者时年44岁，担任外交部部长近11年，曾是菲德尔直接领导的工作团队成员，颇受菲德尔的信任和青睐。两位都进入了党和政府的最高机构：他们都是国务委员和党中央委员和全国人民政权代表大会的代表，拉赫甚至还是党中央政治局委员。

被果戈里称为"喝墨水"（chupatintas）和"耍笔杆"（plumiferos）的记者们立即渲染说，"劳尔的人"取替了"菲德尔的人"，或是最高层正在进行某种权力争夺。在这种情形下，甚至需要菲德尔亲自出来公开辟谣。

2009年3月3日，古巴革命总司令菲德尔在其专栏《思考》中写道，他从未有推荐自己亲信的行为，而是永远依靠党内同志的推荐。与此同时，菲德尔在其专栏里还解释道，尽管没有任何规定要求，因为他已经辞去了领导职务，但是在提名接替拉赫和佩雷斯两人的候选人前曾咨询过他。

他强调，每位被替代的人从未就被撤职事宜表示过不满，他认为："他们没有付出任何牺牲，而权力的甜蜜激发了他们的野心，导致他们扮演了不光彩的角色。而外部敌人对他们充满了幻想。"①

《格拉玛报》刊登了卡洛斯·拉赫和费利佩·佩雷斯致劳尔的信，信中表明自愿辞去职位，承认自己的错误，并承诺在新岗位诚实工作，继续忠诚。这些信内容简明扼要，给人炒作之机。

三四个月后，英国的《金融时报》、西班牙的《国家报》刊登了某些细节；俄罗斯的商业报纸《商人》《独立报》等也刊登了这些内容。问题的症结在于一个叫孔拉多·埃尔南德斯（Conrado Hernández）的人，在卡洛斯·拉赫担任大学生联合会主席期间，孔拉多担任该组织的副主席，但他已经选择从商，成为巴斯克地区（País Vasco）在古巴的商务代表，他试图利用过去担任的大学生联合会领导人的关系获取经济利益。在这个危险和易变的领域，他开始与西班牙情报机构合作，向马德里提供古巴领导层的情报。

在孔拉多居住的哈瓦那郊外的一所别墅里，卡洛斯·拉赫、费利佩·佩雷斯、菲德尔的私人秘书卡洛斯·巴伦西亚加（Carlos Valenciaga）等其他人经常在这里聚会。他们喝了几杯酒后就预测古巴最高权力层可能发生的变化，他们不拘礼节辛辣地指责革命老一代，称他们"顽固不化"和"恐龙"。

所有人都参与批评，甚至有人开玩笑说要谋害古共中央委员会的领导人之一何塞·拉蒙·马查多·本图拉。正如后来所澄清的那样，这一切都被拍摄下来，交给了西班牙情报机构。

孔拉多·埃尔南德斯利用他与卡洛斯·拉赫、费利佩·佩雷斯之间的友谊搜集情报。由于他的妻子在菲德尔接受治疗的医院工作，她

① 《格拉玛报》2009 年 3 月 4 日。

在医院里所听到的有关菲德尔身体状况的谈论是西方情报机构非常关注的信息，他们把获取的这些信息送交给西班牙情报机构驻哈瓦那的代表。

当古巴特工机构盯上他后，他与西班牙人的会面被多次拍摄下来。在他被逮捕后，古巴外交部向西班牙驻古大使馆发出抗议照会，涉嫌此案的西班牙官员被宣布为不受欢迎的人。

尽管这些视频证明材料没有被媒体传播出去，包括党员在内的成千上万的古巴人观看了这些视频，其目的是告诫他们，任何一位党和国家的高层领导人都不能忘记道德原则，更不用说绝不能直接或间接地为敌人服务。视频的最后部分是劳尔·卡斯特罗在政治局会议上的讲话，他严肃地分析了卡洛斯·拉赫和费利佩·佩雷斯犯下的错误，听后，两人低垂着头走出了会议室。

许多党员在看完视频后主张这几个主犯应被判入狱，然而，最后的结果是，只有孔拉多·埃尔南德斯一人被判入狱，其他人回到了他们的基本岗位：医生、图书管理员、工程师等。

这件令人不愉快的事件再次让劳尔坚信，党的领导对那些进入最高权力层的人，必须十分谨慎和严格要求。这些人有可能堕落成不光彩的人物，像米哈亚伊尔·戈尔巴乔夫（Mijail Gorbachov）或鲍里斯·叶利钦（Boris Eltsin）那样，他们是批评狂，与外国人沆瀣一气，必须提高警惕。

在自然因素的影响下，古巴革命锻炼出的老同志相继去世。2009年9月11日，最忠诚和最具奉献精神的同志胡安·阿尔梅达去世。他与劳尔曾并肩走过了革命岁月，从攻打蒙卡达兵营直至生命终结。

他与劳尔两人在马埃斯特腊山上，同时从菲德尔手中接过少校军衔，在斗争时代各自指挥一个战线，同一天被封为古巴英雄。两人决定葬于为纪念他们所指挥的革命阵线而修建的公墓。

2011 年 9 月，胡里奥·卡萨斯·雷盖罗 （Julio Casas Regueiro）将军逝世。劳尔辞去革命武装力量总司令后，他就担任该职位。他的逝世是一个重大的损失，因为他们之间的友谊始于革命战争时期，并且他是一位值得信任和具有才干的领导者。

目前，政治家和专家们都关注古巴国务委员会与部长会议的第一副主席米盖尔·迪亚斯·卡内尔·贝穆德斯 （Miguel Díaz Canel Bermúdez）。根据他的工作背景与发展经历，这让人联想到中国和越南的经验，从那些曾在实际工作中锻炼多年的人中提拔领导干部。卡内尔的经历表明他是被逐步提拔的，他的晋升不是突然的。

迪亚斯·卡内尔 1960 年 4 月 20 日出生于圣克拉拉市 （Santa Clara），该市距哈瓦那 300 公里。他中学毕业后就读于该市的中央大学，1982 年毕业于该校，取得电子工程专业的学位。

与其他的大学毕业生一样，他必须服兵役。他加入了革命武装力量，根据他的专业，在防空火箭队做一名军官，服役三年。在军队服役结束后，他回到出生地，当了一名大学老师。

他的政治生涯始于 1987 年，他担任了大学的共产主义青年联盟的书记，随后他去尼加拉瓜履行国际主义使命，并担任在尼加拉瓜的古巴共产主义青年联盟组织的专职领导人，联盟成员中既有军人又有平民。

他从尼加拉瓜回国后，在 1989 年当选为古共中央委员，同时担任共产主义青年联盟第二书记。1994 年，当选为比亚克拉拉省（Villa Clara）的省委书记，这段时期是特殊时期最艰难的阶段，也是对他这样的领导人能力的考验。

2003 年，他当选为东部奥尔金 （Holguín） 省的省党委第一书记，该省面积广，人口多，产业发达，很快成为国家旅游业的重点之一。

同年，党中央委员会选他进入政治局，成为政治局中最年轻的成员。劳尔在介绍他作为候选人时，做了以下评价：

他在工作中突出表现为坚忍、系统的特点，具有自我批评和不断联系群众的精神。他具备较强的集体工作观，严格要求下属，是追求不断超越自我的典范。他表现出坚定的思想意识。①

由于他在党内长期工作并取得成绩，2009 年，进入政府部门工作，担任高等教育部部长。三年后，他被提拔为部长会议副主席。

国家领导人的品质如何在很大程度上展现了这个国家的面貌。东方有句谚语说："由一头狮子率领的羊群可以打败由一只羊率领的狮子群。"传统马克思主义在肯定人民群众创造历史时，有明显倾向低估领导者的历史作用，认为领导者仅传达了群众的意愿和希望。

俄罗斯的经历显然驳斥了这种将领导者和群众作为历史创造者之间关系简单化的概念。同样的民众在同一个世纪，由于国家领导人的不同，其发展轨迹是曲折的，有史诗般的，也有戏剧性的，从落后发展到进步的巅峰。

不是所有的领导者都能表达群众最深切的利益。只有历史能对人们的行为做出最为公正的评判，是评判领导人的真实标准。对人们的行为追溯得越久，对他的评价则越准确。

21 世纪初对古巴领导层提出的问题是："你去哪儿？"根据传说，信徒佩德罗（Pedro）问耶稣："你去哪儿，先生？"随着特殊时期紧张局势的缓和，其答案具有十分重要的意义。

在 20 世纪的最后十年，世界格局已经发生根本变化。苏联解体，欧洲其他的社会主义阵地已不存在。由于中国政府采取社会主义与市场经济相结合，中国在世界政治经济的地位大幅提升。

在过去，在东方和西方对峙时，不结盟运动曾团结第三世界国

① 《格拉玛报》2003 年 7 月 16 日。

家，但这种生存方式现早已式微，因为世界格局已从两极变为单极。根据区域性的准则实现一体化显得更为重要，欧洲和拉美是最先在一体化道路上取得成效的地区。

古巴的社会经济体制需要重大改革，为了不被排斥在国际社会之外，也不会显得与众不同。

菲德尔与伊格纳西奥·拉莫内在 2005 年交谈时，他就已提及国家社会经济体制需要实行重大调整。显然，古巴现行的双币制其成本已经上升：古巴比索和可兑换比索。两种货币可通过银行或兑换点自由兑换，2014 年，一个可兑换比索买卖比价分别相当于 25 和 24 个古巴比索。然而，从经济和社会角度而言，这种制度造成很多问题，对以不同币种获得收入的人而言，其差别会大不相同。

已实施近半个世纪的凭本配给制也已做调整并应该取消。这个制度构建的平等原则，是每个古巴人无论男女、年龄、职业、收入水平、健康状况都会按照象征性价格获得同样的配额。最初只配给食品，后逐渐扩大到衣服和生活日用品，后来限定某些食品，其他商品可按市价购买。

配给制制造了荒谬的情况，一个新生儿从出生那天就有咖啡和香烟的配额。政府对每个市民的补贴增至每年 1000 多美元。西方记者从未提及这个事实。

从革命初期开始，政府就提供多种社会福利。现实的经济状况并不能总是维持这种社会福利，但是与苏联与社会主义国家的广泛合作使保持这种福利成为可能。如果在特殊时期取消这种社会福利会造成社会不稳定，因此，政府不得不继续维持这种福利，但是，已经力不从心。

比如，由于本国能源匮乏，国家发电的成本远高于消费者支付的电费；公共交通很大程度上也靠政府的补贴；学生和某些行业工人的吃饭是免费的；提供免费工作服，还有许多其他国家没有，甚至没想到的福利。如为支持收入微薄的老人设立的中心，这些贫困老人从早上到傍晚可以在这里一日吃三餐饭，每月仅需支付 25 比索，相当于古巴现行货币汇率的 1 美元。

而农民、小商业主或个体劳动者这些高收入群体，根据绝对公平主义的原则，也享受政府同样的福利补贴。

菲德尔本人公开提到，有一次他想了解一个小饭店老板维持生意所需用电量，这家饭店有几台冰箱、空调、电器厨具等。老板提及的用电量相当大，这表明在电力消费补贴方面的情况，是私人获利，政府买单。

古巴历经几十年的困难后，需要建立国家经济秩序，这些困难引发盗窃、腐败和卖淫。仅靠行政手段打击这些社会现象是远远不够的。比如，当发现窃取加油站和汽车及其他交通工具的燃油已发展到危险的程度时，2.8 万名社会工作者被动员起来，其中大多数是学生，他们在加油站维持秩序。

菲德尔愤怒地告诉拉莫内这件事，他还说，如果这个数量还不够，那么还可以动员更多的人。这警告那些腐败分子在群众的坚定支持下，必定能消灭盗窃。然而，这愈发表明，改善这种局面需要其他手段；首先，必须要更新经济模式，以适应新形势。

为了避免产生任何对改革内容的其他诠释，劳尔在 2008 年 2 月 24 日就任国家元首时，就在全国人民政权代表大会上说："大家选我当主席不是为了在古巴复辟资本主义，更不是为了出卖革命，而是为了捍卫、维护和继续完善社会主义，而不是摧毁社会主义。"①

古共中央成立了金融经济委员会，劳尔任委员会主席，胡里奥·卡萨斯将军被任命为副主席。部长会议副主席、计划经济部部长马里诺·穆里略（Marino Murillo）任协调员。

---

① 《格拉玛报》2008 年 2 月 25 日。

劳尔·卡斯特罗具备一项重要的品质:识理。他从事情本质着手,不慌不忙,并邀请那些最有能力的人加入工作。有一次他说道:"国内外那些怀有善意或恶意的人,鼓励我们加快速度,我们告诉这些人,我们保持速度,既不急也不停顿,脚踏实地。"①

　　组建的工作组在这两年正在制定一份名为《党和革命的经济和社会政策的纲要》的文件,将其呈交给古巴共产党第六次全国代表大会,获得大会通过。

　　尽管距离上次古巴共产党全国代表大会的召开已有12年,延迟召开归因于特殊时期的困难条件,然而这次党代表大会的筹备工作也未见任何匆忙之迹。在中央委员会的一次全体会议上,劳尔表示,这次代表大会很有可能是由古巴革命"历史领导层"代表主导的最后一次大会。这些文件必须进行仔细筹备和广泛讨论。因此,依照他的建议,全体会议一致同意推迟大会的召开,直至所有筹备工作完成。

　　根据固有的传统,《纲要》草案呈交给党员和群众进行讨论。从2010年12月1日至2011年2月28日,古巴党内外群众在这三个月内讨论了这份文件。一共举行了16.3万次会议,数百万人参加,超过1/3的参会者提出了建议。这些数据表明古巴党员和所有公众舆论都非常愿意提出修改建议。没有任何形式上的"我们同意!"

　　根据讨论结果,草案原文291条增至311条。只有94条未有改动;修改了181条,取消了16条或并入其他条,增添了35条。换言之,68%的草案内容做了大量修改。

　　《纲要》草案提交给2011年4月16日至19日在哈瓦那召开的古巴共产党第六次全国代表大会分析。忠于传统的古巴人在庆祝吉隆滩战役(Giron Playa)胜利50周年和宣布古巴革命为社会主义革命50周年的时刻召开古共六大。党代会召开前夕,哈瓦那为古巴新一代举

---

① 《格拉玛报》2008年2月25日。

行了阅兵仪式。

参加这次大会的共有 986 名代表（当选代表共 1000 名）和 97 位特邀代表。参加这次大会的人数远少于上次参会人数，尽管由于劳尔辛勤耕耘的结果，古共党员人数增至 80 万人。劳尔在大会上做了中心报告，尽管菲德尔仍是党的第一书记。按照劳尔的个人风格，他直切要点，分析《纲要》的内容。

劳尔详细阐释了民众各阶层对该《纲要》草案的讨论过程：从基层到全国代表大会和部长会议，并指出，其中有 45 条建议是允许大私有产权，但由于这些建议不符合社会主义原则而被否决。

关于废除凭本配给制的建议引发了广泛的意见。民众最初提议以这种或那种方式予以保留，但讨论结果是凭本配给制已经完成它的历史作用，基于三个基本原因应当逐步取消。

首先，对政府预算来说，这是一个无法持续的负担，每年需花 13 亿美元维持这个制度。其次，无法激发工作积极性，违背了社会主义原则，"各尽所能，按劳分配"，这可能会造成不做事还能以象征性价格获得食品。最后，高收入者与低收入者获得相同的食品补贴份额是不公平的。高收入者包括那些获得外汇收益、从事旅游业、就职于外资企业的人，他们有外汇收入，同时还包括私营企业主和员工。

《纲要》草案获得大会的通过，大会确立了取消购货本平均主义的方向，宣布将取消按商品的补贴，而是补贴给那些需要的人。任何需要补贴的古巴人都会得到政府的帮助。在古巴不会实现休克疗法，也不是所有人都获得等量的有限的政府资源。

全国党代表大会同意古巴统一货币，但是为了保证社会任何阶层不受影响，政府经仔细研究后决定将采取渐进措施。

法律允许特殊时期从事私营生意的议题在大会讨论中占有重要的地位。私营生意的合法性及其在古巴的私营性质以不可废除和令人向往的方式在大会上获得通过。目前，古巴有 40 万公民从事个体经济。

此前,约有200个职业得到"解放",即那些愿意从事这些职业的个体户得到了私人经营这些职业的许可。这些职业包括美发师、木匠、铁匠、锁匠,到目前为止,这些职业在古巴服务业取得较大发展。法律规定的唯一条件是必须缴税。

古巴人已经很长时间都几乎没有缴过税。政府的预算收入自1968年以来基本来自国有企业的利润。随着私营经济的恢复,状况发生改变。

劳尔·卡斯特罗在大会报告中强调要明确党和政府的职能。党是政治机构,权力属性基于伦理道德,党内协议本身不是法律,只有经大会讨论通过才能推行,并由政府确保执行。

成立了一个落实和发展《纲要》的政府常设委员会,该委员会将制定法律草案的建议和做出有关改革的法规的决议。

为使人民权力机构的工作更有效,正在进行改革。为检验这一改革,选择两个新建的省阿特米萨(Artemisa)省和马雅贝克(Mayabeque)省作为试点,这两个省毗邻哈瓦那市,面积相对较小。

劳尔以命令口气强调要监督决议的执行情况,并警告:"我们在代表大会上通过的决议不能像以前那样不去执行,几乎都被遗忘了。"①

没有人反驳"干部决定一切"这句名言。党和政府机器的质量最终决定改革的成败。因此,他坚定地指出,为了实现有效的管理,不能仅依靠共产党员,必须广泛融入那些具有创造力和相应工作能力的人,让他们担任要职。同时,他坚持以功绩和条件为基础,提拔女性、黑人、梅斯蒂索人和青年。

直接透明地谈到了外交政策问题。报告重申坚持古巴革命胜利以来奠定的基本原则,重申古巴主张与美国和其他任何国家在平等与相

---

① 《古共六大中央报告》,《格拉玛报》2013年4月17日。

互尊重的基础上进行对话。劳尔甚至表示感谢西班牙政府和天主教会为提前释放一些所谓的古巴异己分子而做出的贡献。

大会的所有工作都是以党和人民集中力量发展经济为主题。这是改革的精髓和方向，由菲德尔·卡斯特罗启动，劳尔·卡斯特罗与其新一代战友负责执行和落实。

改革的最终目标概括在"为了实现社会主义繁荣和持续发展！"这一标语中，这一标语在节庆日期间越来越频繁地出现在革命广场。关于"持续"这个词的含义，古巴人的回答是应该理解为"独立于外部形势"，而之前是用来解释国家经济。

第六次党代表大会的结果表明，对多种成分的经济有设想，保留政府的基本方面和计划原则。于是制定了三条总的方针：

1. 社会主义计划体制仍是指导国民经济的主要路径，需要转变体制的方法、组织和管控方面。计划需考虑市场，对市场产生影响并考虑其特征。

2. 除了国民经济的主体社会主义国有企业之外，管理模式认可和推动法律规定的各种外资企业（合资企业、国际经济联营合同制等）、合作社、小农、土地承包者、承租人、个体户等其他形式，这些都有助于提高效率。

3. 在非国有管理形式中不允许资产集中于自然人或法人。[①]

古巴经济的更新特别注重社会主义国有企业，国有企业应该效率高、组织佳和效力强。为了实现这一点，必须提升企业管理层能力，管理层因决策、行为或疏忽造成的经济损失需承担责任。同时，明确指出外部对企业管理的控制主要基于经济和金融机制，不排除管理机制。

---

① 古巴共产党，文件，第 40 页（*Partido Comunista de Cuba*，Documentos，p. 40）。

在第六次党代表大会召开期间还宣布 2012 年将召开首届全国党代表会议，旨在讨论党组织内部问题，在革命新阶段党的作用和位置。于是，又有人炒作说将有重大变化，有可能允许其他政党加入政治生活，党的内部队伍可能将进行清洗等。

劳尔数次公开阐明，任何人都不要推测古巴会发生耸人听闻的变化；从根本上来说，这是六大工作的继续，但这次会议仅涉及党内问题。

无论如何，第一次全国党代表会议的召开并不寻常，它是古巴革命胜利 54 年以来第一次召开如此大规模的会议。需要考虑的是，古共五大召开已有 14 年，六大集中讨论社会经济问题，这期间未举行任何有关共产党本身的全国会议。

古巴人经历了特殊时期的可怕岁月，仍然拥有菲德尔·卡斯特罗的指引和垂范，但是他的身体状况使得这位最优秀且身经百战的党员无法继续为党主持日常工作。古巴到了社会经济发展的新阶段，这需要党内认真讨论，根据宪法，党是政府的指导力量。

实质上，第一次全国党代表会议提出了党员队伍的质量和提升效率的举措。2012 年，党员人数已经达到 80 万。如果考虑到古巴人口为 1100 万，不难发现党员占全国人口的比例很高。

苏联以及其他东欧社会主义国家的政治经验表明，共产党的人数并不总是证明真正的实力、战斗力或能够维护党的纲领性文件中的价值。

例如苏联的历史证明 1917 年俄国工人社会民主党，作为苏联共产党（pcus）的前身，仅有 14 万党员。然而，该党能实现一场深刻的社会经济革命，指引 1.5 亿俄国人。与此相反的是，苏联共产党 1991 年尽管有 2000 万党员，但无法抗衡意识形态上人数很少的对手，这些人为建立资本主义秩序进行了反革命。属于社会主义阵营的许多东欧国家也发生了同样的现象。

古巴的状况较为特殊，由于它处于抗衡北美最强大敌人的前线。此外，古巴革命领袖的品德从本质上有所不同。古巴共产党人战斗不仅是为了捍卫社会主义革命社会方面的成果，而且是为了捍卫其民族身份，其自由和独立，以及国家的前途。

　　目前，70％的古巴人出生于1959年之后。这部分群体不了解资本主义可耻的面目，这曾促使他们的父辈祖辈追求用一种更加平等和更加人道的社会制度取替资本主义。同时，资本主义利用庞大的媒体网络，隐瞒它的腐朽堕落，展现出它的五光十色与鲜艳外表，如同妓女对嫖客隐瞒自己的艾滋病一样。

　　古巴大多数年轻人生于和成长于特殊时期。他们感受到了这段最艰难的岁月。有些人认为物质生活困难是由社会主义造成的。还有许多人是从外界渠道、革命敌人的宣传那里获悉这种观点。这种情况有产生代沟的危险。

　　全国党代表会议召开的必要性在于重构权力结构。共产党一直担任行政职能。党委会通常是人民权力机构。这种形式需要转变。

　　象征这种转变的表现之一是劳尔倡议重修国会大厦（capitolio）。这个伟大建筑建于1929年，作为古巴国会的所在地。该建筑的穹顶让人联想到罗马的圣贝得罗大教堂。在主厅的地上，嵌有一个25克拉的钻石，标示古巴公路的"0公里"。

　　令人好奇的是这颗珠宝属于俄罗斯帝国末代沙皇尼古拉斯二世，是一个土耳其商人在20世纪20年代初在巴黎拍卖会上所获并将其带到古巴。多年以来一直保存在古巴中央银行以防盗窃。大堂如今镶嵌的是一颗精美的水晶仿品。

　　古巴革命胜利以来，这栋建筑不再是古巴国会，而是环境科技部和科学院。很快这栋建筑将用来召开全国人民政权代表大会。

　　根据惯例，在第一次全国党代表会议召开之前，就对会议文件《古巴共产党工作目标》召开了讨论。这份文件有100个段落，即100

项工作目标，已由各级党代表会议讨论分析并通过，文件起草委员会考虑了所提出来的意见和修改建议。此外，该文件已经公布以飨全国民众。

第一次全国党代表会议于 2012 年 1 月 28 日至 29 日召开。根据劳尔的倡议，党代表会议没有占用工作时间。如果这具有国家伦理道德的指导作用的话，那么它的责任是做出重视工作日的典范，劳尔有一次称工作日是神圣的。会议的报告由何塞·拉蒙·马查多·本图拉做，劳尔做会议的总结。他们两人分别在六大上当选为中央委员会第二书记和第一书记。

会议的主要内容是以批判和客观的方式评价党的工作。会议提出了许多建议，这符合劳尔一直要求创造的公开表达意见的环境，无论意见多么犀利，只要实事求是。

会上，第一书记劳尔强调，古巴人民之所以选择古共为唯一的政党是因为古共扩大社会民主和党内民主，这意味着创造一个充满信任的氛围，有利于自然地对待分歧。他还补充道："我们正是要习惯人们告知我们所面对的事实，睁大我们的双眼，拥有并敢于维护自己的意见。"

会议对过时的工作方式、形式主义、陈旧党的语言以及召开与党支部工作无关的会议等问题提出了批评。大会还指出经常在周末毫无理由地动员大家参加"义务劳动"，从而引起愤怒与不快。

会上对有的党员在其管辖范围内面对违法行为视而不见的消极态度提出批评。会议还指出干部政策的缺陷，导致一些实际经验不足的人获得晋升，这不符合干部必须具备高尚道德品质的要求。简言之，大会是对党工作生锈的一次打磨。

劳尔在会议总结时指出，党代会和党代表会议达成的任何协议本身不能解决问题。工作缺陷只有提高对党组织日常工作质量的要求才能得以解决，至少一年两次接受上级的监管。他强调党员的实际工作应该贯彻执行六大通过的《党和革命的经济和社会政策的纲要》的决议。

关于腐败的危险，他指出"腐败是革命当前阶段的主要敌人之一，比起美国政府及其在古巴国内外的同伙所实施的、花费数百万美元的颠覆性和干预性计划更具破坏力"[①]。他告诉党员代表，调查机构正在处理几件重要的腐败案，其嫌疑人都是党员。"对涉嫌腐败人员的制裁是开除党籍"[②]，他发表意见说。

代表们一致通过了"工作目标"文件，内容包括此次会议所阐述的主要思想。文件特别强调，应该按照党章规定的，每五年召开一次党代会。如要改变日程，需获得中央委员会全体同意，或在特殊情况下，经政治局同意，必须告知党员大会延迟召开的原因。中央委员会全体会议每年不能少于两次，经济则是中央全会讨论的主要议题。

今后，党和政府的领导成员的任期期限最多为连任两届，每届五年。会议同意确定这些官员的年龄限制，并将此建议列入宪法；各级党组织书记如未能履行新规定者将被去职；党的工作要贴近人民，了解人民的问题和关切，监视社会对社会经济改革的反应，从而及时采取必要的调整。

同时，会议强调要保持古巴的传统、文化与特性；研究古巴、美洲和全球的历史，禁止任何粗俗文化的渗透。

会议重视培训干部掌握经济知识。晋升政府或国家领导主要根据其工作能力和接受党的政策和纲领，不一定必须是党员。令人关注的是建议党员对个体户做思想政治工作，消除社会对他们的偏见。

我在古巴工作期间有机会采访了几位俄罗斯外交官，他们都非常肯定古共六大和全国党代表会议取得的成就。一位外交官指出，"岛

---

① 古巴共产党，文件，第 40 页（*Partido Comunista de Cuba*，Documentos，p. 40.）。
② 同上。

上民众积极参与并愿意与政府对话，看到了能为制定一个新方向而做出贡献的可能性，这个新方向可能会改善生活质量"。

群众表现出极大的热情，甚至连反对者都被迫改变了他们猛烈抨击和拒绝接受党和政府高层的传统策略。为了以某种方式做出反应，这些异己分子组织于 2012 年 10 月 27 日组建"参与式变化基金会"，高举解放"政治犯"这个最敏感的话题。然而，政府和天主教很快采取行动，该基金便丧失了活力。

目前，古巴领导干部更新和普遍年轻化，并且女性在权力结构中的比例上升。比如，这届中央委员会有 115 名成员，其中有 48 位女性，所占比例为 42%，在上届这一比例仅为 13%。在各省的党委员会中，女性所占比例达 50.5%。一位迈阿密的古巴移民与其刚从古巴回来的侄子聊天，当他得知这些变化后，嘟囔道："劳尔将是古巴最后一位男性领袖！"

拉美数世纪前就有大男子主义。但现在，在许多拉美国家如巴西、阿根廷、智利和哥斯达黎加都选举出女总统。按照比尔玛的革命经历、政治和生活经验及其个人魅力，她可以担任古巴任何一个职位。

古巴幸运的是没有出现其他国家出现的种族冲突，但是由于奴隶制遗留的影响和社会因素，仍存在种族歧视和偏见。黑人处于经济金字塔的最底端，很难获得教育机会与薪酬高的工作。

古巴革命胜利后，实现了社会公正、正式平等和使人人都有机会，并有法律保障，但这并不能消除人们思想观念的偏见，尽管古巴人经常开玩笑说，古巴人是黑白混血种人，是咖啡加牛奶；这种差异在于每个人黑白成分的比重。

我多次听到古巴领导人对黑人和黑白混血人在党和政府权力结构中所占比例小而表示遗憾。这个问题已逐渐成为政策的优先目标，这种情况正在不断改善。这届中央委员会 115 名成员中有 36 位黑人，所占比例与黑人占全国人口的比例相当。

古巴全国人民政权代表大会的主席是埃斯特万·拉索（Esteban Lazo），他是黑人，曾是收割甘蔗的工人，革命使他顺利走上了发展自身潜力的道路。他是一个能经受磨炼的人，他边学习，边工作，经济系毕业，任全国人民政权代表大会主席之前，他曾任马坦萨斯（Matanzas）省、哈瓦那省和圣地亚哥省党委第一书记。

古巴现代化计划中有一项是减少国家公务员的冗员，这既包括政府机构也包括生产和服务部门。一共要削减 50 万个岗位，但是逐步削减，为的是不要引发社会紧张局面。

预计非国有岗位可以吸纳这些被裁减的人员。预计 2015 年，全国总劳动力为 410 万人，约 35％的人就职于私营部门。为了帮助这些被裁减的国有企业职工和公务员适应新的生活，国有银行为他们提供贷款以从事个体经营。

改革之风吹遍了这个自由的岛国，涉及每个市民生活的方方面面。当然，古巴革命的两大成绩保持不变：全民享有从小学至大学的免费教育，全民享有免费医疗，无论多么复杂的医疗甚至包括移植器官都分文不收。世界其他任何国家都没有取得这般成就。

从古巴革命胜利以来，古巴人成为受教育程度最好的民族之一，科技干部经过培训几乎能完成经济领域提出的所有任务。

古巴的公共健康水平也名列世界前列。最好的证明是古巴人均寿命将近 80 岁。婴儿死亡率很低，为 4.6‰。这些令人瞩目的成就在于出色的预防工作。

古巴是一个穷国，它无力也没有必要去大量购买西方国家私人诊所里的昂贵医疗设备和实验设备。在资本主义国家，医疗属于市场，患者购买服务。

在古巴，医疗问题的解决归功于医疗人员的专业水平高、疾病的预防、早期的诊断和高效使用医疗设备。如有必要引入现代医疗设备，就通过进口和本国生产。资本主义国家的医疗需要花费很多时间，付出大笔费用；古巴努力避免这种倾向或使疾病消灭在萌芽期。

人类的身体健康和智力发展是幸福的基础，但生活质量不仅限于这点。古巴启动的改革消除了那些给人们生活造成不便的障碍。比如，现已允许买卖房子，这种交易之前是被禁止的。

在特殊时期的很多年，住房基金遭受巨大损失，因此没有足够资金修建和维护住房，再加上热带地区的飓风与暴雨使房屋遭受损坏。自由生产和出售水泥、油漆、天花板和其他材料使古巴成为巨大的建筑工地，一些人在修缮房屋，另一些人在盖房。2011 年，居民们购买了 9 万吨水泥，第二年增加到 35 万吨。

被联合国教科文组织宣布为人类遗产的老哈瓦城也在重建中。一部分城区改造成露天博物馆后，成为旅游者的朝圣地。

之前不允许出售或交换政府低价销售的交通工具。这引起许多车主的不理解甚至愤怒。他们告诉我，有一位工人因工作出色曾被奖励一辆摩托车，由于当时规定，他不能用摩托车去换一匹马，因为他需要使用马来干活。现在这辆被闲置在家的摩托车具有交换价值。

围绕移民问题，在国与国关系方面散布了多少怨恨，多少人的命运遭到伤害。劳尔已经找到了这件复杂事情的症结并提供了解决的办法。根据劳尔的倡议，已经取消古巴人自由流动道路上的障碍。[①] 现在人们抱怨的是申请签证时受到外国领馆人员的粗暴对待。昨天，西方为古巴人没有出国自由而流下鳄鱼的眼泪；而现在，是他们千方百计地拒发签证。

古巴上网的人群逐年增加。人们可以在学校、研究中心和其他机构免费上网，也可在数百个网吧享受互联网服务。同时，网络个人用

---

① 2013 年，分析古巴移民流向的形势，其结果表明，2000 年年初以来，超过 100 万的古巴人因各种目的出国，其中 10% 的人没有回国。虽然不希望有这种损失，但无法与西方媒体的长期反古宣传破坏革命声誉造成的损失相比。

户数量也在增加。手机用户也不断增加，有 200 多万人用上了手机。

表面看来，一切都欣欣向荣，但是，古巴现今生活的负面现象仍逃脱不了劳尔批评的目光。其他人也看到了这些现象，但并不总是决定公开明确地指出这些问题。由于经济困难的影响，古巴的社会道德水平下降。

2013 年 7 月初，第八届全国人民政权代表大会第一次会议在哈瓦那召开。劳尔在大会上发言，他指出改革的成功需要维持社会秩序、纪律和要求，并进一步指出：

> 我们是带着痛苦的心情看待长达 20 多年的特殊时期，诸如诚实、正派、廉耻、自尊、正直、对他人的同情等社会道德价值和公民道德价值日益败坏。有些人对盗窃国家资产习以为常。①

在这些不端行为中，他提到了非法建筑行为、强占国家土地盖楼，未经批准强占住房、非法交易商品和服务、不按时上下班、盗窃和非法杀害家畜、捕捉濒危海洋物种、用密集的渔网捕鱼和砍伐森林资源，包括砍伐国家植物园的树木。

他还指出囤积稀缺物资并高价出售，非法赌博，接受贿赂，围堵旅游者，违反信息安全规定。还有许多不当行为，比如在大街上大声叫喊，使用淫秽粗俗语言，在街上乱扔垃圾，公园街道随地大小便，在建筑物墙壁上随意涂鸦，在公共场合酗酒，酒驾，音乐声吵闹到影响他人休息等。

他承认："这实际上是滥用革命的高贵、不遵纪守法，尽管优先重视信仰与政治工作是正确的，但我们也应承认这是不够的。"② 他强调，所有政府机构、社会组织和大多数诚实的人们要根除社会的恶

---

① 《格拉玛报》2014 年 7 月 8 日。
② 同上。

习。他断言，古巴人天生的快乐与放纵无共同之处。

他清楚说明维护秩序的机构必须依据法律保护社会。尽管教育工作需要花费很多时间，但是革命有足够的力量与意志纠正这些现状。

随之产生的问题是革命已经或是否有时间按照文件规定的任务培养新人，这是卡斯特罗两兄弟、切·格瓦拉和其他著名的革命者反复提到的问题。菲德尔在一次讲话中谈到这个问题时说，他认为社会就像菜园：各种作物需要照料、灌溉、施肥等，而那些杂草也会生长，需要清除它们才会有好收成。有时候他用的词有所不同，但意思很清楚：要消除不良现象。

古巴革命对人及人迅速自我再教育可能性仍具有理想主义观念，这是由于革命的变革创造了新的社会经济环境。总不能忘记《圣经》中，上帝传达给摩西有关生活的十诫。这十条规定都有禁止性：禁止盗窃、禁止撒谎、禁止奸淫……

换言之，上帝想创造一个理想的人，一个对得起他的创造者的人。但结果怎样呢？人们听从这位创造者吗？因为人们不听他的话，所以他们受到严厉惩罚：大洪水。只有诺亚全家幸存，但是诺亚的儿子们开始犯戒，似乎从未听闻过惩罚。

人类的恶行很顽固，需要国家机器、学校和家庭花费大量努力改变不利环境，从而有助于根除恶习。

2014 年 6 月 3 日，劳尔已年满 83 岁。我们可以非常直率地说这个岁数的政治家非常成熟，但容易变得顽固保守，比如列昂尼德·勃列日涅夫（Leonid Brezhniev）。

但劳尔否定了所有的成见，正如谚语所说："不到三十岁的人是纵火者，三十岁以上的人是灭火者。"当我们仔细观察古巴今日的变化和劳尔发挥的作用，令人惊叹的是他在这种变革中仍然保持年轻时的活力、意志和正直。

第八章 世界依旧相信古巴

相信新一代；菲德尔的政治支持和精神支持；拉美与加勒比共同体；多样性的联合；战略联盟国：委内瑞拉、中国和俄罗斯；封锁的冰山开始消融；革命将继续属于贫苦人的、由贫苦人进行的和为了贫苦人；没有和平就没有发展，没有发展就没有和平。

写这几行字时，古巴政府正在进行变革并做出了关于深化不断推出的改革举措的决定。古巴国内的政治环境有利于实现党的六大制定的方向。

2013年2月24日，全国人民政权代表大会选举劳尔连任国务委员会主席。他在人大会议上发表讲话说："最令人满意的是，当继续建设社会主义、维护国家主权与独立的责任交接给新一代领导人时，我们感受到平静与信任。"[①]

所有那些所谓的持不同政见者因那些耸人听闻的丑闻而名誉扫地，他们自己承认，他们参加"反对派"的动机，是经济和金钱利益。比如我们知道"白衣妇女"（las Damas de blanco）与她们的同伙，每次上街行动，都会得到西方基金会提供的30—50美元的报酬。

---

① 《格拉玛报》2013年2月25日。

"反对派"的领导人因瓜分西方给予的资金而产生不和。有一些革命者成功地潜入他们的队伍，揭露他们的恶行，以至于这些反对派组织解散。

菲德尔仍是劳尔的政治与精神的支柱。他在古巴和全世界都享有威望。全球著名政治家都要去古巴，希望能见到这位伟人。当媒体问到关于菲德尔的身体状况时，劳尔总是回答说：他过着正常的生活，遵循医嘱，进行大量的阅读和思考，并会找时间与自己商讨。

国际环境也相对有利于古巴国内改革。拉美热烈欢迎古巴回到这个大家庭。2013 年，根据拉美与加勒比共同体的章程，古巴当选任期一年的轮值主席国。这是该地区对古巴国家声望的最大认可。古巴是拉美与加勒比共同体的创始国之一，该组织成为没有加拿大和美国的参与的拉美地区团结的核心。

随着拉美与加勒比共同体的诞生，拉美伟大人物为之努力的梦想终于实现了。自西蒙·玻利瓦尔、何塞·马蒂到乌戈·查韦斯，他们一直希望实现从布拉沃河（Bravo，又称格兰德河）以南至巴塔哥尼亚的所有国家和人民的联合，为了自由和创建自己生活的权利。

拉美和加勒比国家为了实现神圣的权利，与企图控制西半球的美国反抗了长达两个世纪。拉美大多数国家刚摆脱西班牙殖民主义的枷锁，1823 年，美国就宣布门罗主义，其原则是"美洲是美国人的美洲"。

此后，美国仅仅改变了它采取霸权行为的标签：大棒政策、睦邻政策、争取进步联盟、美洲自由贸易区等。但它的本质是不变的：美国仍然掌控西半球，它把其他国家视为它的"后院"。这种强制性的共存在政治上称为"鲨鱼与沙丁鱼的联合"。

古巴革命对"地理宿命论"这种消极理论提出了挑战并最终获胜。它的伟大功绩在于催生并滋养了这片土地为实现拉美加勒比人民的第二次独立而斗争，这次斗争是反抗美国的新殖民主义。拉美涌现了一些有魅力的领导人，他们高举拉美加勒比政治和经济独立的旗帜，这就是菲德尔领导古巴人民高举的旗帜。

拉美地区相继出现各种国家间合作组织形式。2011 年 12 月 3 日，在很大程度上归功于查韦斯的号召力、个人魅力和巨大精力，拉美加勒比地区大部分国家的代表在加拉加斯开会，建立了拉美与加勒比共同体。

两年后，2013 年 1 月 27 日至 28 日，首届峰会在智利圣地亚哥举行。古巴被选为第二届峰会的举办国具有重要意义，劳尔成为该组织的轮值主席。这是古巴伟大的历史性胜利。

半个多世纪以来，美国一直坚持孤立和抵制这个自由之岛，通过各种手段企图扼杀古巴革命：恐吓、颠覆、军事干预与经济战。尽管如此，古巴作为安的列斯群岛最大的岛国成为周边兄弟国的领导者，这些国家的人民与大多数国家政府一直与古巴站在一起，对古巴表示同情。

劳尔担任拉美与加勒比共同体轮值主席期间，加强了拉美加勒比地区的团结趋势。必须使这个新组织在国际上得到肯定与合法化，探求与中国和俄罗斯的合作，以求履行其最主要的使命：反贫困、反饥饿和反不平等。古巴和劳尔出色地发挥了他们的作用。墨西哥总统恩里克·佩尼亚·涅托（Enrique Peña Nieto）肯定道："由于古巴的领导，我们这个地区的声音在全世界变得更加响亮。"①

拉美与加勒比共同体的民主结构令人惊叹并具有影响力。拉共体主席由各国国家元首轮流担任。首位主席是智利总统塞巴斯提安·皮涅拉（Sebastián Piñera），第二任主席是劳尔；自 2014 年，轮值主席由哥斯达黎加总统劳拉·钦奇利亚（Laura Chinchilla）和大选后新任

———————
　　① ［墨］恩里克·佩尼亚·涅托：《我们地区发出的声音增强：拉共体与古巴的领导》，《格拉玛报》2014 年 1 月 28 日。

总统路易斯·吉列尔莫·索利斯（Luis Guillermo Solís）担任，后由厄瓜多尔总统拉斐尔·科雷亚（Rafael Correa）接替，2015 年 2 月第三次峰会在厄瓜多尔召开。

此外，由现任、前任、候任拉共体轮值主席国构成三驾马车，凭其重要权威领导拉共体。这个集体领导层后又扩大，增加了加勒比共同体轮值主席国，因此被称作"四驾马车"。

古巴设计了一个标识拉共体的完美理念：多样性团结。即尽管社会经济体制、国家形式和历史传统各有差异，但是共同战略目标是为争取该地区一个更好的未来而斗争。

委内瑞拉是古巴的重要盟国。查韦斯的逝世使委内瑞拉遭受巨大损失；作为查韦斯创立的统一社会主义党的候选人，尼古拉斯·马杜罗在 2013 年 4 月当选总统。两国关系依旧稳固和友好。

俄罗斯和中国与古巴一直保持着友好关系。2012 年和 2013 年，中国和俄罗斯分别选出了新一届国家领导人，任期分别为六年和五年，他们对古巴的立场预示着双边关系将进一步巩固和深化。

尽管古、美关系在不断变化的世界中演变，但两国关系依旧复杂。美国的帝国政策让人们联想到这是一座孤独漂浮在世界海洋上的巨大冰山，对航海造成危险，但是这座冰山也在逐渐融化。

联合国年复一年由多数票通过决议谴责华盛顿对古巴的经济封锁。最近这一次是在 2014 年 10 月末，188 个国家包括拉美所有国家第 23 次通过决议，要求美国终止封锁古巴，美国仅得到了以色列一国的支持。而对古巴的支持则一如既往。

根据传统，美国民主党派内有一批有责任感的政治家明白，对古巴的制裁是荒谬甚至是有害的。即使是在约翰·肯尼迪执政时期，也没忽视美古关系正常化。前总统詹姆斯·卡特（James Carter）执政时也曾多次提及，近期，美国各界要求改变美、古关系的声音不断增强。

然而，在美国仍有许多反对古巴的人士，这些人拉选票，让参议院通过《托里切利法》（The Torricelli Law）和《赫尔姆斯—伯顿法》，目的是使总统的权力不足以终止对古巴的封锁。在这些人的压力下，美国国务院继续固执地把古巴列入支持恐怖主义国家的名单中，尽管华盛顿这么做没有任何依据。

在美国的顽固反古人士中，有前古巴独裁者巴蒂斯塔分子和其他大产业主，由于古巴革命，他们失去了在古巴的财产，他们梦想自己或其子孙能收回这些财产。直至今日，这批反古势力仍不承认他们的如意算盘是多么荒谬。

然而，生活是生活，美国的封锁政策逐渐式微。2000 年，美国成立古巴研究小组协会，由古巴移民中较为明智的群体的代表组成。该组织于 2013 年 2 月向奥巴马总统提交了一份报告，要求取消对两国公民接触的限制，而这无须国会通过决议批准。

这份报告从本质上说明古巴已发生变化，而美国则没有，美国应该关注古巴人民，放弃对古巴政府的遏制。此外，报告要求允许美国公民在古巴银行开户，开通迈阿密与哈瓦那之间的航运等其他建议。

美国著名的公众人物和政治家经常访问古巴。2011 年，詹姆斯·卡特访问古巴，会见劳尔，并明确表示在平等和尊重主权的基础上准备实现两国关系正常化。

2013 年 2 月，劳尔会见了民主党人士帕特里克·莱希（Patrick Leahy）率领的由五位议员组成的美国国会代表团。据美国媒体报道，国务卿约翰·克里（John Kerry）仔细研究了"古巴议题"；现在就等他何时向总统汇报研究结果并提出建议。

受美国社会组织的邀请，劳尔的女儿玛丽埃拉·卡斯特罗（Mariela Castro）三次赴美国做讲座，她讲座的主题是关系性别认同、对性取向不同群体的容忍等其他相似主题，她是这方面国际著名专家。美国当局没有设置障碍，她的访问取得了成功。迈阿密的古巴移民也不敢采取任何挑衅行为。

奥巴马政府对移民政策有所宽容。特别是允许在美国的古巴裔人可无限次赴古巴，而此前的规定是每三年一次。非古巴裔的美国人可以去古巴访学或参加国际活动，只要获得政府批准并说明在古巴消费的情况，过去规定在古巴每天的花费限额为 50 美元，后增至 179 美元。目前美国有近 50 万公民去古巴旅游，游客数量仅次于加拿大的百万人数，成为古巴的第二大旅游者来源地。

自 1961 年起，美国禁止古巴进口美国商品，法令出台后，又重申这一禁令，但后来有所松动。古巴主要向美国购买食品（粮食、豆类、禽肉等）；但这不能算是贸易，因为美国要求古巴所有的交易需提前支付现金。

此外，美国仍然禁止美国企业甚至公民进口任何来自古巴的商品，尽管国内市场对古巴商品十分感兴趣，比如雪茄、朗姆酒、古巴生物科技业生产的药品、蜂蜜、木炭等产品。但是因制裁法令，这些产品至今都被禁止销往美国。

加勒比海是世界一个风景如画的地方，几十艘游轮在此航行。全球数千名游客乘游轮到此寻求新的体验，但他们被剥夺了到古巴旅游的机会，因为美国法律规定，禁止任何停靠古巴港口的船只在 180 天内停靠美国。

诚然，古巴的历史古迹、自然环境和民俗要比小安的列斯群岛高出一筹；但是，美国置国际旅游业的利益不顾，它只关心能否以某种形式对不屈服的古巴产生影响。

哈瓦那与华盛顿有一定的外交关系。在两国互设的使馆旧楼里，现在办公的是两国"利益照管处"，负责联系双方的外交部门，仅此而已。

这种复杂的政治障碍和行政障碍，与两国政府与人民的天然利益掺杂在一起，可以用拉丁语 modus vivendi（权宜之计）来形容，即尽管两国之间有严重的问题亟待解决，但只能屈从于现实的生存条件。

2009 年，两国外交关系就出现了一个问题。古巴当局拘留了一位叫阿兰·格罗斯（Alan Gross）的美国公民。他从美国把用来收集情报的卫星通信设备带到古巴，此前，他曾四次基于同样的目的将同样的设备带入古巴。

据他交代，他的政府和他签约的贸易公司从未提醒过他这项工作的潜在危险和需承担的法律后果。如果他说的是真话，那么这些用人单位在利用这位"信使"时，没有向他解释这一行动的全部意义。

古巴法院当然不会考虑美国媒体执意宣传的虚假解释。阿兰·格罗斯被判监禁 15 年，剥夺人身自由。他的律师向美国法院提出诉讼，要求政府与贸易公司为此赔偿 6000 万美元。

2013 年 7 月 26 日，古巴准备庆祝纪念攻打蒙卡达兵营和卡洛斯·曼努埃尔·得·塞斯佩德斯兵营 60 周年，纪念活动在蒙卡达兵营原址举行，原兵营自 1960 年起成为学校城。这次纪念活动具有特殊意义，它反映了美洲和加勒比地区发生的积极变化。

这种变化体现在拉美国家派高级代表参加了这次活动：来自委内瑞拉、乌拉圭、玻利维亚和尼加拉瓜的总统，加勒比四国的总理，他们是多米尼克总理罗斯福·斯凯里特（Roosevelt Skerrit）、安提瓜和巴布达总理鲍德温·斯潘塞（Baldwin Spencer）、圣文森特和格林纳丁斯总理拉尔夫·冈萨维斯（Ralph Gonsalves）、圣卢西亚总理肯尼·安东尼（Kenneth Anthony），以及厄瓜多尔外长里卡多·帕蒂尼奥（Ricardo Patiño）。

位于一万名公众席前几排就坐的人中有参加过这一历史事件的老战士和五位被美国无理关押的英雄的家属，还有美国"友谊旅行队"的代表团，他们多年来一直主张美古关系正常化。

在集会上，一些国家元首或政府首脑发表讲话，他们讲话的主题是强调古巴革命对美洲的历史重要性。这是对菲德尔过去讲过的下面这句话的肯定："自吉隆滩战役开始，美洲人民逐步获得解放。"①

尼古拉斯·马杜罗代表委内瑞拉人民，表示他对古巴人民的感谢，因为今天这片大陆站起来了，有了美洲玻利瓦尔联盟和拉美与加勒比共同体。他感叹道："你们赋予了拉美尊严，这场战斗是值得的！"②

玻利维亚总统艾沃·莫拉莱斯表示："古巴革命是美洲和世界反帝革命之母。我们每次访问古巴都能汲取反资本主义和帝国主义的力量。"③ 他还特别强调，古巴将他们自己所有的东西，而不是多余的东西与需要者分享。

他还感谢派遣到玻利维亚的古巴医生，古巴医生们为该国免费做了 70 多万个白内障手术。这个"奇迹行动"的医疗功绩为拉美人民所传颂。

乌拉圭总统何塞·阿尔韦托·穆希卡（José Alberto Mujica）的讲话十分感人。他指出："古巴革命是一场维护拉美人民自尊和尊严的革命。它撒下了梦想的种子，使拉美充满了无数个堂吉诃德。这是如何为平等而斗争的宝贵的经验。"④ 他还强调，物质的变化比文化的变化更容易。

丹尼尔·奥尔特加总统回忆了自他孩提时，就听到父亲与朋友们评论有关攻打蒙卡达兵营的信息，这一伟绩大大鼓舞了尼加拉瓜国内反对索摩查独裁政权的人们。他还说，古巴是一颗孤星，发出强大的精神力量，照耀了拉美与加勒比、非洲和亚洲，鼓舞那里的人们反对殖民主义、新殖民主义和帝国主义统治。

---

① 《卡斯特罗在纪念吉隆滩战役胜利十五周年大会上的讲话》，《格拉玛报》1976 年 4 月 20 日。

② 《格拉玛报》2014 年 7 月 8 日。

③ 同上。

④ 同上。

其他发言人也表示了同样的意思。他们对菲德尔·卡斯特罗表达感激和谢意，认为菲德尔不仅挑战古巴独裁政权，而且还与强大的美帝国主义抗争。

最后，劳尔·卡斯特罗走上主席台，他戴着一顶宽边、朴素的农夫帽，这是 19 世纪解放军"芒比"起义者戴的帽子。他深深感谢外国领导人对古巴革命在拉美人民民族解放斗争中的作用和地位的高度评价。

他简单回顾了自 1959 年 1 月 1 日起将近 55 年以来古巴人民走过的英勇历史。他指出古巴取得的成就是年轻人的功劳，并在讲话结束部分总结了古巴领导人的全部关切和期望：

> 古巴革命将一直是一场属于贫苦人的、由贫苦人进行的和为了贫苦人的社会主义革命，这是菲德尔于 1961 年 4 月 16 日，在为吉隆滩战役爆发前因敌机轰炸遇难者举行葬礼时所发表的讲话。我在这里重复这句话，是因为在这 60 年，古巴革命仍是年轻人的革命。

> 70％以上的古巴人出生在古巴革命胜利以后。可以说数代人共同生活在祖国大地上，每一代人在他们的生活年代都创造了自己的历史与功绩。

> 老一代心平气和并充满信心地为"新松树"让出他们的位置，新一代为高举革命和社会主义的旗帜已做好准备并展现出能力。从印第安人和奴隶反抗压迫直至我们的今天，无数爱国者和革命者献出了他们的生命。

> 众所周知，国家最主要领导层的职责正在慎重有序地转交给新一代。

> 为了确保这一努力取得成果，绝不能忽视菲德尔给我们指出的维护团结战略的重要性，维护团结高于一切，再次重复，维护

团结高于一切！维护团结所有有尊严的古巴人的团结！[①]

2014年1月28日至29日是古巴的重大时刻，拉美与加勒比共同体33个成员国中30个国家的国家元首或政府首脑在哈瓦那参加拉共体的第二届峰会。

古巴首都从未接待过如此多的拉美各国首脑。只有3个成员国首脑缺席：巴拿马总统声称忙于巴拿马运河现代化工程；萨尔瓦多总统和伯利兹总理因身体不适不能参会。也许巴拿马总统的缺席是另有原因，因为该国与美国的关系密切。

来自30多个国家的200多家媒体约700名记者到古巴报道此次会议，这表明他们对这一事件的极大关注，联合国秘书长潘基文和美洲国家组织秘书长何塞·米盖尔·因苏尔萨（José Miguel Insulza）也参加了这次会议，美洲国家组织的权威已大幅下降。

两位秘书长都是作为特邀嘉宾与会的，但与会者并未对他们表示较大关注。许多与会者记得查韦斯曾公开称因苏尔萨是一位无趣和奉承美国的官员。

1月27日，在大会开幕式前夕，古巴举行火把游行，纪念为拉美团结而战斗的古巴民族英雄何塞·马蒂诞辰。劳尔·卡斯特罗主席邀请数位拉美元首参加了学生游行，游行队伍从哈瓦那大学至"马蒂炼狱"，这是一个与马蒂革命生涯密切相关的地方。

能看到美洲原住民代表、非洲奴隶后裔和西班牙殖民者后裔团结向前是非常有意义的。战胜邪恶势力后获得的快乐和安全氛围是前所未有的。

第二届峰会在古巴展览馆举行，展览馆位于哈瓦那一个植被繁茂的地区。劳尔·卡斯特罗主持了所有会议。作为轮值主席，他第一个发言。会议开幕时，劳尔·卡斯特罗提议为拉共体创始人委内瑞拉前

---

① 《格拉玛报》2014年7月8日。

总统查韦斯默哀一分钟。

他的发言首先确立了拉共体的中心目标：与贫困、饥饿和不平等作斗争。他指出，2012 年，拉共体 6 亿人口中约有 28％的人生活贫困，贫困人口为 1.64 亿；赤贫人口为 6600 万，占总人口的 11％。

他补充道，社会不平等极其严重：拉美加勒比 10％以上的富人拥有全部收入的 32％，而 40％以上的穷人仅占全部收入的 15％。拉美的进步取决于优化收入分配，普及优质教育，享有医疗、住房和饮用水等权利。

当提及拉美发展的巨大潜力时，他指出拉美加勒比地区占全球面积的 15％，占世界 8.5％的人口生活在这片大陆上，拥有全球 1/3 的淡水储存量，12％的耕地，21％的自然森林和丰富的矿产资源，其中石油储量占全球储量的 1/5。

他明确指出，为了发挥潜力，必须引进外国资本，但外资接受国需与外国公司获得相同比例的收益，最近 9 年外资收益增长了5.5 倍。

在讲话中，他介绍了古巴的经验。他呼吁要对教育和医疗制度进行改革，由于物质资源匮乏和贫困，过去古巴人民较难享有教育和医疗的权利。没有一个受过教育和身体良好的民族，是不可能在教育和医疗方面取得成绩的。在拉美加勒比国家，赤贫人口中仅有 1/3 的人在中等教育毕业后能继续深造。

劳尔坚定地指出，和平的广义是，"没有和平就没有发展，没有发展就没有和平！"① 但是，他也说明和平不是仅仅意味着没有战争，而是要结束冷战遗产和停止利用互联网等传播媒介进行攻击。

关于外交政策问题，他提到了该地区的非殖民化。他坚决支持阿根廷对被英国占领的马尔维纳斯群岛的正义要求，呼吁双方重新进行

---

① 《格拉玛报》2014 年 1 月 29 日。

外交对话，旨在遵守国际法原则的基础上寻求和平解决的途径。

关于波多黎各，他提到，波多黎各与古巴一样于1898年摆脱了西班牙的殖民统治，但是美、西战争结束后，它又被美国军队占领，至今仍是殖民地。波多黎各，这一拉美加勒比地区表示时刻准备回到拉美大家庭。

古巴领导人表示坚定支持拉共体成员国在面对与跨国公司的法律冲突时持有的立场，这些跨国公司靠掠夺拉美地区的自然资源攫取利润。古巴忠于革命的国际主义原则，他呼吁与会者关注加勒比这些小岛国，尤其是海地，该国经济脆弱，易受飓风和地震等自然灾害的影响。

劳尔的讲话在峰会上引起巨大反响，他在讲话中所述及的问题在其他与会者的发言中得到支持和补充。他的讲话充满了智慧和深思熟虑，概括了认真的筹备工作，提出了拉美加勒比地区各国人民的现实、利益、希望和愿望，没有任何不和能够阻挡拉美的团结。

当他演讲结束，全场一片欢呼。当然，人们的欢呼一部分是为了古巴、古巴人民、古巴革命及其历史领袖菲德尔·卡斯特罗。这位领导人在自己的住处密切关注大会的进展。许多国家领导人在发言中以及在会议走廊里都提到他们视菲德尔·卡斯特罗为拉美的精神领袖。几乎所有与会者都请求能与这位伟大的革命者进行个人交谈，他是活着的传奇。

菲德尔·卡斯特罗在身体状况允许的情况下接受了请求。兄弟国家领导人到访哈瓦那以及峰会的成功令他充满了愉悦与骄傲，这是他奉献一生的事业所取得的成就。

大会召开前，菲德尔·卡斯特罗接见的首位领导人是巴西总统迪尔玛·罗塞夫。巴西拥有约2亿人口，经济潜力巨大并增速明显，国际地位显著提升，该国成为古巴最重要的贸易和经济伙伴之一。

与其他贵宾一样，菲德尔与罗塞夫的会谈十分友好和热烈。他们一起回忆并互相祝愿，两人就该地区的新形势、加强和巩固拉共体的期望交换了各自的看法。

尼古拉斯·马杜罗每次访问哈瓦那都得到菲德尔的接见，这次他与丹尼尔·奥尔特加、艾沃·莫拉莱斯和拉斐尔·科雷亚共同会见了菲德尔，他们都是美洲玻利瓦尔联盟成员国的领导人。

菲德尔还接见了墨西哥总统恩里克·佩尼亚·涅托。两国因历史关系紧密相连。菲德尔从未忘记，1956 年在墨西哥乘坐游艇"格拉玛号"返回古巴。古巴将永远感谢墨西哥，尽管墨西哥面临美国的强大压力，但从未与古巴断绝外交关系。

虽然今天的墨西哥已经失去了昔日作为反帝和民主旗手的光环，但是它的历史功绩仍活在拉美数千名爱国者心中，当时他们由于自己的思想受到迫害，在墨西哥流亡期间获得支持。

菲德尔还会见了乌拉圭总统何塞·穆希卡，这位总统年轻时曾参加过民族解放运动——图帕马罗斯（Tupamaros）运动，被囚禁了 14年，从未掩饰过对古巴的同情。两位因自由理想而为各自祖国奋斗的老战士有许多可聊的话题。

同时，菲德尔还接见了牙买加总理波西娅·辛普森·米勒（Portia Simpson Miller），加勒比英语国家的发言人。菲德尔很想拥抱这些国家的领导人，他们为实现拉美加勒比的自由和完全独立而继续进行已有两个世纪之久的斗争，菲德尔为他们所取得的成就与参会表示由衷高兴；但是，由于时间的限制和医生的要求，他没能与其他国家的领导人一一见面。

各国领导人与菲德尔·卡斯特罗的广泛交流，公开感谢他为人民解放斗争而做出的突出贡献，这引起迈阿密古巴移民极端分子和某些亲美媒体的愤怒与攻击。

比如，马德里的《ABC 报》"惊讶"地注意到，与会者谴责皮诺切特（Pinochet）、斯特罗斯纳（Stroessner）和佛朗哥（Franco），但却崇拜和追随菲德尔并为能与其合影而自豪。这只能表明这些作者在政治上是多么无知。迈阿密报刊的评论员对墨西哥总统与古巴革命领袖的会见进行愤怒的指责。

在哈瓦那召开峰会的几天，古巴国内的异己分子蠢蠢欲动。异己分子发言人要求许多首脑会见他们。但与会各国的国家元首和政府首脑都拒绝了他们的请求，只有时任智利总统的塞巴斯蒂安·皮涅拉（Sebastián Piñera）会见了几位异己分子。他的接班人，赢得2014年大选的智利总统米歇尔·巴切莱特（Michelle Bachelet），断然拒绝会见古巴的"异己分子"，她的父亲曾被皮诺切特关押并悲惨死去。

大会在平静的工作氛围中进行。大会发言集中讨论三个基本文件:《哈瓦那宣言》《拉共体2014年行动计划》及《宣布拉美和加勒比为和平区的公告》。这些都是具有真正历史意义的文件，是花费了很长时间起草的。

首先，由各国特别任命的协调人撰写草案后递交给各国外长审阅，经各国外长详细补充修改后，再将最终文本呈交给参加峰会的国家元首和政府首脑定稿通过。

《哈瓦那宣言》是一份基本政治文件，涵盖该组织的原则。总之，该文件旨在各国和谐相处，集中力量实现主要目标:消除本地区贫困、饥饿和不平等，为改善人民生活质量创造最优条件。

文件83个段落的第一段就阐释了基本原则:

> 我们重申，拉美地区的团结与一体化需逐步实现，应具有灵活性，尊重多元化、多样性和各国人选择它们经济政治组织形式的主权。①

其中有一段专为纪念查韦斯:

---

① 古巴外交部网站。

我们对委内瑞拉玻利瓦尔共和国总统乌戈·拉斐尔·查韦斯·弗里亚斯司令（Hugo Rafael Chávez Frías）于2013年3月5日逝世表示最深切的哀悼。他是拉共体的主要创始人和推动者，不知疲倦的人文主义者和拉美加勒比联盟的推动者，他为消除社会排斥和贫困而奋斗，推动了拉美一体化的发展。①

宣言还包括劳尔·卡斯特罗主席在开幕式致辞中表明的立场，拒绝发达国家单方面给拉共体国家开列名单和证书，尤其是在恐怖主义、走私贩毒和贩卖人口（trata de personas）这些方面。还写入一条关于反腐的倡议，依照"不盗窃、不撒谎和不纵容"的三原则，宣言支持哥伦比亚政府与革命武装力量（FARC）在哈瓦那的对话，为解决武力冲突达成和平协定。

宣言还首次大声直接提出要保护原住民的传统和祖先的知识。

在外交政策方面，该文件宣布该组织支持核裁军原则，使近东地区成为无核区，联合国民主化以及安理会改革，旨在实现联合国成员国获得更加公正的代表性以及联合国全部机构工作的透明度。

宣言是政治和思想的基石，在此基础上构建地区联合。《拉共体2014年行动计划》是对宣言的补充，也同样重要。该文件号召规划原则，列出举措和确定日期，以及决定各国和国家间结构负责执行。这是一项具有重大历史意义的事业的工作计划。

为了实现消除饥饿、贫困和不平等的目标，该计划实际上包括生产和社会发展的所有方面，但首先强调的问题是食品安全，并规划了促进家庭农业发展的主要方向。战略使命是2025年该地区消除饥饿，为此，拉共体就制定相关计划方面向联合国粮农组织申请支持。

_____

① 古巴外交部网站。

为此，拉共体拟做出努力，其中计划研究创建粮食应急储备机制，举行农产品、制成品、技术工具的地区性展会和设定农业统计的统一标准。

在教育领域，计划在 2020 年实现识字率达到 90％的任务，包括最落后的国家。该文件提出，拉共体为拉美地区普及初级和中级义务教育而做出贡献。根据规定，这些建议转交给拉共体成员国相应的部长会议负责。

非常明显的是，研究拉美加勒比人民为实现自由、独立和自主而奋斗，以及一体化的历史进程在教育过程中具有特殊地位。自现在起，教育体制的方向是教育具有公民意识和爱国意识的健康一代。

在文化和文化对话领域，该计划向相应的部委和专门机构提出如下的建议：

采取行动认可文化政策作为提升价值观的优点，以此反映尊重生命、人的尊严、文化多样性、公正和包容原则，反对暴力，这些是构建和平文化的因素，从而认同拉美地区。[①]

行动计划提出禁止非法贸易或出口属于各国人民遗产的物件。

该计划没有遗漏任何国家和社会事务的基本方面，它体现了成员国的坚定追求，不仅有美好的愿望，而且立即采取行动落实计划。

第三份基本文件是《宣布拉美和加勒比为和平区的公告》，由拉共体第二届峰会一致通过。与会者庄严承诺通过和平手段解决问题，永远放弃使用武力或威胁。

成员国也宣布无条件放弃直接或间接干预他国内政，承诺尊重国家主权、平等和人民的自决权。

拉美历史中产生了几十个拖延未决的武力冲突，造成了数千名士

---

① 古巴外交部网站。

兵和公民失去生命，损害了地区环境。许多发达国家故意在拉美国家之间播下仇恨，其目的是"浑水摸鱼"，从中得到不少好处。多少资源用于购买过多的武器装备？多少健康的双手没有从事和平生产？

人类当代史中从未有过像拉共体这么成功的倡议。拉美无疑为全球其他地区树立了典范。1968 年，在制定和签署《特拉特洛尔科条约》后，拉美加勒比地区宣布成为无核区。签约国为全球笼罩的冷战氛围打开了一道缝。1962 年的古巴导弹危机对核武器大国是严峻的考验，使全球引以为戒。

值得一提的是，菲德尔·卡斯特罗于 1963 年在俄罗斯"莱蒙诺索夫"莫斯科国立大学发表演讲，接受荣誉博士的称号。他当时指出人类真正的历史还未开始，因为我们在这个世界还没学会相互尊重，也没有集中我们全部的智力和财力掌握科学成就和加快技术进步。我可以肯定他是这样说的，因为我当时在现场做翻译，面对的听众是数千名大学生和老师。

现在，拉共体成员国已经接近这个目标，由此开启真正的历史，既无热战也无冷战，没有宣传的毒药，否则许多崇高的倡议会失去效力。

如前所述，智利和秘鲁两国的总统在新闻媒体中谈到此次峰会。两国在太平洋区域的领海边界存在纠纷，在这次峰会，两国领导人宣布这一纷争已提交国际海牙法庭裁决，他们将接受法庭的最终裁决。后来，他们的确这么做到了。

世界对拉共体第二届峰会的态度准确反映了他们与国际传媒的相互关系。凡是帝国主义中心掌控的地方，就会有抱怨不满或紧张的沉默。当然，美好信念、确信未来和对大会成功的祝愿占据拉美国家的主流。

令我惊讶的是，在哈瓦那召开峰会的这几天，俄罗斯最重要的媒体未发表任何关于这一重大事件的认真的报道，媒体为了吸引读者眼球，发布的主要消息是奇闻逸事，"深陷丑闻的多伦多市长乱穿马路被罚 93 美元"，或是"好莱坞影星菲利普·塞默·霍夫曼（Philip Seymour Hoffman）被发现死在他纽约的公寓中，享年 47 岁"。这种垃圾信息根本不值得做任何评论，因为它本身就说明问题。

相反，中国国家主席习近平向前任和现任拉共体主席劳尔·卡斯特罗和劳拉·钦奇利亚发出的贺信具有重要意义，中国领导人向两位表示祝贺，对中国和拉共体双边关系取得的成就予以肯定。这些天拉共体各国代表正在北京参加中拉共同体首届部长级论坛的开幕式。

第二届峰会是劳尔政治生涯的一个巨大成功，他为自己担任古巴国家领导人，能在最后任期内投入这份事业中感到非常高兴。《拉共体 2014 年行动计划》的最后一个段落这样写道：

> 我们对古巴国务委员会主席兼部长会议主席的领导和担任峰会轮值主席所做的贡献表示感谢，同时也感谢古巴人民和政府主办于 2014 年 1 月 28 日和 29 日在哈瓦那召开的拉共体第二届峰会。①

这是代表拉美加勒比所有国家做出的最高评价。

---

① 古巴外交部网站。

第九章　革命没有停止

不抄袭外国模式；糖业需要现代化；发展可再生能源的前景；遗传工程；卫生和教育优先；一个安全国度的旅游业；马里埃尔发展特区；农业：最薄弱的一环在变革；欠苏联旧债；切尔诺贝利的孩子，古巴的声援。

劳尔·卡斯特罗承担了继续指引革命的使命，以完全实现菲德尔在蒙卡达审判时发表的自我辩护词所宣布的历史目标。这些历史目标包括建立一个社会公正的国家，国家的发展要从人民的利益出发。

50年后，古巴仍未能集中全部力量实现这个目标，这不是古巴的错误。实现自由、独立和选择自身命运的权利需要耗费许多人力、物力，尤其是时间。

欧洲一度非常流行这句话："自由之树需要用爱国者的鲜血浇灌才会生长和壮大。"古巴人为了获得自由权利，"用"自己儿女的生命付出了极其高昂的代价。尽管古巴现在仍遭受经济封锁，但是正在创造条件集中精力发展经济。

古共六大成为这一历史转变的出发点，尽管改革不是从零开始；经过半个世纪，革命可以为发展经济和实现经济多样化做更多的事情。

本章旨在向读者呈现当代古巴"经济景象"的主要特征。

很久以前,我有幸在埃内斯托·切·格瓦拉于 1960 年首次访问苏联时担任翻译。切·格瓦拉访苏是受菲德尔委托为古巴的 200 万吨蔗糖寻求市场,这是在美国政府急剧减少从古巴进口糖之后。

当时的政治形势为切实现他的出访目的提供了可能。苏联承诺减少甜菜种植,从古巴进口 120 万吨原糖。欧洲社会主义国家同意购买 60 万吨,中国同意购买其余 20 万吨。

切就古巴的经济模式做出了广泛和深入的交谈。他受马克思主义理论的影响,提出只有工业化和人数众多的工人阶级的产生,才能对革命提供广大的社会支持。

为此,他以苏联为例,苏联与印度合建钢铁厂,帮助埃及发展工业和支持中国的工业化。于是,切提议在古巴建立一个完整的钢铁厂,该厂拥有一套完整的生产流程,产量达到每年 100 万吨。

时任苏联部长会议主席阿列克谢·柯西金(Alexei Kosiguin)谨慎提出建议,认为如此规模的钢铁厂冶金工程不适合在古巴建立,因为古巴没有铁和煤炭,也没有一个市场能吸纳这么大的产出。

柯西金认为这些工程只会破坏古巴岛国美丽的自然环境,最可行的方法是最大限度利用自然环境,发展那些不消耗原料、大力培养合格的人力和劳动力,创造高附加值产品的产业。双方的讨论虽未有结果,但是当时提出的许多想法在多年后都逐渐实现。

多年来,菲德尔与劳尔的讲话都坚持古巴不复制任何他国的模式。古巴创建的模式完全是本土化的,是基于古巴国家和人民的特点。古巴领导人仔细研究当今社会主义替代模式的积极和消极方面。

值得注意的一项主要教训是,为了避免依靠他人的命运或政治激情,放弃单一的盟国是正确的。古巴蔗糖业的剧变历史表明这一决定是正确的。当 1991 年苏联解体和社会主义阵营瓦解时,古巴是世界第三大产糖国。仅依靠唯一的客户和仅出口一种基础产品使古巴陷入灾难性的局面。古巴的糖产量暴跌。

古巴决定建立各种关系，深化与邻国的天然与历史联系，即加强与拉美加勒比国家的关系。毫无疑问，另一个结论是国家经济多样化、取消单一生产、融入全球市场、使本国经济适应当前形势。

在改革开始时，古巴的蔗糖产量为150万吨。150家糖厂有一半关闭。很简单，这是由于没有采用收割和加工甘蔗的全球科技，产糖业无法盈利。

产糖业生产链的彻底更新（播种、种植、收割和加工）需要巨大投资，国家无法提供这些条件。此外，甘蔗种植需要灌溉、施肥和使用各种除虫剂。

夏威夷最好的收成可达到每公顷产200吨甘蔗，而在古巴那些甘蔗产量低的地区，收成比夏威夷差了7倍。

此刻的古巴人看不到甘蔗的未来。目前的产量仅满足国内市场的需求，和作为生产副产品的原料，如酿酒。但也不排除这个产业的复兴。

比如，古巴与一家巴西公司（巴西和印度是世界两大产糖国）签订合同，执行一项计划，这项计划是实现西恩富戈斯（Cienfuegos）省"9月5日"糖厂的糖业和产业现代化，提升榨糖能力，使糖产量从每年3万吨增加到15万吨。

条件如下：当糖的产量超过3万吨，将利润除去工资支出，当年偿还贷款和利息之后，企业支付给古巴和巴西双方相同的奖励。巴西方估算负责供给该糖厂的甘蔗地其收成能从每公顷45吨增加至65吨，这是解决问题的关键。

的确，目前蔗糖在全球市场的销售没有处于最佳时机，因为蔗糖的消费被视为造成人们肥胖的主要原因。全球已出现了大量蔗糖的代用品，生产蔗糖的代用品的厂商花了大笔财富投入宣传所谓糖的害处的广告中。但用不了多久就能证明，这些糖的代用品才真正会对人体健康造成损害。

值得一提的是，甘蔗是第一个由人类从野生改为自家种植的植物。几个世纪以来，甘蔗汁被视为治疗许多疾病的重要"药品"。

怎能忘记古巴糖的过去？从 16 世纪初首批非洲奴隶抵达古巴就开始种植甘蔗，由于古巴土地的肥沃、降雨规律和日照充足，古巴甘蔗收成很好。

甘蔗是自然的奇迹，它大量吸收太阳的能量成为一种富有甜汁的植物。无须重复耕种就能连续获得数次收成，据相关人士统计，可连续 5 年获得 5 次收成。

甘蔗可以作为原料，可生产 50 多种衍生产品，蔗渣作为燃料或制造人工木料，甚至可以加工生产化学产品如香水、药品等，不应低估使用乙醇作为汽车燃料的前景。

因此，放弃甘蔗为时过早。总之，甘蔗产业需要现代化，这是在不久的将来需面临的问题。

发电在国家发展计划中具有极为重要的作用。这是一个非常关键的问题，因为在古巴没有发现大量的石油、天然气和煤炭资源。自古巴革命胜利后，苏联是古巴主要的石油供给国，承诺每年向古巴提供 1300 万吨原油。

1991 年以后，古巴出现能源赤字，需要将一半以上的出口收入用于购买石油，而当时石油价格在国际市场上不断上涨。古巴每年的燃油消费量约为 800 万至 900 万吨。

在特殊时期，政府大力提高本国石油产量，然而，这好像是自然的诅咒，储藏量最大的石油矿藏是在北部海岸，紧靠巴拉德罗 (Varadero) 区的最佳旅游中心。古巴决定同时发展旅游业和石油产业，与周围环境和谐相处，确保该地区的生态环境不遭破坏。

自从 20 世纪 90 年代初，政府实行向外资开放的政策和大力投资本国石油产业后，石油产量从当时每年 50 万吨增至 21 世纪头 10 年中期的约 400 万吨，并一直保持这个产量。这是一项巨大的胜利，因为目前大部分电能都是通过原油和天然气生产的。

尽管古巴的原油会被认为是重油，并且含硫量高，但是它能用于热电厂发电。生产的天然气除了用于发电以外，还出售给哈瓦那近百万的家庭用户。目前，全国能源需求是通过每天提炼 6 万桶原油和从委内瑞拉每天获得 10 万桶原油得以满足的。

为了确保储存燃油和加强电力储备，自 2005 年，在菲德尔的领导下，一项重要的行动计划"能源革命计划"启动。该计划是改变发电矩阵，为热电厂增加大量大型发电机组并分布全国。这项计划较大提升了电力系统的活力和可用性，以应对频发的飓风和其他自然灾害造成的损害。

同时，在这种情况下，为了保护重要的经济中心，在医院、学校、供水中心和面包房等地方安装紧急发电设备。此外，逐步恢复电网和推广以节能灯更换原有灯泡，以及推广效率高耗电少的家用电器取代老的家用电器。

20 世纪 90 年代，政府宣布，外国企业通过签订各种开采合同形式，承担风险和共同生产，可以在墨西哥湾古巴经济特区的浅水、深水和极深区开采石油。

根据古巴专家估计，该地区的石油资源约在 100 亿至 200 亿桶。但是，据美国专家估计仅约 50 亿桶。

20 年以来，古巴与来自西班牙、马来西亚、委内瑞拉、印度、巴西、挪威、英国、安哥拉、加拿大、法国的企业以及俄罗斯的国有能源公司海外石油公司（Zarubezhneft）签订了合同。到目前为止，虽然开采工程规模并不大，但从商业角度来看，没有一个项目取得成功。

一方面，由于古巴的地理形状，河流短且入海快，因此水力资源有限。只有可能在山区和为革命建的水库旁建小水电站。另一方面，古巴南海岸萨帕塔半岛（Zapata）储藏着丰富的泥煤资源，但由于含能量低，开发前景不大。

这种情况造成苏联与古巴在 20 世纪 80 年代决定在古巴建核电站，但核电站并未建成，这归因于古巴后来决定放弃核能发电。

在利用可再生能源发电的其他可能性方面，古巴从甘蔗渣可作为燃料马上看到了发电的希望，虽然也开始利用太阳能和风能，因为这是可再生资源，尤其是世界科技在这个领域的应用取得极大发展。

2014 年，部长会议通过了使用可再生能源的政策，预计到 2030 年，用可再生能源发电的电量可达到全国用电量的 1/4。该政策包括建立 13 个风力发电站，大部分集中在中东部地区；19 个生物发电站，分布在糖厂；小型锯末发电站；光伏太阳能发电站；在水库、小河、小溪旁建微型水力发电站。

可以肯定的是，微生物、遗传工程、制药业这些高科技带动了古巴经济发展。这几个领域以及古巴为其他国家提供的医疗服务和旅游业成为古巴外汇收入的主要来源。

在 20 世纪 80 年代（古巴人称之为"富裕年代"，因为从苏联获得大量援助），古巴仅出口三种药品，而现在古巴向全球市场销售 40 多种疫苗和其他高质量的药品，大多数药品属古巴专利。

古巴在医疗领域取得的成就震惊了国外，他们无法解释一个贫穷和受到美国经济封锁的国家如何在医疗方面能达到世界先进水平。俄罗斯联邦委员会主席瓦莲京娜·马特维延科（Valentina Matvienko）在 2013 年访古期间颇受震撼，古巴医生可以进行脑组织手术治疗帕金森，不仅可以逆转病情，而且病人数小时后就完全恢复正常生活。

古巴在预防性研究和治疗癌症方面在世界领先。该国已经发明治疗前列腺晚期癌、肺癌等病的药品，已通过临床试验。此外，政府通过一项计划，将对 90 个新型抗癌制剂进行 65 次临床试验，这是分子免疫中心的工作成果。

有一次，我与肿瘤专家们交谈时非常惊讶地得知，在克林顿执政期间，古巴代表团获准在美国六所大学做讲座，他们还向我展示了当时拍摄的讲座会场的录像。

让这些古巴肿瘤专家失望的是，美国最终未说明缘由就放弃了专家们提出的想法。对这种行为的唯一解释是他们了解到古巴在这方面的成就后感到害怕，这会造成许多美国人去古巴挽救自己的生命，这种情形会破坏封锁政策。

然而，2012 年，古巴健康旅游接待了 8500 名患者，收入接近 2400 万美元。外国人去古巴接受治疗，他们被医疗服务的高专业水平和低价格所吸引。在美国，人们只能通过加拿大或墨西哥秘密辗转到古巴。

根据美国人的要求，古巴官员采取另附签证页的形式，无须在护照上盖章。因为如果不按这种方式，根据现行制裁法，他们去古巴将被罚 1 万美元。如果没有封锁政策，那将很难统计美国公民将会赴古巴治病的人数。

安的列斯群岛的最大岛国在医疗方面取得的成就，早已得到包括世界卫生组织在内的国际权威组织的认可。古巴能取得这些成就应归于古巴革命。首先，归功于菲德尔的深谋远虑。首先，他指出了一条为古巴赢得世界声誉的极具前景的道路。其次，这表明古巴政府重视科技发展并整合所有途径来实现目标。最后，古巴的医学成就是以全国实行教育政策为基础。即使在特殊时期资源最匮乏的年代，政府保证了对微生物和医药科技研究的资助。

旅游业的发展速度及其服务质量令游客和国际旅游专家印象深刻。革命胜利前古巴就有了旅游业，但是大量游客几乎来自美国，他们到古巴旅游是为了嫖娼、赌博和吸毒。

这种娱乐业被美国黑手党控制。他们推动甚至资助游客不断去哈瓦那，允许他们做那些在美国受到限制或禁止的事情。古巴革命的胜利终结了这些活动。

直至 20 世纪 80 年代中期，旅游业历经几次尝试后，不再被视为古巴国家经济发展的可行性选择。它从根本上受到经济制裁的影响以及隐藏的社会和政治风险。为数不多的几家酒店用来接待古巴人和不同国家尤其是社会主义国家的代表团。

如前所述，当古巴意识到苏联的援助开始减少时。古巴人集中精力发展旅游业，作为新的外汇收入来源。古巴开始兴建酒店和培训人员。

游客在古巴感到绝对安全，这归功于有维持国内秩序的机构和古巴人具有团结和诚实的本质。自 1995 年起，古巴的旅游收入超过了蔗糖业，这种情况持续了一定的时间，旅游业成为外汇收入的主要来源之一。

一个领域取得的成就往往会激发这个领域继续发展。因此，在特殊时期的十年困难期，古巴全力发挥旅游业的潜力。根据西方国家的消息，自 1990 年至 2000 年，该国在旅游业的投资达到 35 亿美元。

古巴逐渐兴建大型酒店，目前可以接待约 300 万名游客。在巴拉德罗（Varadero）和其他旅游胜地兴建了国际机场或扩建、更新原有的机场。现行法律允许房主提供房屋出租服务，这有助于保证充足的住宿容纳力。

古巴还有几个博物馆城市，比如桑克蒂斯皮里图斯（Sancti Spíritus）、雷梅迪奥斯（Remedios）和特立尼达（Trinidad）。2013 年，我有机会去了特立尼达，这是吸引国际旅游者人数最多的地方之一。这是一颗完美保存的"明珠"，有着 17 世纪和 18 世纪的建筑。由于缺乏资金建造现代化建筑，该城市得以保留原貌，这成了它的最大特色。正如谚语所说："因祸得福。"

在殖民时期，特立尼达先后是强盗和走私者的避难所。这里也曾书写了为争取独立和反对富尔亨西奥·巴蒂斯塔独裁而战的光辉历史篇章。然而，美国曾企图把这里变成反革命中心之一。这个城市的百年史可以从当地各种博物馆的展品得知，这些博物馆是建筑瑰宝。

特立尼达保存至今是由于遵守了一项实施了半个世纪的国家政策，最近该地从当地旅游收入中获益，2%的收入用于修建和恢复原貌。同时，尤其是通过该市最主要的历史学家，政府认识到新建筑不应与当地原有建筑的风格不协调，从而破坏历史风貌。

特立尼达有 5 万居民，每年接待 50 万游客，其住宿容纳力为：国有旅店可容纳 900 人，私人家庭可容纳 800 人。本市及其周边有上百家饭馆。另一个吸引游客的地方是能看到 20 世纪四五十年代的老汽车在大街上行驶，与整个古巴情况一样。这些车昔日是受到指责的对象，如今旅游者愿意花钱坐这些被美国汽车业视为"恐龙"的车上进行游览。

哈瓦那正在清理港湾，将接待大型游船、游艇和其他船只。几个世纪以来，由于哈瓦那港口的活动，海边布满了装货站、仓库和工业，造成海水被污染。

目前，海港正在重建，并已建立一个大型展览馆（pabellon），展览馆自然光线充足，这里可以购买古巴手工艺品，品种逐年丰富。同时，还可以看到人们在海边拿着鱼竿，令人十分惬意。而不久前，海水上还漂浮着油污和从船上扔下来的垃圾。

为了使哈瓦那港湾不再作为主要的装货港，经过仔细研究它具有的重要经济因素后，古巴政府决定另外建设一个现代化的海运码头。

国家需要建造这个海运码头，目前哈瓦那港口码头规模无法装卸大型货船。另外，港口码头的海水深度不及 8 米，这造成现代集装箱船无法停靠，因为这些船需要吃水深度为 15 米。

从经济角度来看，将货物从停泊在深海的船转运到驳船的做法是不可行的。此外，气象条件会影响装卸货物的计划。基于这些因素，古巴不得不使用牙买加的金斯顿（Kingston）港，将货物转运到小型船。这意味着每年的费用达到 7000 万美元。

新海运码头位于马里埃尔（Mariel）港口，哈瓦那以西 45 公里。这是古巴当代最宏伟和规模最大的一项建筑工程，由巴西政府提供优惠贷款 8.3 亿美元。

巴西奥特布雷希特（Odebrecht）公司旗下的一个企业负责这项工程，技术人员、工程师和工人都是古巴人，他们在修建巨型码头工程上有着非常宝贵的经验。该项目预计建成的码头，总长 2.4 公里，水深 17.9 米。港口设计能力可停靠大型干货船、冷藏船尤其是集装箱船。

集装箱码头年吞吐量为 130 万集装箱；根据统计，平均每个集装箱可以装 14.7 吨至 18 吨货物，因此马里埃尔港年吞吐量为 2340 万吨。

这是古巴一项超大规模的计划，因此，古巴从新加坡一家公司获取经验和进行咨询。中国为古巴提供港口起重机，并关注该项目的成功。

马里埃尔开发特区不仅有海港，而且海港方圆 465 公里的区域为外国投资者提供古巴机构和公民的国民优惠待遇，可以建高科技工程工厂、生产替代进口的产品以及其他投向国际市场的产品。马里埃尔发展特区还发生了许多重大变化，比如，铁路修建第一阶段已完工，该铁路将为特区内提供货运和客运服务。

目前，这项计划正在落实。2014 年，码头一期投入运营，全长 700 米，由古巴主席劳尔·卡斯特罗和巴西总统迪尔玛·罗塞夫举行码头运营开工仪式，两位领导人还不止一次参观这项工程。巴西前总统卢拉·达席尔瓦也在场，他曾为这项计划提供许多支持。

古巴领导层一直是从战略上寻求解决办法，他们把眼光投向古巴之外。领导层已经注意到，2016 年，正在扩建的巴拿马运河其运力将翻倍（运河年货物运力从目前的 3 亿吨增至 6 亿吨），这只是从概念上估算通过巴拿马运河的船舶运货量增加。如果扩建前，运河只能通行货运量不超过 7 万吨的船，那么扩建完工后，可通行船舶货运量 15 万至 17 万吨的船。

我苦涩地回忆巴拿马政府如何在 2005 年建议到访的俄罗斯国家杜马代表团参观地峡，希望俄罗斯参与到这个出资运河扩建的国际财团，但巴拿马政府的建议未得到采纳。然而，扩建运河的年收入将达到 40 亿美元。

兴建另一条跨洋运河的工程在尼加拉瓜启动，需要七八年完工。这项运河计划的完成将对全球贸易产生巨大影响，该运河可通行 40 万吨级的船舶。这项巨型工程预计投资 400 亿美元，由中国富豪王靖控股的一家香港公司投资。这是向全球展现的"宏伟计划"，正如诗人马雅可夫斯基（Mayakovski）所说。

在这种情况下，马里埃尔港口对全球贸易具有重要作用，尤其是对那些在加勒比海和墨西哥湾有海岸需要运输货物的国家，更不用说它给本国经营带来的好处。

古巴是全球排名前五位生产镍和钴的国家之一，其镍和钴的储藏量几乎占全球的 20%。镍的提取和加工始于 1935 年，在古巴革命胜利前，整个镍矿业受美国公司掌控。此后很长一段时间里古巴生产的镍投放社会主义国家市场。

如今，古巴主要的合作伙伴是加拿大谢里特国际公司（Sherryt International）和中国。根据 2010 年的数据统计，经提炼后，古巴镍和钴的年产量约为 7 万吨。如国际市场行情良好，这两种金属的年产量能达到 7.5 万吨。

中国对镍矿十分感兴趣，因为它是生产各种不锈钢的必要原料之一，中国的钢产量居世界第一。2005 年，中国公司签署了一份合作意向备忘录，投资 6 亿美元发展古巴的镍矿业，但是由于当地对工业用电的限制而受阻。

不幸的是，俄罗斯无法保持它在镍矿业的地位。据专家估计，按照目前的开采速度，诺里尔斯克（Norilsk）的储藏量将在 2037 年耗尽。之后将会怎样呢？俄罗斯的阿尔法集团（Alfa Grup）对古巴矿业的一种衍生品感兴趣。这个衍生品是古巴镍和钴生产的废料，多年后这些废料堆积成山。由于以前提炼镍和钴的技术不完善，在废料中还含有大量的矿物质，如果使用现代科技就可以将它们提炼出来，但是，这些计划还没成为谈判的目标。

古巴雪茄享有世界声誉。首批享受到古巴雪茄的外国人是哥伦布一行，他们将它带回西班牙。几个世纪后，抽雪茄的习惯蔓延，虽然是恶习但具有吸引力。抽雪茄已成为成功人士的象征。科希瓦牌（Cohiba）成为价格最昂贵的雪茄品牌。哈瓦那滨海大道（Malecon）对面的一家超豪华的五星级酒店就以科希瓦命名为荣。

第一家古巴雪茄工厂建于 16 世纪中期，从那时起，雪茄成为一个享有盛名、价格昂贵的商品。在 1717 年至 1817 年，西班牙国王宣布由国家垄断雪茄的生产和贸易，用于进一步提高商品的地位和售价。

烟叶的种植与卷制在加勒比其他岛国开始流行，但是古巴雪茄的质量却从未被超越。古巴最优级别的烟叶种子被带到其他国家播种，但是，生产出来的雪茄变成了洪都拉斯、多米尼加等国的雪茄。

即使在古巴本土，自然环境创造了种植烟草的优良条件，有些地方生长的优质烟叶，在颜色、气味、纹理和尺寸上胜于其他地方的烟叶。比如比纳尔德里奥省的布埃尔塔阿巴霍（Vuelta Abajo）区就是这种情况。

抽雪茄或古巴雪茄——通过名字就可以了解到它的知名度——是一种昂贵的享受，不是普通人能享受得起的，因此抽雪茄是属于精英阶层的象征。在欧洲，"蒙特克里斯托 4 号"牌雪茄（Montecristo No.4）最畅销，每根售价 7 欧元；还有一些每根价格高达 500 美元的雪茄。在苏联时期，资产阶级在广告里的形象是富态的胖子穿着燕尾服，戴着礼帽，嘴里经常叼着一根雪茄。在俄罗斯，"新俄罗斯人"聚在雪茄俱乐部，在弥漫着雪茄香味的氛围中谈生意。

在 20 世纪 90 年代的一次党代表大会上，菲德尔讲到，古巴能做到出口 1 亿支雪茄。无法找到这些年雪茄产量的数据，估计保持着稳定的产量。全国烟叶年产量 2 万吨，根据西方数据统计，目前古巴拥有 50 家雪茄厂。

有专门从事制作包装盒的企业，一家设计和印标签的工厂。在酒店、高档饭店和酒吧，经常能看到有一位卷烟师傅，坐在桌后，制作著名雪茄。游客都忍不住买雪茄做纪念，任何纪念品都无法与雪茄匹敌。

品尝雪茄最好的搭配是古巴朗姆酒，其享有的世界名声之大，以至于美国同行为了竞争，通过注册将某些古巴朗姆酒品牌据为己有，并提出无休止的法律诉讼。很久以前，喝朗姆酒与加勒比许多海盗联系在一起，但数年后，朗姆酒成为贵族鸡尾酒会不可替代的用酒。

哈瓦那一家名叫小佛罗里达（Floridita）的饭馆，因美国作家欧内斯特·海明威（Ernest Hemingway）经常光顾而闻名。游客到此品尝"代基里"（Daiquiri），这是为适应热带炎热天气而制作的一种特殊的鸡尾酒。有些人确认这种鸡尾酒的成分碎冰、朗姆酒、糖水和柠檬是海明威想象出来的，但可以肯定的是，这款酒其实是诞生在古巴圣地亚哥市附近的一个名叫代基里的地方，海明威取用这个地名命名这种鸡尾酒。另一个同样闻名的酒馆叫梅迪奥酒馆（La Bodeguita del Medio），以制作莫希托（Mojito）鸡尾酒而出名。然而，古巴朗姆酒中最民主和饮用最广的一种鸡尾酒是"自由的古巴"（el Cuba Libre）。总之，朗姆酒和雪茄存在于岛国的过去、现在和未来。

捕鱼业在过去和现在都是古巴经济的重要产业。小说《老人与海》中那位英勇且唯一的主人公正是海明威以一位古巴渔民为创作原型，他因这部作品而获得诺贝尔文学奖。海明威居住在科希马（Coji-mar）村，距哈瓦那以东 10 公里，海明威有一艘"埃尔皮拉尔"（El Pilar）游艇，停靠在当地的码头。

古巴居民捕鱼的历史久远，但只是在革命胜利后，捕鱼才成为一门产业，建立了捕船队，培训渔民，安装制冷设备和设置加工鱼的操作间。据统计，1989 年，捕鱼量达 19.2 万吨。但是，当古巴捕鱼队捕鱼的海域被宣布属于经济专属后，捕鱼量锐减，再加上特殊时期燃料短缺、渔船毁坏及捕鱼技术下降。

此外，古巴周边海域的大品种鱼群并不丰富，比如鳕鱼、沙丁鱼和三文鱼，而这些是水产贸易最畅销的品种。古巴的确也有一些尺寸大、肉质鲜美的鱼类，比如海明威小说里那位圣地亚哥老人打算捕捞的扁颌针鱼（pez aguja），但这类鱼都在远海区。此外，古巴人虽然生活在岛国，但是他们对鱼的热爱不及日本人和挪威人。如果让一个古巴人选择猪排或鱼排，他们肯定会选择前者。作为配菜，他们喜欢米饭和豆类胜过某些清淡和营养丰富的蔬菜。

海里有各种动物。龙虾和虾类在国际市场上的需求渐增，逐渐纳入游客和古巴当地人的菜单。古巴出口少量龙虾和海鳗到日本和其他国家。古巴的海里还可养殖牡蛎和其他海产品，由于古巴海水干净，生态环境良好，其海产品质量好，尽管大规模的产量是不久的将来的任务。

农业仍是古巴经济的薄弱环节。劳尔多次在讲话中提及国家为进口食品每年花费 20 亿美元，虽然古巴拥有生产大量农产品和实现自给自足的条件。

这种情况在很大程度上是历史造成的。因为城市人口的发展和增长速度超过农村，所以消费量一直高于生产量，目前，城市人口与农村的人口比例为 3.3∶1。

由于单一种植条件，古巴未能促使农业多样化发展。此外，在那些发生过深刻社会主义革命的国家，经济在初期阶段受到严重破坏，尤其是农业。内战造成家畜存栏量急剧减少和摧毁了部分农作物。土地改革彻底改变了土地产权关系，引发土地所有者的变更，造成生产无法正常进行。

古巴革命经历了这些"动荡"的历史。70％的农业土地归国家所有。其余的土地仍归原来的所有者，他们中大部分是土地改革的受益者。但这很快就产生了问题。

与俄国沙皇制度不同，古巴国有化的大庄园里没有农民。在甘蔗庄园里工作的劳动者其特征更是农业无产阶级，而不是农民，其经验仅限于种植甘蔗。他们与土地没有任何固定关系，因为他们的工作局限于甘蔗种植季节和收割季，除此以外的时间，他们要寻求别的收入来源，为此，他们经常变换住所和工作。

一方面，古巴革命胜利后，许多人涌向城市寻找更好的机会；有些人加入所谓的甘蔗合作社，这些合作社不久转变成国有农业企业。这些人既不是土地所有者也不是农业设备所有者，而是被雇佣的劳动者。

另一方面，成为自己土地主人的农民开始组成合作社，互相支持，以便申请银行贷款和签订服务合同，这些经验取得了较好的成效。他们组织了全国小农协会（ANAP），这一组织战胜了许多挑战，一直紧跟革命到现在。

革命胜利后的前三十年，古巴从苏联和其他社会主义国家获得大量的食品援助，自给自足不是古巴高层的首要目标。

1975 年，首届党代会之后，合作化运动取得初步进展。建立了真正的农业合作社，农民在土地、农具和农业设备方面自愿联合，获得金钱补偿，成为集体所有者和合作社劳动者。

从实际效果来看，小农与合作社都取得了很好的结果。农业国有企业却未取得预期效果，因为这些企业存在需要不断投资、生产成本高、企业领导层过度集权等其他问题。

特殊时期之初,有必要改变工作条件以留住人员。为此,这些劳动者共同成立了合作生产基础单位,获得土地无限期使用权,获得贷款购买设备,粮食能自给自足,收入与生产成果挂钩。

然而,这些措施仍不够,有些措施仅停留在纸面上。国有部门仍旧低迷,大部分亏损,因为国有部门在管理内部事务的基础上缺乏真正的经济独立性。古巴决定完成农业组织的彻底转型,2012 年,有四种基本形式。

80%的农业用地仍归国有,但其中 70%以上的土地可以通过非国有形式,以合作制为基础,进行开发,在更小的范围内采用个人或私人所有制进行承包。

这一年根据统计,非国有部门和国有部门分别生产了 58.9 万吨和 5.2 万吨大米;分别生产了 25 万吨和 1 万吨玉米,12.2 万吨和 4400 吨豆类。其他农产品生产情况也差不多。然而,国有企业生产了 75%的鸡蛋(将近 20 亿个),国有企业生产的猪肉超过了农民和合作社,尽管后者也生产了较大比重。大部分的牛(410 万头牛中有 340 万头)来自非国有部门。

目前的改革政策旨在取消许多限制和障碍,为土地开发者实现多样化管理提供便利,按照同样的规定进行产品交易,即只要履行与国家签订的合同,土地承包者就可以将完成合同数额以外的多余产品自由卖给顾客,同时可以按照相同的价格和支付条件购买所需资源。这样可以促进不同类型合作社的增加,有利于实现农业生产组织和社会化的扩大。

国家有 100 万公顷的土地可提供给个人承包,个人可免费承包高达 67 公顷的土地进行开发。

总之,国家正在采取各种措施增加农业生产。由于政府特别关注食品生产,该产业成为优先发展的经济部门。这种优惠制度更能吸引市民以及城市移民。根据其他国家的经验，移民为解决有关农业问题曾多次做出贡献。比如，美国、阿根廷和乌拉圭的小麦生产取得重大进展，归因于沙皇俄国时期的移民，他们带去了新的小麦种植方法和各种种子，包括奥德赛小麦品种。在古巴，咖啡的种植归功于海地移民。

其他大量闲置的土地可通过使用"绿色革命"科技进行开发。即通过各种新品种的作物、肥料和生物控制方法，来保护农作物、培育土地以及扩大灌溉系统等。

古巴的农业合作社作为典范推广到其他经济领域，尤其是贸易、零售业、建筑业和交通业。合作社的基本原则是自愿、集体决定、成员权利平等、经济独立和社会责任，这可理解为支持经济计划发展，关心成员的富裕和与其他合作社以及管理机构合作。这种形式仍在试验阶段，还未开始正式实施，但是这种形式经过巩固和发展，是造福国家可行的方法。

2013 年 12 月发生了一个重大事件，这在很大程度上归于古巴目前历经的变化。经过冗长复杂的谈判，俄罗斯决定取消古巴与苏联之间的旧债，自 1991 年以来，这件事使得两国双边关系蒙上阴影；这样旧账勾销，重新开始，两国关系进入新阶段。

自由媒体以及持相似观点的专家毫无根据地估算古巴欠苏联的债务为 180 亿至 200 亿美元，对古巴人拿出的反驳证据不听不闻。

但是，因俄罗斯没有履行投资承诺所造成数亿美元的损失能被视为债务吗？苏联在古巴免费使用卢尔德斯无线电搜索中心的费用该如何计算呢？苏联 1991 年单方面中止执行所有贸易承诺又该如何评估呢？类似这样的问题加起来有数千个。

比如，俄罗斯对古巴的人道主义计划的了解很少。古巴为 1986 年受到切尔诺贝利核电站事故影响的儿童提供医疗援助。在这场灾难发生 25 年后，古巴才正式向联合国秘书长汇报了那次计划的规模与结果。

这份报告写明，1990年3月，为了回应苏联向国际社会提出的援助请求，古巴接受了第一批病人，139个孩子，让他们在古巴进行治疗。菲德尔亲自到机场迎接，除国际旅费以外，古巴承担全部费用。"我们给受害者提供的不是我们剩余的东西，而是与他们分享我们的所有。"报告写道，约2.4万个孩子，他们的病情从精神打击到恶性肿瘤，都在古巴的医院和康复中心获得治疗。

古巴革命胜利后的第一个三十年，两国关系的特殊性是无法用美元和美分来衡量的。兄弟关系和家庭关系是完全不同于客户和商业伙伴的关系，有着本质区别。感谢上帝，梅德韦杰夫访问古巴，与劳尔商谈，最终结束了这种无味的索偿。

这个问题得以解决不仅有助于在新的市场条件下构建两国关系，而且增加了俄罗斯对古巴金融市场的兴趣。

2013年发生的另一个重要事件是，12月9日，美国总统奥巴马与古巴主席劳尔在南非领导人曼德拉的葬礼上握手。尽管这是礼节性的，但是双方相互握手引发了媒体的广泛评论和猜测，这一事件可能有助于美、古关系逐渐正常化和媒体战的弱化；总之，两国关系终于开始解冻。

在古巴，许多倡议开始落实，有些已在试验阶段或通过了法律手续，另一些还在构想中。尽管我知道在各个领域已经有许多成功的案例，但是我无法准确说出全国范围内已经取得的成果。

古巴只有保持经济年增长率不低于5%，才有可能获得所需的大量的投资。因此，外国贷款对古巴国家发展具有十分重要的作用，古巴正在逐渐吸引更多的外资。

我已尽我的绵薄之力试图呈现当前古巴的现状，从而能在未来几年评价古巴已开始的转型及其"更新经济模式"所取得的成果。

结　　语

在本书即将付梓之际，一些重大事件的进展超出了最乐观的预期。

2014 年 12 月初发生了一件前所未闻的事：正如拉美各国政府所呼吁的那样，巴拿马作为主办国正式邀请古巴参加于 2015 年 4 月举行的第七届美洲国家首脑会议。与往年不同的是，华盛顿对巴拿马这个主权决定表现得有礼有节。

在美国的古巴反革命分子头目以及他们在美国国会的利益代表者，一如既往地表示极其愤怒并予以威胁，他们没认识到这不仅仅是一个标志。

12 月 17 日中午，莫斯科时间晚上，在哈瓦那和华盛顿，劳尔和奥巴马同时宣布一个震惊世界的消息，一个具有重大意义的爆炸性新闻在全世界公布，这个消息成为媒体年度重大事件并立即得到全世界的认同。

于是，我们得知被关押在美国的三名古巴英雄获释，古巴也释放了一名古巴裔的美国间谍；出于人道主义，释放了美国政府的承包商、因在古巴从事非法活动而被判刑的阿兰·格罗斯。此外，古巴政府还单边决定释放美国政府关注的其他人员。两国最高级别的对话做出的决定是恢复两国外交关系。

奥巴马也表示，他已指示国务院考虑在未来几个月内将古巴从

"支持恐怖主义国家"名单中去除，他将行使总统权力采取其他措施，逐步实现两国关系正常化。同时，奥巴马表示："我希望与国会就取消禁运问题展开诚实和严肃的讨论。"①

劳尔·卡斯特罗清楚表明了古巴的立场。这是他讲话的全文：

同胞们：

自从我当选国务委员会主席兼部长会议主席以来，我在多个场合反复表明，我们愿意与美国政府在主权平等的基础上进行相互尊重的对话，从而以互惠的方式解决各种问题，不损害民族的独立和我们人民的自决权。

这是在我们长期斗争中的各个时期，菲德尔·卡斯特罗以公开和个人的方式，向美国政府表明的立场。他提出不放弃我们的任何原则，以谈判的方式讨论和解决分歧。

英勇的古巴人民在面对重大危险、侵略、逆境和牺牲时，表现出忠于并将一直忠于我们追求独立和社会公正的理想。在革命胜利后的 56 年里，我们紧密团结，对自 1868 年古巴独立战争以来为捍卫这些原则而牺牲的烈士们无比忠诚。

现在，尽管困难重重，但是我们仍向前推进经济模式的更新，旨在建设一个繁荣和持续的社会主义。

经过高层对话，包括昨天我与奥巴马总统的电话交谈，双方在解决两国共同关心的某些问题上能进一步推进。

正如菲德尔在 2001 年 6 月所做出的承诺，他当时说："他们一定会回来！"今天，赫拉尔多、拉蒙和安东尼奥回到了我们的祖国。

他们的家人以及为实现这个目标不懈努力的我国全体人民，

---

① 《格拉玛报》2014 年 12 月 18 日。

都感到十分高兴。这份喜悦传到数百个委员会和声援小组；传到各国政府、议会、组织、机构和重要人物，16年来，为解救他们，这些机构和个人不断呼吁和全力以赴。我们向他们表示最深切的感谢并做出承诺。

奥巴马总统的这个决定值得受到我国人民的尊重和感谢。

我想感谢梵蒂冈的支持，尤其是感谢教皇方济各为改善古、美关系所给予的支持。同样，感谢加拿大政府为实现两国高层对话创造了便利条件。

同时，我们决定释放一位服务美国的古巴裔间谍并将其送回美国。

另一方面，基于人道主义理由，美国公民阿兰·格罗斯今天也获得释放并启程回国。

我们单方面决定并严格依照我们的法律程序，这些囚犯获得司法方面的优待，包括我们还释放了美国政府关注的一些犯人。

我们同意恢复两国外交关系。

但这并不说明双方的主要分歧已解决。美国应停止对我国实行的经济、贸易和金融封锁，这造成我们巨大的人员伤亡和经济损失。

尽管封锁措施已成为法律，美国总统可以使用行政权修改这些措施。

我们建议美国政府采取互惠措施，改善双边气氛，以联合国宪章和国际法原则为基础，推进两国关系正常化。

古巴重申愿意与联合国等多边组织进行合作。

我们承认我们两国之间在国家主权、民主、人权和对外政策这些基本领域存在重大分歧，我重申我们愿意就这些问题进行对话。

我呼吁美国政府取消那些阻碍两国人民、两国的家庭以及公民联系的限制，尤其是对两国人民之间旅行、通邮和电信的限制。

双方交流方面所取得的进展表明是有可能找到解决许多问题的途径。

正如我们反复提及的，学会文明地存异共处的艺术。

我们今后还会提到这些重要主题。

谢谢！①

将近72小时之后，在全国人民政权代表大会会议的闭幕式上，劳尔提醒他的同胞说：

世界上任何人都无法否认古巴在即将结束的这一年所做出的杰出的国际贡献。今后，我们古巴人面临巨大的挑战：必须把经济上升到关系政治名誉的高度，古巴这个加勒比小岛能够获得这种名誉归功于古巴革命、英雄主义和我们人民的抵御力。经济是亟待解决的最重要议题，我们有责任确保经济走向古巴社会主义的可持续和不可逆的发展。

……代表们和全国人民都为赫拉尔多、拉蒙、安东尼奥、费尔南多和雷内回到祖国感到无比激动和喜悦。菲德尔在13年前做出的承诺已成为现实。他们五位表现出的坚强、牺牲和尊严令国家为之骄傲，国家为他们的释放不懈战斗，如今欢迎他们作为真正的英雄回国。

我必须向所有为他们的获释而努力的所有的声援运动和委员会，以及向做出宝贵贡献的政府、议会、组织、机构和重要人物再次表示最深切和最诚挚的谢意！

……

---

① 《格拉玛报》2014年12月18日。

全世界对上周三的公告做出积极反应，高度评价这一公告对国际关系尤其是美国与拉美的关系十分重要。各国政府、总统和知名人士发表了积极的声明。我们对他们表示诚挚的谢意！

这是两国最高层秘密谈判的成果，谈判得到教皇方济各的支持，加拿大政府提供了方便条件。

此外，这一成果也归功于拉美加勒比地区发生的深刻变化，各国政府与人民共同呼吁美国应对古巴采取新的政策。

我们向奥巴马总统表示敬意，他提议开启美、古关系的新篇章，为近50年来的美国政策带来了重大变化。

同时，我们感谢他表达的意愿，即准备与国会讨论关于取消封锁的问题，感谢他渴望为两国人民、我们的半球和世界取得一个更好的未来。

我们共有的理想是开启美、古关系新阶段，从恢复外交关系开始，两国的外交关系应基于相关的外交和领事及其官员行为的公约的规定。

我们秉承建设性、相互尊重和互惠的精神，加强两国政府的高层联系，旨在推进双边关系正常化。

正如我在12月17日所表示的那样，虽然我们迈出了重要的一步，但仍亟待解决实质问题，这就是美国必须停止对古巴的经济、贸易和金融的封锁。近几年，美国对古巴的封锁尤其是金融交易的封锁不断加强，对其他一些国家的银行征收巨额非法罚款。

我国人民应该明白，基于这些情况，这将是一场持久艰难的战斗，需要国际和美国社会的动员不断呼吁取消封锁。

所有资料表明，大部分美国公民和广大的古巴移民支持双边关系正常化。曾通过对古巴封锁法律的美国国会内反对封锁法的声音增多。

我们希望美国总统使用其行政权，就封锁法中无须国会通过的条款的实施，做出重大修改。

同时，我们也将研究奥巴马总统宣布的积极的行政措施的执行范围与形式。

奥巴马表示将把古巴从"支持恐怖主义国家"名单中去除是令人鼓舞的。事实表明，古巴是恐怖分子多次袭击的受害者，许多恐怖袭击的肇事者至今仍逍遥法外，众所周知，这造成我们数千人死亡或伤残。

利用这些借口达到目的是毫无根据的，全世界都明白这一点。虚假理由证据用来服务于政治利益，以证明对古巴强加封锁尤其是金融封锁具有合理性。

古巴从未针对美国人、利益或某些领土组织、资助或实施过恐怖行动，也决不允许这样做。每次我们得到任何有关针对美国的恐怖计划的情报时，我们都告诉美国政府。几年前，我们就提议双方就反恐行动签署合作协议。

我们一直愿意在平等的基础上进行相互尊重的对话来解决各种问题，坚持互惠、不损害我们国家的独立和自决权，以及正如菲德尔指出的那样，不放弃我们的任何原则。

我再次说明，只有从相互尊重出发才有可能取得进展，这意味着要遵守国际法和联合国宪章的原则，其中包括国家主权平等、权利平等、民族自决、通过和平方式解决国际争端、不使用威胁或武力破坏领土完整或损害任何国家的独立、不干预其他国家内部事务，任何干预他国的政治、经济和文化的行为均属于违反国际法的行为。

根据拉美与加勒比共同体于1月29日在哈瓦那召开的峰会上各国签署的《宣布拉美和加勒比为和平区的公告》，所有国家在选择自己的政治、经济、社会和文化制度方面具有不可侵犯的权利，他国不得采取任何形式干预，这也是国际法的一项原则。除了没有被邀请参会的美国和加拿大以外，拉美与加勒比地区的所有国家和政府首脑在哈瓦那签署了这份公告。

美、古两国政府之间存在重大分歧，其中包括对行使国家主权的观念，对民主、政治模式和国际关系的观念都有不同。

我们重申愿意通过平等和相互尊重的对话解决分歧。我们坚信并非常关注美国的民主和人权状况，我们接受在平等和相互尊重的基础上讨论任何问题，任何古巴和美国希望讨论的问题。

不要企图让古巴为改善与美国的关系，放弃为之奋斗一个多世纪、人民为之流血牺牲和冒巨大风险所坚持的信念。

必须明白古巴是一个主权国家，古巴人民自由公决通过宪法，决定社会主义的方向及其政治、经济和社会制度。

我们也从来没有建议美国改变政治制度，我们要求美国尊重我们的制度。

两国政府应共同采取举措预防并避免影响双边关系进展的事情发生，尊重双方的法律和宪法程序。

我们不能忽视由于奥巴马总统所做出的上述宣告，他受到了恶意指责，指责他的是反对两国关系正常化的势力，包括古巴裔国会议员和反革命组织的首领，他们拒绝失去因美、古冲突数十年为其提供的生计。他们想方设法破坏这一进程，不惜采取任何性质的挑衅行为。我们对此采取谨慎、适度、灵活但坚定的行为。

古巴有许多不同的组织，群众组织、工会、农会、妇女、学生、作家艺术家和社会组织，这些组织在国务委员会中有代表，许多非政府组织在全国人民政权代表大会中有代表，如果将他们与那些接受国外资金、指示和支持的数百名个人混为一谈，他们会十分生气。

在联合国这些多边组织里,我们将继续维护和平、国际法和正义事业,继续揭露气候变化和核武器对人类物种生存造成的威胁。

我们将继续促进行使人权,包括所有人的经济权、社会权和文化权,以及各国人民的和平权和发展权。

古巴革命应深深感谢各国人民、政党和政府对古巴革命的永久不变的声援,古巴将在永远忠于原则的基础上继续指导其对外政策。

具有象征性的是我们与委内瑞拉玻利瓦尔共和国的特殊外交关系。尼古拉斯·马杜罗·莫罗斯(Nicolás Maduro Moros)领导的合法政府受到颠覆威胁,我们将继续支持马杜罗政府,反对企图制裁我们兄弟国家的行为。

正如我几天前所说,我们愿意与美国在多边与双边领域合作,应对那些需要以集体并有效的人道主义方式解决的危险,而不应当将这些危机政治化。

应对西非埃博拉病毒和防止其在美洲地区传播蔓延就是这样的案例。今年①10月,在哈瓦那召开的美洲玻利瓦尔联盟特别峰会就专门研究如何应对埃博拉。

我在加勒比共同体和美洲玻利瓦尔联盟最近召开的峰会上都表示过,我要感谢巴拿马总统胡安·卡洛斯·巴雷拉(Juan Carlos Varela)邀请我参加美洲国家组织第七届峰会,我肯定将参加这次峰会,以表明我们的立场,并对参会的所有国家元首和政府首脑表示诚意和尊重。

古巴参加美洲峰会是拉美与加勒比坚定的共识的结果。拉美与加勒比处于一个新的时代期,基于多样性而团结组成拉美与加

----

① 2014年——译者注。

勒比共同体，古巴很荣幸在去年担任了拉共体轮值主席国。

　　我们不会忘记，是美洲玻利瓦尔联盟在该地区所有国家的支持下，一直呼吁，终于在洪都拉斯召开的美洲国家组织的会议上，废除了该组织 1962 年通过的驱逐古巴的决议。不到一个月后，洪都拉斯总统塞拉亚（Zelaya）因军事政变被罢黜。①

　　古巴取得的伟大胜利是对古巴人民的坚定、非凡的抵御力和勇气而予以的奖励。无疑，这为古巴革命者开辟了广阔的前景，他们认识到每进一步都需要克服巨大的障碍。

　　与劳尔 60 多年的友谊中，我或许给劳尔制造了两次麻烦，我当时表现得固执，这并不是我的性格特征。

　　第一次是在 1953 年，在"安德列娅·格里蒂号"，当时我请求他，把他相机里我的照片的底片给我，这些底片对我具有特殊意义。这是仅存的底片，因为巴蒂斯塔独裁政府的警察把劳尔相机里的其他底片都销毁了。

　　第二次是在近几年，我坚持请求他同意我写这本书，并希望得到他的帮助，以收集所需材料。

　　我现在觉得我这两次请求都有我的理由，不过最终只能由读者来评判了。

　　对我而言，我感到十分满意，可以肯定，1953 年 5 月的那天我做了一件多么正确的事，在地中海海上我走近了劳尔·卡斯特罗！

---

① 《格拉玛报》2014 年 12 月 22 日。

劳尔·卡斯特罗生平大事记

1931 年 6 月 3 日，劳尔·卡斯特罗在现奥尔金省比兰镇降生。

1945 年，劳尔在圣地亚哥完成中学学业，进入哈瓦那耶稣会学校贝伦学院（Colegio Belén）。

1946 年，由于校方不满，父亲将劳尔带回家，让他从事各种劳动以示惩罚，这使他和劳动者的关系密切起来。

1950 年，劳尔就读哈瓦那大学法律系管理专业，并开始投身革命斗争。

1952 年 3 月 10 日，劳尔立即投入大学生反对富尔亨西奥·巴蒂斯塔领导的军事政变的斗争。

1953 年 1 月，劳尔参加大学生对独裁者发起的大胆挑战：为古巴共产党领导人胡里奥·安东尼奥·梅利亚（Julio Antonio Mella）半身雕塑像揭幕。胡里奥·安东尼奥·梅利亚于 1929 年在墨西哥被古巴秘密警察杀害。

劳尔参加捍卫古巴青年权利的全国马蒂大会。

劳尔参加大学生联合会组织的纪念何塞·马蒂火炬列队游行，是在菲德尔·卡斯特罗带领下高喊"革命！"的 300 名青年之一。

1953 年 2—5 月，2 月 24 日，劳尔率领古巴代表团出发前往维也纳，参加青年权利国际会议。与世界各国，包括苏联革命青年联系。会议结束后，劳尔访问罗马尼亚，参加第四届世界青年和学生节国际筹备委员会会议，随后在捷克斯洛伐克作短暂停留。

1953 年 5—6 月，5 月 5 日，劳尔乘坐"安德列娅·格里蒂号"轮船返回古巴。途中结识本书作者。6 月 6 日，劳尔回到古巴，被控在古巴进行共产主义宣传而被捕。劳尔在狱中加入人民社会党（共产主义）青年团。由于菲德尔·卡斯特罗采取法律手段和共产党报纸揭发真相，几天后劳尔获释。

1953 年 7 月 26 日，劳尔在圣地亚哥参加菲德尔·卡斯特罗领导的攻打蒙卡达兵营的行动。两天后被捕。

1953 年 10 月 2 日，劳尔被判处 13 年徒刑，被押送到松树岛上的监狱。

1955 年 5 月 15 日，劳尔因政治犯赦免法的颁布被释放。

1955 年 6 月 24 日，面临独裁政权明显的侵扰和迫害，劳尔遵照菲德尔的指示流亡墨西哥。

1956 年 11 月 25 日，劳尔登上"格拉玛号"驶往古巴。

1956 年 12 月 1 日，劳尔晋升为上尉，被任命为远征队的三个支队之一的指挥官。

1956 年 12 月 2 日，远征队在古巴登陆。

1956 年 12 月 5 日，在阿莱格里亚德皮奥，远征队员们遭政府军突袭而分散开来。劳尔带领其他五名战士组成的小队成功摆脱敌人的包围，开赴马埃斯特腊山。

1956 年 12 月 18 日，劳尔与菲德尔在马埃斯特腊山西麓的"五棵棕榈"（Cinco Palmas）重新会师。

1957年1月至1958年2月，劳尔参加了起义军的几乎所有战斗，包括夺取拉普拉塔军营，这是起义军的首次胜利；还有进攻乌韦罗军营，用切·格瓦拉的话来说，这次战斗"标志着起义军的成熟"。

1958年2月27日，劳尔晋升为少校，受命组建一支新的游击阵线。

1958年3月11日，经过大胆的进军，劳尔在当时的奥连特省东北部创建"弗兰克·派斯"第二东方战线。

1959年1月1日，富尔亨西奥·巴蒂斯塔独裁政权垮台。遵照菲德尔的命令，劳尔仅带了一名随从进入古巴第二大军事要塞蒙卡达兵营。自革命领袖菲德尔当天出发前往哈瓦那时起，劳尔被任命为奥连特省领导。

1959年1月21日，面临被谋杀的危险，菲德尔在公开集会中提议，如自己被谋杀，则由劳尔接替他领导革命运动，这一个提议获得热烈的支持。

1959年1月26日，劳尔与杰出的女战士比尔玛·埃斯平·奎约斯（Vilma Espín Cuillois）结婚，婚后生育4个子女，两人共同生活直至2007年比尔玛去世。

1959年2月3日，部长会议任命劳尔为共和国海、陆、空武装力量第二长官。

1959年10月16日，劳尔被任命为新一任革命武装力量部部长。在接下来的49年里，劳尔一直担任这一职务。

1960年7月，应苏联共产党总书记邀请，劳尔首次访问苏联，签署了苏联向古巴无偿供应武器的协议。之后，劳尔共22次访问苏联。

此后，2009 年和 2012 年他两次访问俄罗斯。

1961 年 4 月，面临美国雇佣军对古巴军事入侵的危险，菲德尔命令劳尔前往奥连特省。在接下来的数年里，每次古巴面临重大危险，都会做出这个决定。

1962 年 10 月，作为革命武装力量部部长，劳尔积极参与了苏联核导弹在古巴的部署工作。

1967 年 1 月，劳尔暂停革命武装力量部部长职责，参加由苏联军事专家在古巴开设的第二期高等课程学习。

1968 年 7 月，获得第二期高等课程毕业证书后，劳尔重新担任革命武装力量部部长职务。

1973 年 12 月 3 日，古巴革命武装力量实行新的军衔制度，劳尔被授予师级少校军衔。

1975 年 12 月，古巴共产党第一次代表大会上，劳尔再次当选为第二书记，他从革命初期就一直担任这一职务。

1976 年 11 月 25 日，在"格拉玛号"登陆 20 周年纪念之际，革命武装力量开始实行新的军衔制度，劳尔晋升为大将。

1976 年 12 月 3 日，国务委员会成立，全国人民政权代表大会通过部长会议组成的提案，劳尔当选为这两个机构的第一副主席。

1982 年 12 月 23 日，在莫斯科，苏联共产党总书记告诉劳尔，如果美国军事入侵古巴，苏联不会援助古巴。全民战争的理念加速实施，劳尔作为革命武装力量部部长发挥着决定性的作用。

1998 年 2 月 27 日，劳尔与革命司令胡安·阿尔梅达·博斯克（Juan Almeida Bosque）一起被授予古巴共和国英雄荣誉称号和"马克西莫·戈麦斯"一级勋章。

2006 年 7 月，菲德尔·卡斯特罗病重，劳尔开始领导国家。

2008 年 2 月 24 日，劳尔被全国人民政权代表大会选举为国务委员会主席和部长会议主席。

2011 年 4 月 16 日，在古巴共产党第六次代表大会上，劳尔当选为第一书记。

2013 年 1 月 28 日，在智利圣地亚哥举行的第一届拉美与加勒比国家共同体峰会上，劳尔担任拉美与加勒比国家共同体轮值主席。

2013 年 2 月 24 日，劳尔再次被全国人民政权代表大会选举为国务委员会主席和部长会议主席。

后　　记

2011 年，中国社会科学院拉丁美洲研究所设立"拉美研究译丛·左翼领袖系列"翻译项目，旨在推出翻译丛书系列，向国内读者介绍当代拉美左翼代表人物的动态与思潮。此次出版的《劳尔·卡斯特罗：革命生涯》一书是该系列的又一部力作。它的出版对于广大读者近距离了解劳尔·卡斯特罗其人及其所处的时代乃至对古巴内政外交的认知等都具有独特的价值。

本书由中国社会科学院拉丁美洲研究所魏然、范蕾和李菡三位博士翻译，其承担分工为：魏然：致谢、第一至第三章及图片说明；范蕾：第四至第六章及生平大事记；李菡：第七至第九章及结语。中国社会科学院荣誉学部委员、拉丁美洲研究所徐世澄研究员对全书进行了审校。

在本书的翻译和出版过程中，得到了中国社会科学院拉丁美洲研究所党委书记王立峰、所长吴白乙研究员的悉心指导和大力帮助。古巴驻华使馆对本书的翻译工作给予了必要的协助。此外，拉丁美洲研究所综合室主任杨志敏研究员在翻译工作的组织协调、科研处陈振声和刘东山两位同志在外事联络和出版对接方面等承担了繁重的工作。

作为本书的责任编辑，中国社会科学出版社国际问题出版中心张林副编审为本书的出版做了大量严谨而细致的工作。在此，向各位的付出一并表示衷心的感谢！

译者

2016 年 8 月 3 日